中国工程院院士

是国家设立的工程科学技术方面的最高学术称号，为终身荣誉。

中国工程院院士传记

杨士莪传

倾听大海的声音

唐晓伟 著

人民出版社

科学出版社

图书在版编目(CIP)数据

杨士莪传：倾听大海的声音 / 唐晓伟著．—北京：科学出版社，2017.6

（中国工程院院士传记）

ISBN 978-7-03-052652-6

Ⅰ．①杨…　Ⅱ．①唐…　Ⅲ．①杨士莪-传记　Ⅳ．①K826.11

中国版本图书馆 CIP 数据核字（2017）第092696号

责任编辑：张　莉　刘巧巧 / 责任校对：张小霞

责任印制：赵　博 / 封面设计：有道文化

编辑部电话：010-64035853

E-mail：houjunlin@mail.sciencep.com

科学出版社 出版

北京东黄城根北街 16 号

邮政编码：100717

http://www.sciencep.com

北京市金木堂数码科技有限公司印刷

科学出版社发行　各地新华书店经销

*

2017 年 6 月第　一　版　开本：720 × 1000　1/16

2024 年 3 月第七次印刷　印张：21 3/4　插页：6

字数：270 000

定价：98.00元

（如有印装质量问题，我社负责调换）

杨士莪 中国工程院院士

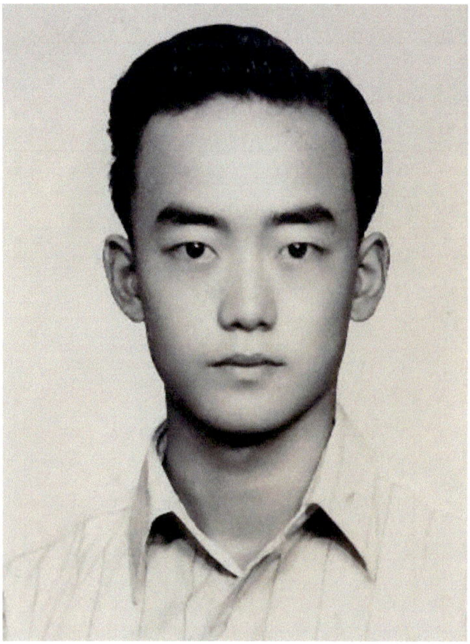

风华正茂的杨士莪在大学时代的留影

1951 年，初入大连海军学校时的杨士莪

1957 年年初，杨士莪受中尉军衔留念

1957 年，负笈苏联前，杨士莪用所发的置装费添置衣物后留影

1958 年，杨士莪陪同中国水声考察
团在苏呼米水声实验站考察时留影

20 世纪 80 年代中期，对于再踏学术新程的杨士莪
来说，夜以继日地熬夜工作是家常便饭

1970 年 2 月，家庭合影。杨廷宝（前排右二）、陈法青（前排左二）、杨士莪（后排左一）、
谢爱梅（中排左一）及杨士莪长子（中排居中）、次子（前排左一）、三子（前排居中）

20 世纪 80 年代中期，杨士莪
在松花湖进行外场试验

20 世纪 90 年代初，
杨士莪在指导硕士研究生

20 世纪 90 年代中期，
杨士莪在南海考察前后

20 世纪 90 年代初，杨士莪在实验室进行升降回转装置的水槽实验，并指导学生

1994 年，杨士莪在实验室

1997 年，杨士莪在水声工程国际研讨会上作题为《中国的水声教育》的报告

1997 年 4 月，中国水声学会与欧洲水声学会联合举办国际会议，杨士莪（右二）与丹麦科技大学教授比奥诺（右一）担任联合主席

1997 年，杨士莪参加水声国际学术会议合影。前排左三为杨士莪，前排左五为丹麦声学家比奥诺，前排右三为美国华盛顿大学应用物理研究所所长斯宾德

1998 年，杨士莪在哈尔滨工程大学水声工程博士后出站报告会上

2001 年 6 月，杨士莪在家中留影

2002 年 5 月，在海试中的杨士莪

2005 年，杨士莪（左二）在哈尔滨工程大学举办的国际会议上，与时任美国华盛顿大学应用物理研究所所长斯宾德（右三），俄罗斯科学院院士、俄罗斯太平洋海洋研究所所长阿库里切夫（左三）等合影

2013 年，杨士莪家庭合影

2015 年，杨士莪夫妇在杭州合影

中国工程院院士传记系列丛书

劝勉，勿堕家声为嘱。[1]

这首诗成为杨家的规矩和风气，为铭记并传承家风，杨家子孙按照诗中二十字宗族次序排辈。

国学功底深厚的杨鹤汀反复考虑，为这个杨家“士”字辈长孙挑选了一个“莪”字，取名“士莪”。

语出《诗经·小雅》中的《菁菁者莪》篇：“菁菁者莪，在彼中阿。既见君子，乐且有仪。”“莪”是一种生长在水边的多年生草本植物，生命力顽强。诗以“莪”之茂盛，生长在水边，指人才的成长。《诗经》有注本说：“菁菁者莪，乐育材也。君子能长育人材，则天下喜乐之矣。”后世用“菁莪”指育材，是对培育人才的赞美。“士莪”二字，凝结着一生致力于教育救国的祖父杨鹤汀的殷切期望。

命运中一个令人惊叹的巧合是，杨士莪的毕生研究领域的确与“水”密不可分，着实“生长在水边”，他也的确成长为我国水声领域的战略科学家，并为这一领域培育了大量领军人才，此是后话。

第二节　家风重教

一、祖父杨鹤汀

19 世纪下半叶，以“自强求富”为口号的洋务运动，使中国艰难地迈出了近代化的一小步。洋务运动中所创办的新式文化事业，影响了一代知识分子，并培育出倾向维新与革命的成批志士，促进

① 杨廷賓：《八十忆往》，未刊稿，第 77 页。

总　序

20世纪是中华民族千载难逢的伟大时代。千百万先烈前贤用鲜血和生命争得了百年巨变、民族复兴，推翻了帝制，击败了外侮，建立了新中国，独立于世界，赢得了尊严，不再受辱。改革开放，经济腾飞，科教兴国，生产力大发展，告别了饥寒，实现了小康。工业化雷鸣电掣，现代化指日可待。巨潮洪流，不容阻抑。

忆百年前之清末，从慈禧太后到满朝文武开始感到科学技术的重要，办“洋务”，派留学，改教育。但时机瞬逝，清廷被辛亥革命推翻。五四运动，民情激昂，吁求“德、赛”升堂，民主治国，科教兴邦。接踵而来的，是18年内战、14年抗日和3年解放战争。恃科学救国的青年学子，负笈留学或寒窗苦读，多数未遇机会，辜负了碧血丹心。

1928年6月9日，蔡元培主持建立了中国近代第一个国立综合科研机构——中央研究院，设理化实业研究所、地质研究所、社会科学研究所和观象台4个研究机构，标志着国家建制科研机构的诞生。20年后，1948年3月26日遴选出81位院士（理工53位，人文28位），几乎都是20世纪初留学海外、卓有成就的科学家。

中国科技事业的大发展是在新中国成立以后。1949年11月1日成立了中国科学院，郭沫若任院长。1950—1960年有2500多名留学海外的科学家、工程师回到祖国，成为大规模发展中国科技事业的第一批领导骨干。国家按计划向苏联、东欧各国派遣1.8万名各类科技人员留学，全都按期回国，成为建立科研和现代工业的骨干力量。高等学校从新中国成立初期的200所增加到600多所，年招生增至28万人。到21世纪初，高等学校有2263所，年招生600多万人，科技人力总资源量超过5000万人，具有大学本科以上学历的科技人才达1600万人，已接近最发达国家水平。

新中国成立60多年来，从一穷二白成长为科技大国。年产钢铁从1949年的15万吨增加到2011年的粗钢6.8亿吨、钢材8.8亿吨，几乎是8个最发达国家（G8）总年产量的两倍，20世纪50年代钢铁超英赶美的梦想终于成真。水泥年产20亿吨，超过全世界其他国家总产量。中国已是粮、棉、肉、蛋、水产、化肥等世界第一生产大国，保障了13亿人口的食品和穿衣安全。制造业、土木、水利、电力、交通、运输、电子通信、超级计算机等领域正迅速逼近世界前沿。“两弹一星”、高峡平湖、南水北调、高公高铁、航空航天等伟大工程的成功实施，无可争议地表明了中国科技事业的进步。

党的十一届三中全会以后，改革开放，全国工作转向以经济建设为中心。加速实现工业化是当务之急。大规模社会性基础设施建设、大科学工程、国防工程等是工业化社会的命脉，是数十年、上百年才能完成的任务。中国科学院张光斗、王大珩、师昌绪、张维、侯祥麟、罗沛霖等学部委员（院士）认为，为了顺利完成中华民族这项历史性任务，必须提高工程科学的地位，加速培养更多的工程科技人才。中国科学院原设的技术科学部已不能满足工程科学发展的时代需要。他们于1992年致书党中央、国务院，建议建立“中国工程科学技术院”，选举那些在工程科学中做出重大创造性成就和贡献，热爱祖国，学风正派的科学家和工程师为院士，授予终身荣誉，赋予科研和建设任务，指导学科发展，培养人才，对国家重大工程科学问题提出咨询建议。中央接受了他们的建议，于1993年决定建立中国工程院，聘请30名中国科学院院士和遴选66名院士共96名为中国工程院首批院士。1994年6月3日，召开了中国工程院成立大会，选举朱光亚院士为首任院长。中国工程院成立后，全体院士紧密团结全国工程科技界共同奋斗，在各条战线上都发挥了重要作用，做出了新的贡献。

中国的现代科技事业起步比欧美落后了200年，虽然在20世纪有了巨大进步，但与发达国家相比，还有较大差距。祖国的工业化、现代化建设，任重路远，还需要数代人的持续奋斗才能完成。况且，世界在进步，科学无止境，社会无终态。欲把中国建设成科技强国，屹立于世界，必须接续培养造就数代以千万计的优秀科学家和工程师，服膺接力，担当使命，开拓创新，更立新功。

中国工程院决定组织出版《中国工程院院士传记》丛书，以记录他们对祖国和社会的丰功伟绩，传承他们治学为人的高尚品德、开拓创新的科学精神。他们是科技战线的功臣、民族振兴的脊梁。我们相信，这套传记的出版，能为史书增添新章，成为史乘中宝贵的科学财富，俾后人传承前贤筚路蓝缕的创业勇气、魄力和为国家、人民舍身奋斗的奉献精神。这就是中国前进的路。

宋健

目　录

第一章

家学渊源

第一节　菁菁者莪

1931 年，中华民国进入第二十个年头。

此时，中国近代史上规模最大、耗时最长的中原军阀混战刚刚结束；国民党军队马不停蹄地向闽西、赣南中央红军根据地发起“围剿”；长江、淮河水灾肆虐，数百万灾民备受煎熬；“欲征服世界必先征服满蒙”的口号在觊觎中国东北的日本统治集团中甚嚣尘上，蓄谋已久的关东军终于等来了入侵的最佳时机……

1931 年 8 月 9 日，农历六月廿六，杨士莪出生于天津市英租界马场道。在家国不幸中，这个蕴含着无限生机与希望的小生命，注定要像他的亿万同胞一样，在民族苦难的命运旋涡中，饱受艰难困苦与颠沛流离。

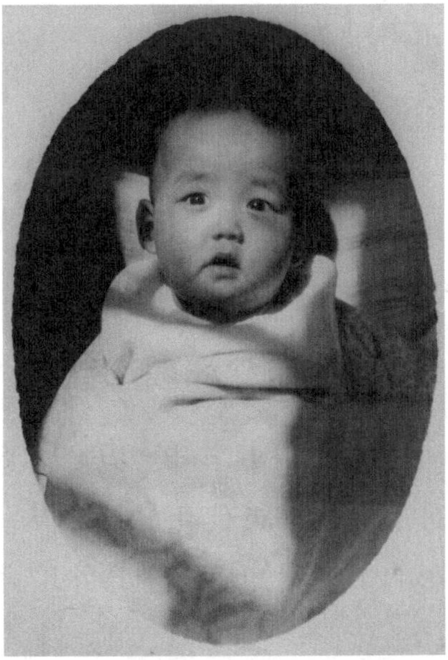

襁褓中的杨士莪（1931 年）

战乱频仍的年代，作为长子、长孙，杨士莪的出生，给杨家带来了让人温暖的向往与希望。

杨士莪祖籍河南南阳，杨家是南阳一带的大户人家。杨士莪的祖父杨鹤汀早年为其曾祖父辅之公立碑时，曾撰文：

“士本人中秀，良田贵勤耕。诗礼传至训，宏农振家声。”愿吾子孙世继此志，互相

81岁的杨鹤汀（1958年摄于南京）

了近代中国的发展。1898年，晚清四大名臣张之洞的名篇《劝学篇》问世。杨鹤汀即深受“兴学育才，实业兴邦”观念的影响，以救亡图存、振兴国家作为献身教育的巨大动力。

杨家先人经商致富，广置田产，至杨鹤汀一代家境日衰。列强欺凌，政府腐败，国无宁日，民无生路。在大多数国民的命运滑向深渊时，杨鹤汀毅然投向辛亥革命洪流，开发民智，兴学育才。他不但改变了自己的命运，也改变了杨家后人的命运轨迹，并为他们打上了“崇文重教”的家族烙印。

“陋室如斯切莫笑，从来白屋出公卿。”[①] 这是杨鹤汀在1926年艰苦环境下兴办学校时写下的诗句。他一生立志教育救国，在家族中第一个走出南阳，到新式学堂求学。

杨鹤汀（1877—1961），本名维禄，因有感于列强瓜分山东，愤而将“维禄”改为“维鲁”，改字“鹤亭”为“鹤汀”，并以字行世。1906年，毕业于北京法政学堂。在京求学期间，不满清廷腐败，倾向孙中山先生领导的民主革命，加入同盟会，是南阳地区同盟会负责人。1908年，他与同是同盟会会员的罗飞声创办新式学堂——南阳公学。辛亥革命前夕，南阳公学的师生是南阳城里最集中的一支反清革命力量。辛亥革命后，杨鹤汀因为声望卓著而被推举为首任南阳知府。不久，南北“议和”，袁世凯窃国，杨鹤汀愤而辞职，弃官执教，先后创办河南农业专科学校、南阳女子中学等。他还曾与

① 杨鹤汀：《杨鹤汀先生诗文稿》，未刊稿，第6页。

杨鹤汀、杨廷宝父子（1910 年摄于南阳县城隍庙后院，杨鹤汀时年 33 岁，杨廷宝手执地球仪，时年 9 岁）

留法归来的著名农学家冯紫岗于 1932 年联手创办李华庄农场，创建南阳科学实验基地。晚年，他埋头于医学研究，用白话歌诀将医圣张仲景的两部巨著译成《伤寒论浅歌》《金匮浅歌》，有功于中医学的普及。

杨鹤汀教育子女与时俱进、以学报国，常说："要学文化、学科学，要有一技之长，志在四方，守在家请吃坐穿最没出息。"[①]在其鼓励与教育下，杨家子弟相继走出南阳、走出国门、走向更广阔的世界，以学报国，不负所望，成为"白屋公卿"。其长子、杨士莪的父亲杨廷宝就是其中之一。

二、父亲杨廷宝

杨廷宝（1901—1982），字仁辉，生于河南南阳。作为中国近代建筑界、建筑教育界的一代巨匠，是中国近代建筑设计学的创始人和开拓者之一，在建筑学界与梁思成被合称为"南杨北梁"，并且杨廷宝、梁思成二人于 1955 年同时当选为新中国最高科学殿堂——中国科学院首批学部委员（后改称院士）。杨廷宝于 1957 年当选为国际建筑师协会副主席。他一生完成百余项不同类型的建筑工程设

① 秦俊：《为国争光的一代建筑宗师杨廷宝》，选自杨廷寅：《八十忆往》，未刊稿，第 17 页。

留美期间的杨廷宝

计，其风格以稳健、严谨、庄重著称。

杨廷宝的生母米氏是南阳大户米家小姐，宋代书法家米芾的后人，能书善画，在生产杨廷宝时因失血过多而早逝。杨廷宝自幼体弱多病，记忆力不佳，六岁入家塾学习，曾因背诵困难被先生逐出家塾，且被评为“断难成器”。杨鹤汀不以为意，他鼓励杨廷宝：“先养好身体，空下来多临帖练字，来日方长，不要灰心。”杨廷宝出于对母亲的怀念，时常取出母亲留下的文房四宝和画卷遗墨临摹，书画水平日渐长进，为他日后成为建筑大师打下了扎实的绘画根基。杨廷宝在父亲的鼓励下投考新式学堂河南留学欧美预备学校，并在14岁时以河南省考生第一名的成绩被清华大学的前身留美预备学校录取，到校后又连跳两级，受教于时任物理系教授、后来的清华大学校长梅贻琦[①]。他与闻一多是同班同学，因酷爱美术，志同道合，与其结为挚友，二人成绩出众齐名全校。1921年，杨廷宝考入美国最著名的建筑院校——宾夕法尼亚大学建筑系，用两年半的时间完成四学年的全部课程，并被选入美国大学专门为奖励优秀大学生而设立的组织“Sigma X”，获该校学士学位的最高荣誉。在校时与比他入学稍晚的后来成为中国建筑大师的陈植、梁

① 梅贻琦（1889—1962），字月涵，祖籍江苏武进，天津南开学堂第一期学生，其教育思想与张伯苓一脉相承并有所发展，自1931年起担任清华大学校长。在其领导下，学校从依附性质的留美预备学校框架中脱颖而出，数年间跻身于国内名牌大学之列，成为中国最大的高等教育和科研中心之一。

思成、童寯等过从甚密。

杨廷宝于1927年归国后，在当时中国影响最大的建筑事务所——基泰工程司任首席建筑工程师。他与留学归国的青年建筑师设计了一批出色的公共建筑和民用建筑，打破了外国人垄断中国现代建筑设计的局面，开创了中国近代建筑设计事业和建筑活动的新时代，成为中国现代建筑领域第一批中坚力量。自1940年起，杨廷宝先后在中央大学建筑系、南京工学院（现东南大学）执教，一生指导、设计、修缮了北京天安门广场、人民英雄纪念碑、毛主席纪念堂、和平宾馆、清华大学校内建筑等数以百计的建筑作品，培养了包括戴念慈、吴良镛、齐康、戴复东、钟训正等数名院士在内的大量建筑人才。

三、一门两院士，满门科教才

“廷”字辈中，杨鹤汀次子杨廷宾毕业于国立北平大学艺术学院，师从徐悲鸿，是老一辈革命版画家，全面抗战爆发后，投奔延安，晚年曾任中国美术馆副馆长；三子杨廷寘为新中国成立前中国共产党地下党员，后为河南省高级人民法院离休干部；长女杨廷宜毕业于北平协和医学院；次女杨廷宁毕业于国立北平艺术专科学校；三女杨廷寓于河南大学任教。六名子女均接受过高等教育，服务于社会。

“士”字辈中，杨士莪大姐杨士英毕业于南京大学化学系，后留校任教；二姐杨士华（華）毕业于北京大学农学院，为农业部环境保护科研监测所研究员；大弟杨士芹曾求学于中国人民解放军军事工程学院，就职于中国科学院计算技术研究所；小弟杨士萱研究生毕业于清华大学建筑系，后在美国贝聿铭建筑事务所从事建筑设计工作……

杨家子弟以父兄为榜样，崇文重教，诗书传家。几代人亲历一个古老的儒家帝国历经艰难，蜕变为近代中国的过程，与国人一起寻找重生的道路，这个过程艰苦卓绝且缓慢痛苦，但即使在兵荒马乱、朝不保夕的苦难岁月，这个家族也坚定地保留“几颗读书的种子”。多年后，杨廷宝、杨士莪及众多杨家子孙造就了“一门两院士，满门科教才”的家庭荣耀。

第三节　童年印象

一、儿时的礼物与开明的母亲

杨士莪出生时，父亲的友人赠送一本相册作为贺礼。八十余年中，这本与杨士莪同龄的相册，历经岁月变迁、战乱逃亡，数易住址，始终被不离不弃地珍藏于身边。略显斑驳的皮质封皮里，承载着杨士莪和杨家的发展轨迹，记录着这个家族的成长故事。

与同龄人相比，儿时杨士莪的照片格外多。从襁褓中开始，父母一有时间就用自家的照相机为这个小生命留下生命伊始的宝贵纪念。20 世纪二三十年代，照相机对于普通人家而言是件贵重且新奇的奢侈品。这架照相机是杨廷宝在美国求学期间，数次获得全美建筑系学生竞赛头奖后，用奖金购买的奖品。杨廷宝常将它和一个小本带在身边，看到有特点的建筑物就用照相机拍下来或者在小本上画下来，作为设计素材。照相，是杨士莪儿时因为父亲的职业而享受到的令人欢欣的优待。

由于杨廷宝的职业特点和战乱威胁，杨家或举家随迁，或躲避战火，“动荡奔波”和“走哪学哪”是杨士莪对童年生活的最深印象。

杨士莪出生时，正是杨廷宝留学归国后加盟天津基泰工程司的第四年。该工程司在 1920 年由关颂声创办于天津，后来其总部迁至

杨廷宝与陈法青结婚时留影
（1927 年春）

南京，并在天津、北平（今北京）、上海、重庆、成都、昆明、香港等地设立分公司，业务遍及全国各大城市，是民国时期中国影响最大的一家建筑事务所。杨廷宝归国后正处于建筑设计创作的黄金期，在天津、北平、南京等全国各地来回奔忙，几乎无暇顾及家庭。家中大小事宜都由妻子陈法青操持。

杨士莪的母亲陈法青（1901—2004），祖籍河南西平，先后毕业于北京女子师范学校和国立北平艺术专科学校，是一位思想开明的知识女性，婚后持家，相夫教子。杨士莪的外祖父陈铭鉴（1877—1945），字子衡，号莲友，清朝举人出身，西平名士，入民国后曾任参议院议员、宪法起草委员会委员等职。为反袁世凯称帝，避难隐退，致力于县志纂修，并联合在北平居住的河南籍知名人士，创建北平私立河南中学（后改名嵩云中学），一生著述颇丰。

母亲陈法青性格爽朗且待人热情，为整个家庭营造了积极乐观、平和温馨的家庭氛围。师范学校的教育背景、开明的思想和干练的行事风格，使她成为杨士莪最好的启蒙老师。

二、寓居天津

在杨士莪出生后四十天的9月18日，震惊中外的“九一八事变”爆发。三个半月后，日军席卷东北，东北全境沦陷，四亿七千万中

在北平明明小学就读一年级的杨士莪（1936 年）

在明明小学的学习生活对于杨士莪而言是轻松愉快的。令他难忘的是，身体瘦弱的他，还曾因为在一个月内体重增加了一斤[①]，获得过一块银元的奖励。

1937 年 7 月 7 日深夜，日军炮轰宛平城和卢沟桥。"七七事变"爆发。7 月底，平、津相继沦陷。

刚上完小学一年级的杨士莪，与家人一起踏上了逃难的漫漫路途。此后数年，战争将处在危机四伏的旋涡里的中国和最纯净的孩子们的世界，一并吞没。

第四节　逃难途中

一、难以磨灭的逃难印象

抗日战争全面爆发后，黑云压城，日军的触角很快伸到了广大华北地区。杨廷宝当时承接的大部分工程在南京和上海，所以人并

① 1 斤 =0.5 千克。

国人真切感受到了亡国惨祸已迫在眉睫。

当时，基泰工程司总部设在天津。杨家举家紧随杨廷宝事业的脚步，在天津英租界马场道五官胡同赁屋而居。马场道原属天津老城东南的一片沼泽洼地，1903 年天津英租界大规模扩张，将该地区的大片土地改造为城市建设用地。20 世纪 30 年代，该地区形成欧洲不同建筑风格的住宅区。

租界，在中国近代史上是国人难以忘却的耻辱。在租界里，洋人行使着独立的行政权、立法权、司法权、警务权、军事权，租界成为“国中之国”。1920 年左右，津、沪租界当局甚至不准中国建筑师在租界开业。中国人在自己国家的土地上，没有自由和权利设计建造自己的房子。

杨廷宝始终牢记早在赴美留学前父亲对自己说的话“要给中国人争口气”，他将满腔爱国热情倾注到自己擅长的领域，与留学归国的中国第一代建筑师，打破了外国建筑师“一统天下”的局面，与外国建筑师同台竞争。尤其值得一提的是，由杨廷宝负责建筑设计方案的天津日租界“中原公司”（现天津百货大楼）的项目，挫败日本人的暗中作祟，成功拿到施工执照，打破了在日租界内由日本建筑师垄断建筑的局面。

杨士莪（杨廷宝怀中所抱者）与父亲及两位姐姐在天津寓所合影（1932 年）

杨廷宝夫妇共育有五个子女，除最小的儿子杨士萱于 1933 年生于北平外，其他四个孩子均出生于天津。混乱时局中，陈法青以开朗的性格、坚强的毅力、知识女性的干练和果断，将杂乱纷繁的家庭事务打理得井井有条。她曾回忆说：

> 为了支持廷宝的事业，我尽量不使他分心，独自料理好子女的教育和各项家务琐事。当年的天津是半殖民地化的城市，人情淡薄，处处向钱看，我们在那里生活很不习惯。①

三、父亲的言传身教

1935年，在北京大学历史系的课堂上，学生请教授陈垣对时局加以评论。陈垣沉重地说道："一个国家是从多方面发展起来的，我们必须从各方面就着各人所干的，努力和人家比。我们的军人要比人家的军人好，我们的商人要比人家的商人好，我们的学生要比人家的学生好。"各个行当的人，应当殚精竭虑，在这个行当里压倒侵略者。这也是当时像杨廷宝一样的一大批忧国忧民的爱国知识分子所走之路。

令杨士莪印象深刻的是儿时家中珍藏的一面"五色旗"（又称"五族共和旗"）。当年父亲出国留学时，将其作为"国旗"随身携带，以志不忘国家民族之意。"五族共和旗"在1912～1928年作为中华民国的"国旗"，由红、黄、蓝、白、黑五种颜色组成，分别象征中国汉、满、蒙、回、藏五大民族，含有"五族共和"之意。杨士莪很小的时候，就被告知五种颜色的象征意义，多少年来始终牢记不忘。

父亲回国时，除了书籍、绘画作品外，还带回了两件东西——出国时带走的那面"五色旗"和一床紫花棉布被褥，被褥虽然已经很破旧，但仍洗得干干净净地带回。因为有过出国留学的经历，杨廷宝有着更强烈的"中国人"意识，并将这种意识在潜移默化中种

① 陈法青：《忆廷宝》，载于刘向东，吴友松：《广厦魂》，南京：江苏科学技术出版社，1986年，第239页。

在了孩子们的心里。

1933 年，杨廷宝已是基泰工程司主持图房的总建筑师，功成名就，有了较高的社会地位。古朴、开阔、气派的南京建筑中，有一百多项各种类型的工程设计都和杨廷宝的名字有关。但他还是趴在图桌上制图，丝毫不敢马虎。他常对孩子们讲："善于掌握时间的人，会比一般人容易得到成功。"他平时工作繁忙，孩子们从小就养成习惯，从不打扰他工作。他喜爱安静，除了绘画、武术外并无太多兴趣爱好，即使在家中，也是在书房看书、画画或做建筑设计。遇上风和日丽的假日，偶尔他也会挤出时间和孩子们一起外出游玩。在郊外，看到某座古庙或有趣的建筑，孩子们高兴地四处玩耍，杨廷宝则开始聚精会神地写生作画，一两个小时后，孩子们玩得尽兴，父亲的画也完成了。

杨廷宝性情平和，一生谦虚谨慎。他曾对家人说："幼年养成的品德和学习习惯，往往能影响一个人的一生。"在杨士莪幼小的心灵中，民族感情、爱国主义、敬业之心等，被具体化为一面贴身携带的"五色旗"、一床紫花棉布被褥、一架作为奖品的照相机、父亲伏案制图的背影、随身携带的写生画册……父亲的言传身教和家庭环境的浸润，成为杨士莪品格形成的最好老师。

四、北平时光

杨士莪的二弟杨士芹出生时，母亲因临产住院，将杨士莪交由保姆照顾，他见保姆吃面条也要吃，但实际上并无消化能力，吃伤食后免疫力下降，结果造成遍身出水泡，并在水泡溃烂后留下疤痕，周而复始，虽经多方寻医治疗，但多年仍无法痊愈。因此，家中常备杨士莪的专属药箱，药膏、纱布、药棉等一应俱全。为了避免发炎、感染，杨士莪六岁时还周身缠着纱布。直到七岁时，根据一位乡村老中医提出的土方进行医治，用熬过艾蒿的热水洗澡，并在周围烧艾蒿热熏，"土方治大病"，此病才断根。因为此病，童年时期的杨士莪与同龄人相比身体一直瘦弱。

1933年年初，古建筑专家朱启钤等邀请杨廷宝到北平开设基泰工程司分公司，进行北平古建筑的修缮和加固工作。杨氏夫妇考虑到今后几年的工作重心都将在北平，孩子们也相继到了入学年龄，到北平可以就读更好的学校，于是决定举家迁居北平，租住在东城区干面胡同的一座两进四合院内。

杨士莪（前排中）与家人在北京干面胡同四合院住所内合影（1936年）

北平时光留给杨家孩子们的记忆是愉快的。那时，杨廷宝主要在北平工作，不像以前各地奔波。尽管他的工作依然繁忙，但一家人每天都可以相聚，其乐融融。杨士莪姐弟几人年纪相仿，不乏玩伴，在孩子们的世界里，只要能吃饱穿暖就可无忧无虑。

杨廷宝举家迁往北平，承担北平古建筑修缮的工程后，此前在北平“中国营造学社”共事的梁思成、林徽因夫妇与刘敦桢成为杨廷宝修缮古建筑的顾问。在中国建筑设计界，杨廷宝与梁思成、刘敦桢、童寯被合称为“中国建坛四杰”，他们志同道合，而且相处融洽。因缘际会下，几位老友难得相聚，三家经常走动串门，这不但成为他们的难忘时光，也为孩子们带来了很多美好回忆。刘敦桢之子刘叙杰教授后来回忆说：

> 有一次父母带我到杨家去拜访……当大人们在客厅里谈话时，我却跟着杨家的二位姐姐（杨士英、杨士华）和两位弟弟（杨士莪、杨士芹）来到后面，去看最小的“小不点”杨士萱。那时他大概还不到一岁，仰卧在摇篮里，身上只穿了一件北方典型的儿童肚兜。大家逗“小不点”的情景，至今仍然觉得十分有趣。①

两代人的深厚友谊，伴随着他们走过了一生。

五、明明小学

1936年秋，杨士莪进入北平私立明明小学就读一年级。两位姐姐杨士英和杨士华已经分别在这里就读三年级和二年级。该小学成立于1932年，位于崇文门内西观音寺胡同内的一幢两层楼的宅院内，由美国协和医学院承办，因教学水平较高，在当时颇有名气。校长王素忆是美籍华人，曾在美国留学并获博士学位。学校董事会的成员多数是北平东城区的知识分子，他们将子女送到该校就读，学生数量不多，大多彼此熟识。

明明小学很重视英语教学，从一年级开始就上英语课，用的课本是从美国引进的全英文教材，并按照“洋习惯”过圣诞节、复活节等。学校一学年会组织学生进行几次“社会参观”的活动，如参观位于朝阳门大街的仁立地毯厂、位于煤渣胡同的北平英文日报社等。地毯制造机、英文排铸机、汉字操作间等给学生们留下了深刻的印象。在春分日的正午，王素忆特地给学生介绍“在这特定日子的正午，人的身影长度恰好等于人的身高”的现象。学校还组织高年级的学生到美国人开设的华文学校，借用临时架设在楼顶的小型天文望远镜观测夜空中的行星。

① 杨永生，刘叙杰，林洙：《建筑五宗师》，天津：百花文艺出版社，2005年，第156页。

第二节　沙坪岁月

一、考取重庆南开中学

沙坪坝位于重庆西郊，东滨嘉陵江，西抵缙云山。抗日战争时期，京、津、沪、宁等地的大批学校内迁，沙坪坝成为内迁学校的集中地，这里学府云集，成为当时大后方著名的“文化坝”。

坐落于此处的重庆南开中学，校区依山地起伏而建，以万余平方米的体育场为中心，标准足球场、篮球场、田径赛场分布其中。石砌看台旁用麦冬草植成“允公允能，日新月异”的校训。高中部

杨士莪珍藏的重庆南开中学校景（校门）照片

不在北平。形势危急，邮路断绝，陈法青联系不到远在上海的丈夫，果断决定带着五个子女逃回南阳。她一面设法联系丈夫，一面特地找人打了两个大铁皮箱，将丈夫的重要书籍、画卷、资料和孩子们的图书装入箱中。在家中两位雇工的帮助下，与梁思成、林徽因、刘敦桢等人一起南逃，先经天津坐海船到青岛，又多次换乘火车，经济南、徐州、郑州，到达许昌后，始与杨廷宝相遇。各车站里，成千上万的穿着长衣短打的人，扶老携幼地都往月台上挤，铺盖、箱笼满地，哭喊声、叫嚷声仿佛将车站变成一口沸腾的大锅。梁家、刘家赶往长沙，先行南下而去。杨家一路颠沛流离，终于辗转回到南阳老家。

虽然杨士莪当时年纪尚小，但是一路上的艰辛和车船劳顿，时刻担心失散而紧追亲人不舍的恐惧感，以及亲见日军的蛮横、伪军的贪婪，在他幼小的心灵中留下了关于逃难的难以磨灭的印象。

“七七事变”后，杨士莪（中排右一）与祖母（中排居中）、母亲（后排居中）及姐弟在南阳内乡县马山口镇秦家寨避难时合影

回到阔别多年的家乡，一路上惊恐劳顿的一家人已无心情欣赏故乡“秋日田亩金黄成片，悠闲老牛树下反嚼”的美景。国家命运前途未卜，“覆巢之下，安有完卵”的悲戚，让在战火中欣喜相聚的杨家人，心头别有一番滋味。

还没等杨家人在南阳站

稳脚跟，战火就蔓延到了河南。1938 年 6 月，当时的河南省省会开封落入敌手。很快，南阳成为日机轰炸的目标，飞机时常从南阳城上空呼啸而过，丢下一串串闪光的炸弹，城里的黑烟和火光随之而起。

见南阳也成危城，杨士莪又随全家搬到偏远的内乡县马山口镇秦家寨赁屋而居。

秦家寨地处伏牛山中段主峰圣朵山南麓，默水河西畔，是个只有百十来户人家的山村，虽依山傍水、风景秀丽，但生活条件落后，油盐酱醋等日常用品都要过河到数里[①]之外的马山口镇上购买。

二、山村启蒙

在艰难奔波的逃难途中，一大箱孩子们的图书始终被不离不弃地携带着，这其中包括历史故事读物、科普读物、小学教材、文学作品等。在秦家寨居住期间，杨士莪不断翻阅这些书籍。这些书籍不但培养了他的民族感情，也激发了他对中国文学和历史的兴趣。数十年后，他仍能对当时所读的一些书中的内容如数家珍，例如，其中一套由文化生活出版社出版的“少年科学丛书”，以通俗浅显的语言，向少年读者介绍自然科学知识。有一本由索非著的《人体旅行记》，讲述一个顽皮的小男孩儿用气枪打落石臼边上的小石粒，无意间将其随米饭一起吃掉，通过小石粒和其他食物经历消化系统各个环节的经历，介绍了人体不同消化器官的功能，内容深入浅出、通俗易懂，让杨士莪如今忆及，仍觉颇有趣味。他时常到祖父的房间去玩，祖父的桌上有一本厚厚的“大书”，讲的是汉字从甲骨文到金文、小篆、隶书、楷书、行书的变迁，杨士莪常爱翻看，因而也认识了若干甲骨文、篆字等不同的汉字形态。他曾在受访时说：

① 1 里 =500 米。

> 我在秦家寨避难时，老去翻爷爷的书，直到现在对于一些甲骨文我还能认识。我尤其喜欢科普读物和历史故事读物，这些书成了我对自然科学和社会科学最好的启蒙读物。①

闭塞的乡村中只有一所半私塾式的小学，教学方法和内容很落后。为了不耽误孩子们学习，母亲师范学校毕业的教育背景和家教经历，使她能按照“复式教学法”，将五个孩子分成不同年级，教授普通小学中的常设科目。每天上午学习，下午则由孩子们自由嬉戏，或由姑姑教唱抗日歌曲。年纪稍长一点的大姐杨士英和大哥杨士莪任“班长”。有一次上课，二弟杨士芹忽然大哭，大人一问原因，原来是尿裤子了。问他为什么不到厕所，他回答说：“大哥规定几点几分才准尿。”一丝不苟地守规矩可见一斑。

在母亲的教育下，杨士莪语文学习“四书”及《古文观止》中的文章，数学学习四则运算和应用题，英语学完了明明小学一到三年级的英文教材。淘气好动的他不爱背“四书五经”，就跟母亲发牢骚说：“太枯燥了。”“枯燥？喝两碗水就不枯燥了！”母亲生气时说的这句话让他记忆犹新。

杨士莪说：

> 现在回忆起来，对于母亲当时让我学这些古书是很感谢的，让我有机会从小接触国学，对后来的成长也很有好处。②

在杨士莪的家中，至今保留着他上小学时的生字本，纸张已泛黄却保存完好，一笔一画的字迹里，泛出了母亲的影子，慈祥而有远见，仿若就在身边，触手可及。

①② 2015年1月26日，杨士莪于哈尔滨寓所接受笔者采访时所说。

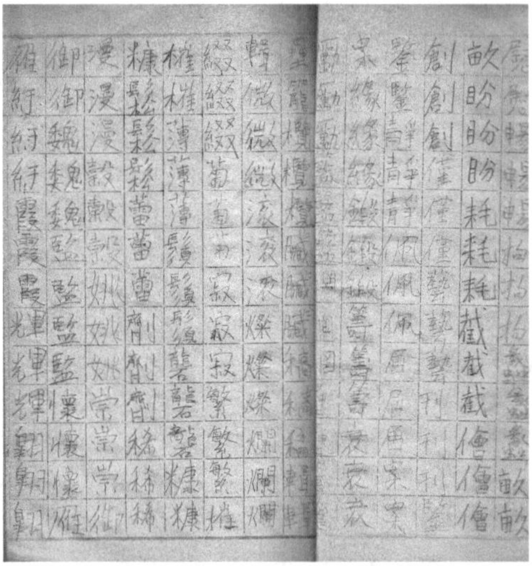

杨士莪儿时的生字本

两年多的逃难生活并没有耽误杨士莪姐弟的学业，他们反而在父母有针对性的因材施教下，提前完成了各自的学业，养成了勤奋好学的习惯，并为以后的学习打下了扎实的基础。

三、战火中的宁静

战火中的宁静弥足珍贵。闲暇时，杨士莪兄弟或在祖父的带领下在默河之滨游泳，或登高眺望巍峨连绵的八百里伏牛山。默河从万山丛中流出，至马山口镇进入开阔的平川。河两岸林木茂密，河水清澈见底，两岸筑堰引水灌田。用笊篱在小河沟边上的草窠里一捞，就有活虾，回家一炸就是晚饭桌上难得的美味。杨士莪还喜欢爬山捡蜗牛壳，捡回来后摆成蜗牛阵，玩排兵布阵的“打仗”游戏，用铜板去砸蜗牛壳，砸中了就算打死了一个敌人……

祖父曾写诗记述此间生活：

大乱终须避，乐土何处寻？携眷向西去，仆仆劳风尘。菊潭觅桃源，停车始问津。此寨有望族，比户皆称秦。刈茅先补漏，筑室与为邻。和合常来往，酬酢分主宾。最喜乡谊厚，颇觉风俗淳。有无原可通，情意亦相亲。闲游马山麓，偶浴默水

滨。杨柳环沙堤，花草铺锦茵。年丰才是乐，书多不算贫。晚节嫌迟暮，久屈欲早伸……[1]

字里行间流淌着一代知识分子对家国的希望和信心。当他听到抗日前线传来捷报时，倍感兴奋与欣慰，欣然写下：

万物纷纭天地间，方知松柏耐岁寒。樗材偷生岩穴下，欣随桃李仰高山。[2]

抗日战争全面爆发后，国民政府内迁入川，立重庆为陪都。基泰工程司将总部迁往重庆。1939 年，杨廷宝受邀只身至渝。1940 年春天，杨士莪的大姐杨士英该升初中了，为了不耽误孩子的教育，杨氏夫妇决定举家再迁，奔赴战时文化教育资源集中的重庆。

① 杨鹤汀：《杨鹤汀先生诗文稿》，未刊稿，第 13 页。

② 杨鹤汀：《杨鹤汀先生诗文稿》，未刊稿，第 15 页。

第二章

少年励志

第一节 不屈之城

一、歌乐山上的"抗战房"

重庆市位于长江与嘉陵江交汇处，嘉陵江古称"渝水"，故重庆简称"渝"。城市四面环山，江水回绕，既以"江城"著称，又以"山城"扬名。1937 年，日军在上海发动"八一三"事变，随后沿长江一线直逼首都南京，形势十分危急，国民政府宣布"移驻"重庆，并宣示抗战到底的决心，重庆随即成为抗战时期大后方的政治、军事、经济、文化中心。

1940 年春天，杨家从内乡，经湖北老汉口、宜昌等地，终抵重庆。重庆因人口猛增数倍，住房极度紧张，杨廷宝夫妇将家安顿在了歌乐山虾蟆石十号。歌乐山远离重庆市中心，因"大禹会诸侯于涂山，召众宾歌乐于此"而得名。山上松柏苍翠、林壑幽美，"半山烟云半山松"成了战时躲避空袭的最好掩护，因而被国民党政府规划为"防空疏散区"。

20 世纪 30 年代末期至 40 年代中后期，歌乐山上聚集着国民政府主席林森等数百处军政要员住宅、各界名流公馆及政府办公场所。文化界的郭沫若、冰心、臧克家等都曾寓居于此。山上寺庙的客房里，租住满了难民家庭。杨家住的是一座用竹篱笆糊泥搭盖的二层简易房。这种用竹木架、篾席等捆绑出来的简易房被称作"抗战房"，它们能在一夜之间被炸光，也可被迅速重建。山上没水，生活用水要到山下的水塘挑取，山路崎岖难行，挑到家里的水更显珍贵。

因而杨士莪最喜欢下雨，一到下雨时就赶紧把桶、盆放到屋檐下接雨水，倒进自制的"过滤器"——上下叠放的两个缸，在上面的缸里依次铺有细沙、石子、棕榈叶，雨水过滤到下面的缸里，烧开后饮用。

杨家迁到重庆前，日军已经对重庆进行了两年无区别、无限制的狂轰滥炸。为了躲警报，杨家与邻居在离家20米处合修了一个防空洞。飞机来时，家人躲到防空洞里去了，胆大淘气的杨士莪就与弟弟们留在山上，看那轰炸机尖叫着丢下闪光的炸弹，还发现了日机的投弹规律，多年后他回忆起当时的情景，仍历历在目：

> 一架侦察机先从头顶上飞来，尾巴后头拖着烟，到了一定位置将烟关掉，然后又到另一个位置放烟，此间的空白就是让轰炸机在这投弹。果然，随后飞来的轰炸机尖叫着丢下一串串闪光的炸弹。有时就在我们头顶向下投弹，不过虽然在我们头顶上扔，但炸弹是抛物线落下的，所以真正落地就不是我们这儿了。[①]

频繁从天而降的炸弹，使包括杨家在内的重庆人民的生活蒙上了一层战战兢兢的阴影。"从此无心对明月，但求浓雾锁长空"，成了当时人们惊恐心情的写照。

二、歌乐山下的小学校

1940年秋天，杨士莪插班进入歌乐山下的高店镇中心小学五年级学习。这所六年制小学始建于1925年，整个学校有二三百人。学校没有校钟，上下课由学生摇铃为号。杨士莪与冰心之子吴平、国民党高级将领王耀武之子王志林等是同学。他还曾到吴平家——冰心在歌乐山的寓所"潜庐"做客。后来杨士莪学到语文课文里冰心的散文《笑》时，总会想起冰心阿姨那慈爱的微笑。良好的启蒙教育让杨士莪在这所小学里如鱼得水，每次考试都稳居第一。尽管有点儿淘气，但班主任王鹏飞老师对这个聪明伶俐的插班生却格外喜

① 2015年2月1日，杨士莪于哈尔滨寓所接受笔者采访时所说。

爱，毕业时以照片相赠留念。

校园边有一棵很大的黄桷树，至今仍枝繁叶茂。黄桷树生命力顽强，根须深深扎进石缝里，忍高温，耐潮湿，昂首挺立。这种树作为一种精神象征，意味着即使在重庆大轰炸最频繁的那段岁月，人们也绝不向苦难低头的决心。正像冰心对当时情形所描述的：我们是疲乏，却不颓废，是痛苦，却不悲哀，我们沉静地负起了时代的使命，我们向着同一的信念和希望迈进……

杨士莪在高店镇中心小学求学时在歌乐山上留影（1940 年）

1941 年 12 月 7 日，日军偷袭珍珠港的美军基地，太平洋战争由此爆发。重庆街头响起了报童“特大号外”的呼叫声和欢庆的鞭炮声。不久后，世界反法西斯同盟成立。珍珠港事件大大加速了日本必败的命运，但日本被自己巨大的野心吞噬，也许并未意识到这一点，依然疯狂地将轰炸机群派往重庆。

这是一座“不屈之城”。飞机在高空中可以清楚地看到人们在炸毁的残垣断壁上用硕大的黑字写着“愈炸愈强”；杨士莪还记得当时许多餐馆都不失“川味幽默”，推出一个“轰炸东京”的菜，将蘑菇汤倒入炸酥的锅巴里，发出一阵“滋滋”的声响。学生考试时，考生们在空袭警报中临时躲进防空洞，警报解除后继续在试卷上认真作答，时年十岁的杨士莪就是其中之一……

"范孙楼"、"忠恕"图书馆、女生部"受彤楼"、初中部"芝琴馆"、大礼堂"午晴堂"等错落于操场南北两侧的高地上。体育场西侧的"桃李湖"岸边桃柳相间，春天桃红柳绿，游鱼沉浮可数。校址宏阔，风景优美，在大后方的中学中绝无仅有。

杨士莪珍藏的重庆南开中学校景（津南村教师家属区）照片

1941年秋，还有一年小学毕业的杨士莪提前结束了小学的学习，以同等学力顺利考入重庆南开中学初中部。从此，他在这里接受严格的教育，学习科学，认识人生，由懵懂孩童成长为具有爱国意识、集体生活习惯与服务社会能力的蓬勃少年，并奠定了他一生进修的基础。五年的"沙坪岁月"铸就了杨士莪更高的人生起点，也翻开了他新的人生篇章。

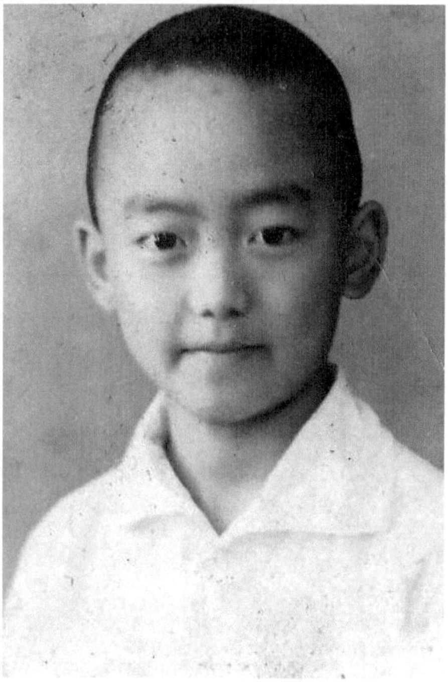

杨士莪报考重庆南开中学时留影
（1941 年）

二、一所中学的精气神儿

南开系列学校是一个完整的私立教育系统，包括大学、中学、女中、小学四部。早在 20 世纪 30 年代，南开中学的教学质量就享誉全国。学生入学的门槛较高，学习期间的淘汰率较高，每年因考试不及格而留级、退学的学生约占在校生的十分之一，报考大学的“上榜率”也很高。就在杨士莪入学的前一年，教育部因为该校连续两年升学考试成绩优秀，特颁“启迪有方”横幅以示表彰。

校长张伯苓（1876—1951）是中国现代教育的创始者之一，中国著名教育家，也是南开系列学校的创始人。1894 年，他毕业于北洋水师学堂，后目睹中日甲午战场威海卫由日本手中移交英国占领时“国易三帜”的场面（接收时，先下日旗，后升国旗，第二天，改悬英旗），悲愤填膺，深受刺激，“念国家积弱至此，苟不自强，奚以图存？而自强之道，端在教育：创办新教育，造就新人才”[①]。遂毅然决定脱掉海军军服，拿起三尺教鞭，终生献身教育，并乐此不疲。

从 1898 年天津“严氏家馆”的五名学生，逐渐发展为南开系列学校，张伯苓的教育事业起步于中学，并格外重视中学教育，他说：

中等教育为高等教育之基础，又为从事各种职业之预备。学生事业根基之培植，道德精神之训练，及生活技能之培进，

① 梁吉生：《张伯苓教育思想研究》，沈阳：辽宁教育出版社，1994 年，第 10 页。

胥维良好的中学教育是赖。[1]

他认为国势衰颓的原因在于“五病”——愚、弱、贫、散、私。因而，学校格外重视对学生的爱国教育和公民教育，主张教育并非只是使学生读书习字，而是要使学生个性得以充分发挥，德育、智育、体育、美育“四育”并进而不偏废，不偏重于求知的智育。梅贻琦、周恩来、曹禺、老舍，以及中国科学院和中国工程院40余位院士都曾受教于张伯苓，南开中学也被誉为“院士摇篮”。

当日军侵华愈演愈烈时，南开始终高举抗日救亡的大旗，时常发起爱国运动，日军感到如鲠在喉，必欲除之而后快。1937年7月，日军对天津发动全面进攻时，南开被视为“非摧毁不可”的轰炸目标。日军第一炮打河北省政府，第二炮就打南开，野蛮轰炸使南开的教学设施等被摧毁殆尽，成为一片焦土。眼见数十年心血一朝化为灰烬，张伯苓沉痛而满怀信心地说：

> 敌人此次轰炸南开，被毁者南开之物质，南开之精神将因此挫折而愈益奋励……我深信中华民族是不会灭亡的。南开学校是为复兴祖国而产生，必然遭到日寇所嫉恨，其被炸、被烧是意料中事耳，只要中华民族存在，南开也必存在！[2]

学校师生随后西迁重庆。南开中学是抗日战争爆发后第一所被日军炸毁的学校，也是第一所在后方以长期抗战为信念建立的学校。曾有人担忧地问张伯苓：“日军如果再来轰炸，怎么办？”张伯苓坚毅地说：“再炸再修！”

风雨如晦，鸡鸣不已；烽火连天，弦诵不绝。杨士莪就是在日军的“再炸”与南开师生的“再修”中，开始了南开历程。融洽的感情、牢靠的学问、诚实的生活，是这所中学给予杨士莪的人生礼物。

① 梁吉生：《张伯苓教育思想研究》，沈阳：辽宁教育出版社，1994年，第398-399页。

② 梁吉生：《允公允能 日新月异：南开大学校长张伯苓》，济南：山东教育出版社，2003年，第85页。

三、“读书是为了救国和报国”

南开中学全体学生都要住校，实行准军事化管理。初、高中学生分别实行童子军和军训管理。1941 年秋季学期，南开中学首设实验班，进行“五年一贯制”的教学探索（后来因为效果不好，又改为“六年一贯制”）。在这一届新入学的近 200 名初一男生中，择优选取 80 人编为一、二两班作为实验对象，称为实验班。实验班不分初高中，学生不必参加初、高中的毕业和升学考试。这种教学探索减少原来初、高中相关课程的重复学习成分，物理、化学安排在高中开设，使各科目，尤其是数理化的授课内容更加深入。杨士莪是实验一班里年龄最小的学生，并将这个纪录一直保持到大学。

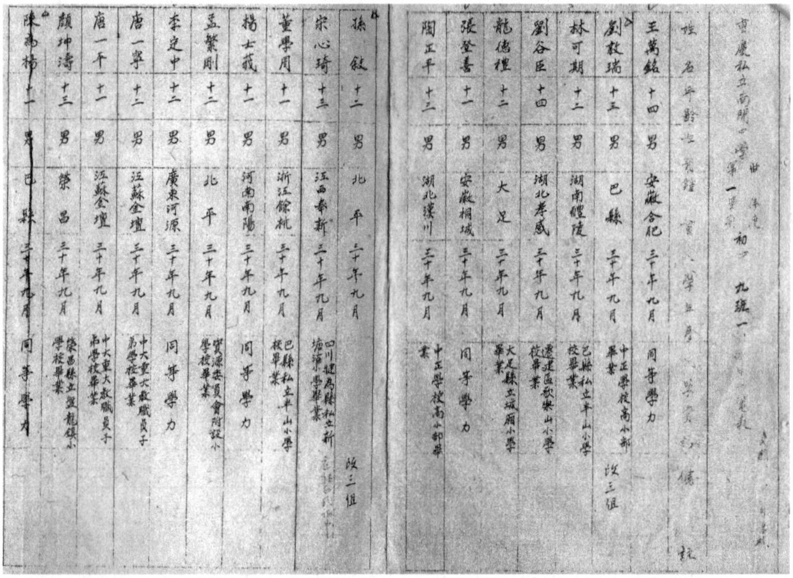

姓名	年龄	性别	籍贯	入学年月	学历	
王萬銘	十四	男	安徽合肥	三十年九月	同等學力	
劉啟瑞	十三	男	巴縣	三十年九月	中正學校高小部畢業	改三組
林可期	十二	男	湖南醴陵	三十年九月	巴縣私立中山小學校畢業	
劉谷臣	十四	男	湖北孝感	三十年九月	遷建區歌樂山小學校畢業	
龍德禮	十二	男	大足	三十年九月	大足縣立城廂小學畢業	
張登壽	十一	男	安徽桐城	三十年九月	同等學力	
陶正平	十三	男	湖北漢川	三十年九月	中正學校高小部畢業	
孫鈫	十二	男	北平	三十年九月		改三組
宋心琦	十三	男	江西奉新	三十年九月	四川犍為縣私立新塘鄉小學畢業	
董學周	十一	男	浙江餘杭	三十年九月	巴縣私立中山小學校畢業	
楊士莪	十一	男	河南南陽	三十年九月	同等學力	
孟繁剛	十二	男	北平	三十年九月	賓濟委員會附設小學校畢業	
李定中	十二	男	廣東河源	三十年九月	同等學力	
唐一學	十二	男	江蘇金壇	三十年九月	中大重大教職員子弟學校畢業	
唐一千	十一	男	江蘇金壇	三十年九月	中大重大教職員子弟學校畢業	
顏坤濤	十三	男	榮昌	三十年九月	榮昌縣立盤龍鎮小學校畢業	
陳秀楊	十一	男	巴縣	三十年九月	同等學力	

杨士莪在重庆南开中学就读初一时所在班级名册影印件①

学校非常重视德育，尤其是爱国主义教育，在张伯苓看来，教育范围不能限于书本教育，而应特别注重人格教育和道德教育。爱国是实现教育救国的前提，也是南开培养人才的第一要义。学校每

① 现存放于重庆市档案馆，档号：0142000100096000002O。

周一在操场上举行全校集会——周会，由张伯苓、校务主任喻传鉴，以及不同政治派别、不同观点的政要、学者等社会名流来校演讲，演讲内容从国际大局、抗战形势、时政财经到天文地理、文化教育、科学技术、修身养性、励志报国等，使杨士莪眼界大开。

在校园里，杨士莪有时能看到穿着长袍、拄着手杖的张伯苓校长散步巡视。

在刚开学不久的周会上，杨士莪与1600余名学子一起严整列队，聆听了张伯苓对校训“允公允能，日新月异”的解读：

> 所谓“允公允能”，“允公”即爱国为公，学生要知道尊重公共利益的重要，舍身为公的可贵，借以养成为国家民族牺牲的精神；“允能”是要有现代化的科学才能，要有服务社会的能力。所谓“日新月异”，就是每个人不但要能接受新事物，而且要能成为新事物的创始者；不但要能赶上新时代，而且要能走在时代的前列，一个人要忠于自己的生命，就必须要能吸收新知识，发挥新思想，并能予以实行……读书是为了救国和报国，爱国可以出于热情，救国必须依靠力量。学生在求学时代，必须充分准备救国能力；在服务时期，必须切实实行救国志愿。有爱国之心，兼有爱国之力，然后始可实现救国之宏愿。诸君生当今日，机会甚多，责任极重。宜于此数年内，预备充分之学问之能力，以期异日尽责于国家。

校务主任喻传鉴在《我之十大信条》中曾写道：

> 一、求学是为救国，不是为家族争光荣。做事是为服务，不是为个人谋福利。昂藏七尺躯，俯仰天地间，必须时时事事以国家民族利益为前提。二、吾人要救国，第一须有爱国心，能为国难奋斗。第二须有爱国力，能为国事尽职。有心无力，无补实际，有力无心，众所共弃。[①]

① 刘鹤守：《沙坪岁月——重庆南开校园回忆录》，北京：中国文联出版社，2003年，第6页。

"允公允能，日新月异"及师长的信条使杨士莪铭记于心，终生不忘。他一生思想自由不羁，但时刻以"为国为公"作为其奋力进取的根由，时刻紧随科技领域日新月异的发展，与时俱进，不敢稍懈。

1944年12月初，湘桂战场溃退，日军深入贵州，重庆风声鹤唳。在杨士莪的记忆里，那是抗日战争以来重庆最寒冷的一个冬天。独山失守，一些学生家长准备举家避居西昌，为其子女"请假"。一天清晨，升旗仪式后，年已古稀的张伯苓严正表态："退学可以，请假不准。"略作停顿之后又说："咱们南开已从天津退到重庆，现在不能再退。敌人当真来，南开只能与重庆同存同亡。"杨士莪与全校学生在大操场的寒风中肃立，在鸦雀无声中强忍热泪。他们将这国仇家恨化为"为救国和报国而读书"的动力，拼命用功，汲取知识如饥似渴。

学校规定学期结束时若有三分之一的课程不及格即留级，二分之一的课程不及格即退学。暑假后，全校成绩公开贴在范孙楼，红笔写名即留级，被称为"红榜"。学生们不跑警报时，埋首用功；跑警报时，课本仍然带着。停电时，大家在墨水瓶中倒点儿清油，插根棉纱，就是一盏小台灯，几十盏微弱摇曳的灯火，一闪一闪好像萤火虫，学生们或闷头做作业，或背诵唐诗宋词。学校并不提倡"开夜车"学习，但为防止学生在宿舍偷偷点蜡烛看书引发火灾，便打开食堂的大门。所以不少人到食堂秉烛夜读，只见一大片烛光闪烁。

杨士莪读高一时，学校为提高教学效率，倡导"设计运动"。张伯苓说：

> 做任何一件事都要"设计"，可将做事过程概括为十个字，即"为何做？如何做？做！好不好？"凡办一件事，首先要有个目标，包括设立目标前的调查研究、可行性论证等，即"为何做"；第二步就要针对目标，结合实际定一个周密计划，即"如何做"；接下来是认准方向后，强力推进，具体实践；最后

一定要总结利弊、积累经验。

这十个字对任何工作都有普遍性的指导意义。张伯苓把他的工作经验概括为这十个字，让杨士莪记忆深刻，成为他日后工作时最好的方法论指导。

在教学楼门厅里，设有一面大穿衣镜，镜上刻有四十字：“面必净，发必理，衣必整，纽必结。头容正，肩容平，胸容宽，背容直。气象：勿傲、勿暴、勿怠。颜色：宜和、宜静、宜庄。”这四十字后得名“镜箴自鉴”。镜箴要求大家拥有整洁文明、积极向上的仪容仪表及平和宽仁的处世态度，提醒学生注意修身养性，提高道德情操。每逢开学时节，新生们都会被要求背诵“镜箴自鉴”。这是学校除校训外，要求学生形成谨严向上精神风貌的最佳座右铭。

学生按要求穿统一校服，女生留齐耳短发，男生无一例外全部剃成光头。当时曾有一些学生要求蓄发，喻传鉴处理此事的方法很是风趣。在一次周会上，他说：“不是绝对不让你们留头发。而是因为你们现在年龄还小，应该把主要精力用在学习上，留了头发在一定程度上会分散精力，对学习不利。头发留了以后不外乎两种情况，第一种是天天梳洗整理，还要擦油，弄成了个‘油头’。”这时他问大家：“你们说，这油头下面是哪两个字？”大家高声回答：“粉面！”“那你们愿不愿意做一个油头粉面的人？”大家齐声回答：“不愿意！”“第二种情况呢，就是不梳不洗，乱七八糟，成了个‘蓬头’。”接着他又问：“蓬头后面是哪两个字？”大家回答：“垢面！”“那你们愿不愿做一个蓬头垢面的人？”大家又齐声回答：“不愿意！”喻传鉴于是说：“既然如此，还是暂时不留头发为好，等你们长大了，学业有所长进，那时再留头发也不迟嘛！”喻传鉴的解释让所有人心服口服，此后再未有人提出异议。

学校执行严格统一的作息、请假、宿舍管理制度。男生宿舍是一条长统舱，中间是过道，两边用齐胸矮墙隔成许多小间，每个小间有四张床，小间之间既隔断又连通。内务整理要求严格，每天都有被称为“考美”的内务评比。年龄小、身体弱的杨士莪在潜移默化中提高了生活能力，逐渐形成严整利落的作风，对他的个人生活和未来的科研工作，都大有裨益。

四、蓬勃的生命力与创造力

对杨士莪而言，每天下午三点半是个“可爱”的时间。三点半至六点是课外活动时间，学生一律离开教室，按照各自的爱好和特长，自由开展各种科技、文艺、体育活动，每个学生都不准留在教室里做功课。训导老师在教室外巡视，如发现三点半后有学生躲在教室里做功课，立刻记大过一次。张伯苓常说：“南开要把学生训练成两个 man，一个是 gentleman（绅士），另一个是 sportsman（运动员）。”尤其是 sportsman 的培养目标，旨在使学生具有奋发向上的风貌、公平竞争的精神、团队合作的习惯。在运动会上就有过一人一项运动、全校个个是运动员、每位老师都当裁判的盛况。杨士莪身体瘦弱，始终是个“体育落后分子”，有时“观众”当得手痒了，也会到篮球场上传传球过过瘾。学校把包括杨士莪在内的每一位学生都卷进一种体育竞赛的氛围中，即便不是运动员，至少也是个摇旗呐喊的观众，这种“运动员精神”在他们的心灵成长中起到了潜移默化的作用。

“三点半见”成了同学们相约课后同行的口头禅。学校鼓励学生融入群体活动，提高组织能力，拓展课外知识，培养学生十八般“武艺”，话剧团、京剧团、军乐社等各种社团不下百余。在那个可塑的年纪，几乎每个人都被训练了“几手”。杨士莪将三点半后的时间，大多交付给了忠恕图书馆，图书馆大厅里迎面高挂一块大匾，上写“汗牛充栋”，让人心生敬畏。杨士莪在这里流连驻足，广泛涉猎群书，像一块海绵一样投进了知识的海洋。

学校还鼓励、支持办壁报，训练学生的写作能力并活跃思想，各班、各年级、各社团都有自己的壁报，各具特色，琳琅满目，张贴在从各教学楼到各生活区的必经之处，叫作文化走廊。杨士莪与几名志同道合的同学仿照《大公报》，办班级壁报《小公报》，亲自捉刀组稿，报道班级和学校趣闻。这个创作园地在同学中颇受欢迎，训导主任孙元福老师还给壁报题了词："没有白费的努力，没有侥幸的成功。"这蕴含了老师人生态度的话，后来也成了杨士莪的生活智慧。

在刚入学后不久的校庆日上，杨士莪看了生平第一场话剧——《国家至上》。编导、演员、工作人员等全部由学校师生担当。话剧这种富有表现力的表演形式让杨士莪倍感新奇，兴奋的心情久久难以平复。张伯苓是最早在中国提倡话剧者之一。中国最著名的话剧剧作家曹禺就是在南开中学被领上话剧事业道路的。每届学生毕业都要演出话剧。在校期间，杨士莪过足了看话剧的瘾，给他带来很大的艺术享受,《北京人》《风雪夜归人》《雷雨》《日出》《钦差大臣》等，至今忆起，依然如数家珍。他对艺术的热衷与修养肇始于此。

杨士莪在初中期间当过三年童子军。学校经常组织童子军露营，以训练他们在各种环境下的生存能力，培养团队协作的精神和分工协作的组织能力。露营时，班里成员分别布置帐篷，搭灶支锅，站岗放哨，分工明确。杨士莪在家中时，因为母亲支使常在厨房帮忙，因而也有些"厨艺"，负责后勤保障，为同学们烙饼。看着同学们将那毫无卖相可言的饼吃得津津有味，杨士莪颇为得意。

杨士莪爱"玩"，热衷课外活动，演讲比赛、班级联欢会上，都有他活跃的身影。这不仅为他提供了充分发挥潜能、施展才干的广阔天地，也培养了他的乐群精神。德育、智育、体育与美育发展的平衡，使他能在困难之际有足够蓬勃的生命力接受挑战；为他勇敢踏上追求向真、向善、向美的人生道路奠定了扎实的基础。

五、在战争中抱团取暖

物资匮乏，通货膨胀，1941 ～ 1944 年 3 年间重庆物价指数增长了近37倍，其中粮价上涨60倍。1944年冬天物价涨得最快时，上午可以买一斤大米的钱，下午连半斤米都买不到了。1941年11月8日的重庆《新民报晚刊》一篇名为《蔬菜的价格》的文章写道："菜市的价目，近来也在无情地飞涨中，昔人有劝人安贫的两句格言云：'咬得菜根，则百事可做。'其实这年头，便想咬菜根也谈何容易。"

杨家此时经济上也很窘迫，杨士莪姐弟五人先后就读于重庆南开中学，家庭负担颇重。父亲杨廷宝工作繁忙，常在嘉陵江畔的红薯挑上买两块红薯充饥，有时能吃上两三块热烧饼就算不错了。杨家在房前屋后养鸡种菜，贴补家用。但即便再清苦，杨氏夫妇也从未放松对孩子的教育，一直非常关心孩子们的学习，常在寒暑假时邀请学校的老师及一位同住在歌乐山上的马来西亚华侨为杨士莪姐弟补习数学、英语等课。在父亲这把大伞的支撑下，一家人在战火中抱团取暖，互相支撑。

沙坪岁月同时也翻开了杨廷宝新的人生篇章，他在此时走上了以从事建筑设计为主，兼顾建筑教育的新职业生涯。

迁至重庆沙坪坝的国立中央大学建筑系是中国高等学校第一个建筑系，也是该大学工学院的精华所在。杨廷宝来渝的消息让急需名家任教的建筑系师生大喜，力邀杨廷宝加盟执教。此时已执业十三年的杨廷宝既有丰富的设计实践经验，又有渊博的建筑专业知识，他也有意为国家培养建筑设计专业人才，于是欣然接受邀请，主要教授建筑设计和建筑概论，并指导学生学习水彩画。此后，他再未离开过教育战线，终成一代建筑学教育家。

形势越来越严峻，生活越来越艰苦。基泰工程司在重庆市中心，国立中央大学在城郊沙坪坝，节俭的杨廷宝为了兼顾两头，每次上课从城里到学校坐一个多小时公共汽车往来颠簸，在车上被挤得像沙丁鱼似的；从歌乐山家里到沙坪坝，就风雨无阻步行一两个小时赶去上课。

国立中央大学建筑系将 1943 ～ 1946 年的 3 年间誉为“沙坪坝黄金时期”。在此期间，该系培养了戴念慈、吴良镛、汪坦等中国第二代建筑大师，他们日后都成为中国建筑设计、科研和教学领域的核心人物。

对杨士莪而言，父亲的言行及成就是最好的“无言之教”。

第三节　难忘恩师

一、数学老师唐秀颖

在一个人的学术成长过程中，也许有过几十位老师，然而可以称作恩师的，可能屈指可数。老师们都曾传授过知识，因而在学问的积累上都给予过学生帮助。然而恩师则在知识之外，在学生的人生道路上给过帮助和指引，有过影响。在重庆南开中学，杨士莪遇到了人生中的第一位恩师——数学老师唐秀颖。

重庆南开中学数学教师唐秀颖（时年 40 岁，这是唐老师送给杨士莪的留念照）

实验班的教学处于试验探索阶段，没有为六年一贯制教学编好适用的教材，只能由授课老师自行安排教学内容和进度。学校对实验班老师的要求是，学生能接受多少就教多少，因而对老师水平要求很高。唐秀颖1938年毕业于国立中央大学数学系，并留校任教。后因重庆南开中学师资不足，经商调离开国立中央大学工作岗位，赴重庆南开中学教授数学，由此开启了她的中学教师生涯。她是教实验班时间最长的老师。在她初教实验班时，学校领导曾对她说："实验班的教学，只要学生能够接受，课程可以讲得更深一些。"所以，实验班的数学比普通班教得更多、更深，高二时，已使用大学教材，这为杨士莪打下了坚实的数学基础。

唐秀颖个子不高，身板挺直，眼睛炯炯有神，走起路来快速而稳健，讲起课来声音洪亮，精力充沛，几乎从不请假缺课。她写得一手好字，板书娟秀端庄，遒劲有力。几何课上，她在黑板上画的直线笔直有力，就像用直尺画的；一笔挥就的圆形，就像用圆规画的，而且两端接合。她上课时不苟言笑，对学生要求严格，练习不准涂改，否则就要重写。她在课上经常采用把日常生活中的现象与教学内容相结合的生活教学法，学生往往被吸引，不经意间，一堂课倏忽而过。有学生私下给唐秀颖起绰号叫"唐老虎"，但学生们并不怕她，反而很敬爱她。她那种对学生爱护、信任和鼓舞的眼神，是众多优秀教师所特有的。对于学习有进步的学生，她会在试卷上连批几个good、fine，给予鼓励。

唐秀颖注重对学生数学逻辑、技巧和思考能力的训练，尤其是如何判断、推理、总结、验算，特别注意培养学生的自学能力，鼓励学生主动学习，多读课外书籍，进行深入钻研。一次数学考试时，试题中有一道题难度较大，全班只有两位同学算对了。可在公布成绩时，并没有人得满分。学生问唐秀颖："既然我算对了，您为什么不给满分？"唐秀颖解释说，虽然做对了题，但解题的方法是个烦琐的笨方法，并没有真正掌握规律和技巧。随后便把更简洁的解法一讲，大家恍然大悟，心服口服。

杨士莪酷爱数学课，他最大的乐趣之一就是"抠"数学难题。

课堂上，唐秀颖会出一些难题，启发大家思考或自学。有一次，唐秀颖在课上出了一道证明“九点圆”的题，即证明在一个三角形上选取的九个点在同一个圆上，给学生若干提示，请学生自己课下证明。杨士莪冥思苦想，终于找出方法，那种成就感带给杨士莪很大的满足。还有一次，讲到数学上的一道难题——怎样只用圆规和直尺取三分角。老师说这个题解不出来，国际上也有证明说不可解。杨士莪不服气，明知不可解，却仍苦苦思索。解一道道难题的过程，极大地锻炼了他的自主学习能力，这种能力的培养使他在未来的学习之路上受益匪浅。

杨士莪头脑灵活，但最不喜欢背英语单词，因而初二、初三的英语考试不及格；初三那年，劳作课也不及格。英语课采用直接法教学，全英文讲授，强调阅读和听说能力的培养。劳作课主要讲授陶器制作、钢丝锯雕花、木工活等技艺，因杨士莪不够认真，老师给了不及格。按照学校规定，累计有三门课以上成绩不及格就要被开除。唐秀颖听说后，亲自领着杨士莪找到校领导求情说：“这个孩子很聪明，只是年纪太小还不够用心，但却是个可塑之才，况且实验班的课程安排与别校都不一样，把他开除了转到别校怕是把他耽误了，就让他跟着班级上吧！”这件事对杨士莪触动很大，后来，他也成为一名教师，对学生爱护的态度即深受唐秀颖影响。

唐秀颖是杨士莪人生中的第一个伯乐。她终生从教，1992 年在她八十大寿时，看到身边众多陪伴左右的学生，她说：“我这一生最高兴的事是培养了这么多的学生。”多年后，杨士莪在一篇题为“忆”的文章里深情回忆恩师：

> 她为我们的每一步成长而感到由衷的快乐，为我们的每一点失误而感到焦急不安。她不仅教会了我们有关数学知识与如何做学问的方法，而且以自身的榜样使我们懂得了应该怎样诚恳正直地处世为人。唐老师在上课时喜欢讲的一句话：“End is good，all is good.”正是告诉我们要虚心、谨慎、有毅力和恒

心，坚持到取得圆满的最终结果。这是做任何事情要想取得成功的唯一途径。[①]

二、语文老师李平阶

杨士莪爱下围棋，这是跟高中语文老师李平阶学得的终生爱好。当时语文课本里有一篇文章，讲文人“手谈”。手谈是围棋对局的别称。之所以被称为“手谈”，是因为在下围棋时，对弈双方均需默不作声，仅靠一只手的中指、食指，运筹棋子在棋盘上斗智斗勇。其落子节奏的变化、放布棋子的力量大小等都可反映出当局者的心情，如同在棋局中以手语交谈一般。杨士莪听了很感兴趣，得知李平阶棋艺精湛，就常到他宿舍学下棋。一开始，李平阶让杨士莪九个子，随着杨士莪棋艺渐长，逐渐从让五个子到让三个子，杨士莪虽始终没赢过老师，但两人倒也下得开怀。

南开中学的语文课本由学校自行编制。内容由浅入深，实验班初一学习白话文，第一课是叶圣陶的白话散文《藕与莼菜》。初二开始后都学古文。到高中时，高一时讲散文，授文以技，课文选自《史记》《汉书》等名著，以使学生继承优秀古文简练明达的文风；高二时讲韵文，动之以情，文章上起《诗经》《楚辞》，及至汉赋、魏晋古诗、唐诗、宋词、元曲，使学生在美的感受中得到精神上的陶冶；高三时讲论文，晓之以理，文章有《论语》和《孟子》选段、《过秦论》等政论性文章，学习重点转向习文求是、阐述思想的重理阶段。

杨士莪记忆力超群。语文老师时常考学生背古文，遇到难的，老师总是先提问杨士莪，似乎想通过他的背诵为全班同学“打个样儿”。几年的语文学习下来，杨士莪受到了比较全面、扎实的文字和国学功底锻炼。李平阶古文根底深厚，会“吟哦”。这种用古文有节奏地背诵朗读，颇有古风情致，学生们非常喜欢，常请老师“唱”

① 杨士莪：《忆》，载于田祥平：《重庆南开中学院士校友录》，重庆：重庆出版社，2013年，第235页。

上一篇。杨士莪尤其喜欢学习作诗、填词、作曲。李平阶讲到诗时，说到写诗的技巧“整齐中有变化，变化中见整齐”，诗词的表现要有境界、有情韵，情境交融，情景合一，言有尽而意无穷……这些都让杨士莪非常受教。

高二时，他填了一首《如梦令》的词牌子，如今依然能张口背来：

> 昨夜梦魂频扰，片片犹忆多少。最苦是多情，依枕还愁天晓。啼鸟，啼鸟，枝上唤春春渺。①

词中意境愁绪弥漫，杨士莪笑称当年“为赋新词强说愁”，其实也许是因为烽火连天，炸弹声伴着读书声，在这种环境中长大的孩子，心灵也因为忧患意识懂事得更早罢了。

1977 年，周恩来总理逝世一周年，杨士莪还曾作《水龙吟·周总理逝世周年纪念》，以表悼念。令人赞叹的是，时隔多年，杨士莪依然能只字不差地娓娓背来：

> 毕生肝胆精诚，更千秋节风亮操。宣扬马列，笃行马列，殊勋常耀。恨彼畴昔，长河星堕，雾迷鸦噪。送英魂西去，人民百万双垂泪，长安道。
>
> 遗志飞灰大地，化春风草青花茂。鹰穷碧落，龙吟九底，电传佳报。领袖英明，妖氛荡尽，山河欢笑。看神州奋起，红旗艳丽，四化式肇！②

至今，杨士莪家中依然保存着《平水韵》的韵书，还能背出构成诗词等韵文回环往复的诗韵。杨士莪一直对给自己打下深厚国学基础的李平阶老师心存感激。

三、群师风采

音乐老师阮伯英自己编印了一套《中华歌曲选》作为音乐教材。

①② 2015 年 2 月 1 日，杨士莪于哈尔滨寓所接受笔者采访时所说。

音乐课上，他或领着学生们唱起《毕业歌》，“我们今天是桃李芬芳，明天是社会的栋梁；我们今天是弦歌在一堂，明天要掀起民族自救的巨浪……”或信手弹起《月光奏鸣曲》等世界名曲，时而极目向虚，若有所见，时而埋头对琴，若有所思。他那陶醉在音乐中的神情，使人感到安闲宁静。在阮伯英的教导下，杨士莪不但认识简谱，而且能够读懂“豆芽菜”，并在后来成为大学合唱团的男中音。

一次物理考试，一个颇有文学造诣的学生因为所有试题都不会，交了白卷，但心有不甘，当场填了一首《鹧鸪天》：“晓号悠扬枕上闻，余魂迷入考场门。平时放荡几折齿，几度迷茫欲断魂。题未算，意已昏，下周再把电、磁温。今朝纵是交白卷，柳耆（即柳永）原非理组人。”物理教师魏荣爵（后来成为中国著名声学家、中国科学院院士）评卷时，也在试卷上和四言句一首：“卷虽白卷，词却好词。人各有志，给分六十。”教几何的伉老师讲“相切”时对学生说：“什么叫相切呢？你们都看过‘京戏关公要大刀’吧！”边说边模仿武生要大刀的姿态，举起大刀向下一砍说：“大刀片子，唰！在你脸上一蹭，你感到脸上一凉，用手一摸没有出血，这就是相切。”地理老师方慕韩上课讲到中国台湾的三大海港时说：“‘鸡蛋糕’是台湾三大海港。鸡者基隆也，蛋者淡水也，糕者高雄是也……”

高水平的教师，更可能教出高水平的学生。在杨士莪所在班级的三十余名学生中，后来考上北京大学、清华大学这两所名校的就有三分之一以上。杨士莪人生的一大幸运是遇到一群既有真才实学又有教学艺术，既精专敬业又循循善诱的老师，无论是在科学教育还是生活教育方面，都别出心裁地进行教学，师生关系自然而亲切。

在战火燃烧的岁月，师长们联手守护这一方学习的净土，坚毅、勤勉，把学生们从稚气孩童培养成懂事少年，在战争的恶劣环境里端正地成长。这些教师除了给杨士莪提供了知识外，更重要的是提供了一种求知的方法、路径，打开了他认知世界、观察社会的窗户和眺望世界的平台，同时也为他一生读书为人打下了基础。

第四节　同窗情谊

一、挚友周光召

在杨士莪的同班同学中，有素有“国民党的领袖文胆和总裁智囊”之称的陈布雷之子陈遂、陈远，国民政府教育部部长陈立夫长子陈泽安，数学家、时任国立中央大学教务长唐培经之子唐一宁、唐一平……无论是政府要人、社会名流子弟，还是来自普通家庭的寒门学生，“入学以后，衣着同，膳食同，训练同，亦未因其来自富家巨室，而予以特殊待遇”，学校形成一种与家庭相隔离的校园气氛，学生清一色的光头，睡一样臭虫横行的木板床，穿一样的灰布制服，违反校纪一样受处分，品学兼优一样受奖励。实验班教学因不分初、高中，不少同学一待就是五六年，朝夕相处，自然而然地萌生出兄弟之情。杨士莪性格随和，不拘小节，与谁都能相处得来，在班级里人缘较好。对班级学生秉性了如指掌的训导主任孙元福说他有“名士派”。

初二时，班里来了个插班生，大杨士莪两岁，性格稳重，喜欢钻研，尤其喜爱数学，与杨士莪意气相投，两人成为从中学到大学的同窗好友，并结为终生挚友。这个插班生就是后来成为中国科学院院长的周光召①。数十年后，两人的科研成果一个入海，一个上天；一个成为水声战略科学家，一个成为中国“两弹一星”功勋奖

① 周光召（1929—　），生于湖南宁乡，著名理论物理、粒子物理学家，其“粒子自旋的螺旋态理论”，推进了相对性粒子反应理论发展，并在中国第一颗原子弹、氢弹和战略核武器的研究设计方面做出了突出贡献。1980 年当选为中国科学院学部委员（院士），后任中国科学院院长，获“两弹一星”功勋奖章，并先后被 11 个国家和地区的科学院选为外籍院士。

章获得者，七十余年的友谊成就了两人“君子之交淡如水”的交往佳话。

周光召生于知识分子家庭，其父周凤九是公路工程专家，时任湖南公路局总工程师、公路局局长，因其前往西昌修建川滇公路，遂将周光召留在重庆。周光召与杨士莪、陈遂一样，非常喜欢上唐秀颖老师的数学课。几个志趣相投的少年经常聚在一起，对老师布置的作业独立思考，解开一个又一个数学难题，使自身的逻辑思维能力有了很大提高。甚至考大学所报的志愿，也受彼此的影响。周光召本想学工程，觉得工程技术更有实用性，将来也更容易找到工作；杨士莪本想学数学，这本是他的强项。但 1945 年原子弹爆炸的冲击波，震撼了中国许多年轻人的心，正上高二的周光召与陈远[①]一起讨论这件事。陈远是一个思想非常活跃的学生，看到一颗仅五吨重的原子弹却有如此难以想象的威力，便认识到了物理学科的重要性。他对周光召说：“去学物理吧，我们国家需要这样的人才。”周光召因为好朋友的一席话，立志改学物理，并动员杨士莪、陈遂一同报考，几个青年热血澎湃，后来都成功考取清华大学物理系，再度同窗，此是后话。

星期六下午三点半后，家在重庆的住校生可以回家过周末。周光召因为远离家人，周末无处可去，杨士莪便时常叫他到自己家里做客。夕阳下，两个少年徒步十四五里山路，爽朗的说笑声传得很远……数十年后，周光召每当忆起杨家伯母的盛情款待和与杨家姐弟其乐融融玩耍的情景，仍心存感念。

杨士莪与陈遂也是好友，时常到陈家官邸林园玩。因为蒋介石有时也会前往林园，因而该地戒备森严。有一次，杨士莪为抄近路找陈遂，钻进林园后院的铁丝网，被士兵发现，用枪将杨士莪押到前厅，陈遂知道后不免一顿后怕，但在杨士莪看来却是非常好玩儿的经历。

① 后改名陈砾，新中国成立后曾任《中国日报》总编辑。

二、少年们的忧患

这是一群共患难的兄弟，那时重庆防空力量薄弱，日机来了，如入无人之境，仅有一个相当有效的警报系统。第一次警报叫预行警报，在日机离开他们的基地时发出；第二次警报叫空袭警报，表明日机向重庆飞来，预计15分钟可达，这时人们都来到防空洞的入口；第三次警报叫紧急警报，表示飞机到达重庆上空，人们进入防空洞，路上断绝车马行人；警报解除后，汽笛徐缓地长鸣，好似在长长地吁气，庆幸人们还活着。

杨士莪与同学们有时躲在附近的防空洞里，看到敌机群编队整齐地跨越高射炮烟云，接近市区上空。然后依次俯冲投弹，地面烟柱随之腾空升起，并传来“轰隆隆”的爆炸声。杨士莪记得，一次空袭击中了校园，操场中央炸出了一个三米多深、直径七八米的大深坑，食堂房顶都被炸飞，徒留四壁。

穿越七十年的历史风尘，在今天的重庆市档案馆中，1944年正读高一的重庆南开中学学生所写的“自传”陈列其间。当时在高一一组（即高一一班）就读的杨士莪在“自传”中写道：

> 抗战八年①，日寇占领我国的土地度有一半，而富饶之区又全沦敌手，我们要使这大病未愈的中国能奋起而驱逐日寇于国境之外。虽说现在受盟友的帮助能在腾冲、缅北进行攻势，但自力还未必能如此，其最艰苦的工作尤甚于此，故我们要使中国能富强，而成为四强之一，只有努力的预备负起未来的艰巨的建国工作。②

① 实为十四年抗战。

② 现存放于重庆市档案馆，档号：0142000200089000001。

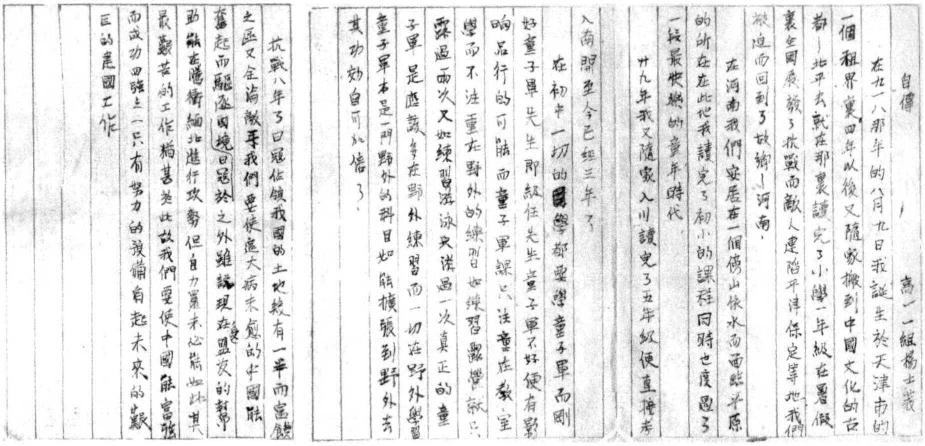

自傳　高一一組楊士羲

在一九一八那年的八月九日我誕生於天津市的一個租界裏四年以後又隨家搬到中國文化的古都—北平去就在那裏讀完了小學一年級在暑假裏全國展發了抗戰而敵人遂陷平津保定等地我們被迫而回到了故鄉—河南。

在河南我們安居在一個傍山依水而面臨平原的所在在此地我讀完了初小的課程同時也度過了一段最快樂的童年時代

廿九年我又隨家入川讀完了五年級便直接考入南開至今已經三年了

在初中一切的同學都要學童子軍而剛好童子軍先生即級任先生童子軍不好便有影響品行的可能而童子軍課只注重在教室學而不注重在野外的練習如練習露營就只露過兩次又如練習游泳只游過一次真正的童子軍是應該多在野外練習而一切在野外學習童子軍本是一門野外的科目如能擴張到野外去其功効自可加倍了。

抗戰八年了日冦佔領我國的土地較有一半而富饒之區又全淪敵手我們要使這大病未愈的中國能奮起而驅逐日冦於國境之外雖說現在盟友的幫助猶在隱衝緬北進行攻勢但自力量未必能如此其最艱苦的工作猶甚於此故我們要使中國能富強而成功四強之一只有努力的預備負起未來的艱巨的建國工作

杨士羲在高一就读时所写的“自传”影印件

周光召在《自传》中写道：

> 当前的时代已转入新时代，盟军距离德国、日本已不远，胜利已快到来，世界和平机构已在开会，但中国被摒于门外，好像是欺侮中国，我们应更努力使中国成为名副其实的强国，而外人便不敢侧目矣。①

在这些少年的心目中，那种亲自体验到的国仇家恨远胜任何爱国教育。国破家亡与颠沛流离让他们更深刻地体会到国家兴亡与个人命运的切身关系，他们在不自觉中早已将励志强国与自身命运紧密地融为了一体。

三、饥饿与佳肴

杨士羲对少年时代的深刻印象之一，就是一天到晚都处在饥饿状态，似乎从来都没吃饱过。口令之中没有比“开动！”这个词更好听的了。

食堂都吃平价米，米饭里面时常掺有石子、稗子、谷糠、米虫等，一顿饭常可拣出一碟子杂物来，被人们美其名曰“八宝饭”。同学们个个都是拣杂物的能手，动作既快又准，否则一碗饭还没拣完，

① 现存放于重庆市档案馆，档号：0142000200089000001。

大桶里的饭已经颗粒不剩了。八人一桌，最常见的四个菜分别是盐水煮蚕豆、盐水煮苋菜、盐水煮豌豆、一碗碎豆腐。周末可以回家的同学返校时常会带一罐肉丁、胡豆瓣酱、豆腐干之类的小菜，名为“私菜”。“私菜”是要给同桌同学共享的，大家“七嘴八舌”，一罐“私菜”很快就会吃完。家里条件好的同学也曾经带一罐拌盐巴的猪油，舀那么一勺拌上糙米饭，“那吃着是真香呀！”杨士莪至今仍回味无穷。

1946 年，为欢送胜利返乡的同学，杨士莪班里的同学们想聚餐一顿饯行，但又没钱买肉，而没有肉又算得上什么聚餐饯行呢？校区周围稻田里处处蛙鸣，大伙心生一计——凑了三毛多钱，买了几根火把，待到半夜三更，大家互相招呼着偷偷地溜出宿舍，到稻田里抓了半袋田鸡，后来发现有蛇，大家不敢恋战，就把半袋田鸡拿回去。第二天请食堂的大师傅做熟，中午聚餐的饭桌上就多了一碗“烧田鸡”，饯行的饭桌上因此多了一道最令人回味的“佳肴”，参与其中的杨士莪为此还颇为得意。

四、“所恋在哪里，哪里就是我们的故乡了”

1945 年 8 月 15 日，日本宣布无条件投降。“中央广播电台”当即中断其他广播，以不同波长反复播送这条震撼人心的新闻。各报赶印号外，沿街散发，被市民一抢而空。久已沉寂的汽笛声突然响彻全城，四面八方的防空探照灯齐把光束投射到城市上空，交织成光网。到处锣鼓喧天、鞭炮震耳、欢声雷动。不分男女老少，无论本乡外乡，数十万人涌上街头，举行庆祝抗日战争胜利的火炬游行，欢庆到泪流难禁，欢呼至声嘶力竭。

1946 年初夏，实验班的同学还有一年毕业，但很多同学因抗日战争胜利要随父母转回家乡，班里人数大减，两个实验班合并后，到毕业时只剩 18 人，号称“十八罗汉”。即将离开重庆的杨士莪与同学们纷纷交换照片留念，并在摄影社购买校景照片，回家后精心地将其贴到相册上，作为自己在校期间美好时光的记录。多年后，每当他闲暇翻阅相册时，看着照片上清一色的光头，耳边似乎仍然回荡着当年课间休息时同学们在走廊墙边玩“挤油渣”时的欢笑声，心中无限感慨。

五年的南开教育，让杨士莪在其后的人生道路上时时驻足回望，始终让他有一种精神归属感。人生理想从这里起步，知识基础在这里奠定，精神气质在这里形成，他的少年在这里励志成长。一些中国人为了国富民强的理想，用办教育的方式护佑中国未来发展的火种，去努力实现这个理想，而杨士莪在抗日战争最艰辛的几年中，有幸成为这个大理想中的小环节。在日寇铁蹄下，杨士莪在他一生成长中的重要时刻，能在山城一角相对平静地接受了完整而严格的中学教育，那是在既定历史条件下所能提供的最好的教育，也是他一生中的幸运。

1946 年夏，杨士英要去南京参加大学入学考试，陈法青让杨士莪陪大姐同去，以便路上照应。姐弟两人乘江轮，看到沿江两岸瑰丽多姿的山川、奔腾不息的江水、来往的船只和远处变幻莫测的云朵，听着雄浑激昂的纤夫号子，一种从未有过的平静和安宁在杨士莪心中荡漾开来，他想起了初一时语文第一课《藕与莼菜》中叶圣陶所写的：“所恋在哪里，哪里就是我们的故乡了。”

出三峡，一望无际的平原豁然开朗，让杨士莪第一次领会到什么叫一马平川。走出山城重庆，他将走向更加广阔的世界；历经磨难的中国，结束烽火连天的抗日战争后，也即将开启一个新的时代。个人命运与国家命运的发展曲线，就这样在不经意间契合。风华正茂的青年杨士莪，他将怎样书写新的人生篇章？对未来的生活，他充满了期待……

第三章 大学求索

第一节 南京备考

一、离渝赴宁

日本宣告投降后，在人们还没从抗日战争胜利的喜悦中回过神来时，另一场席卷全国的风暴已在悄然酝酿。国共矛盾日益尖锐，国民党命令日军总司令冈村宁次："所有日军的武器装备和军用物资，不得有一枪一弹落入共军之手；所有日军占领的土地，不得有一尺一寸让共产党占领。如有共军前来接收，应断然拒绝或击退，坚决保持原有地域。"①

杨士莪按母亲要求"护送"刚高中毕业的大姐杨士英由重庆乘江轮顺流东下，来到南京参加大学入学考试，并投奔已先行到宁的父亲。早在这年春天，杨廷宝已只身先行返宁，一面身为基泰工程司总工程师之职忙于工程设计，一面兼职国立中央大学建筑工程系投身建筑教育工作。

南京是六朝古都，具有厚重的文化底蕴和丰富的历史遗存，虽曾多次遭受兵燹之灾，但亦屡屡从瓦砾荒烟中重建繁华。

刚上完高二的杨士莪本想以同等学力与姐姐一同参加大学考试，但父母因其年龄太小没有同意。杨士莪虽心有不甘，也只得于当年秋天插班到中央大学附属中学（现南京师范大学附属中学，以下简称中大附中）高三二班学习。

① 刘晓宁：《国府还都》，南京：南京出版社，2005 年，第 74 页。

二、“轻松”的高考

中大附中的前身是建于 1902 年的三江师范学堂附属中学堂，因战乱等原因曾先后十易校名，七迁校址，在杨士莪入学前也刚迁回南京不久。该校是中国中学教育科学化实验的中心之一，开创了现代中学学制、课程和教法等。

学生们均住校，杨士莪因入学较晚，无处安顿，父亲便安排他住在学校附近一个工地的铁皮活动房里。杨士莪在高三上学期时，该校的师资水平总体不错，有一些原大学教师初返南京，工作尚没着落，便在中大附中落脚。较开阔的视野和更灵活的教学方法使他们不拘泥于课本教学，开拓了学生思路。其中数学老师和物理老师教学经验很丰富。数学老师总是将头顶为数不多的头发一丝不苟地、规矩地梳向脑后，俨然“三毛”；物理课开篇讲度量衡，物理老师问：“什么叫一米呢？”说着伸出胳膊一比，说：“这就叫‘一米’。”从此，“三毛”和“一米”的“诨名”就在包括杨士莪在内的淘气学生中不胫而走。老师的课程讲得清晰简练，善于启发学生思维，不但让学生听懂了课程内容，而且掌握了分析问题的方法。

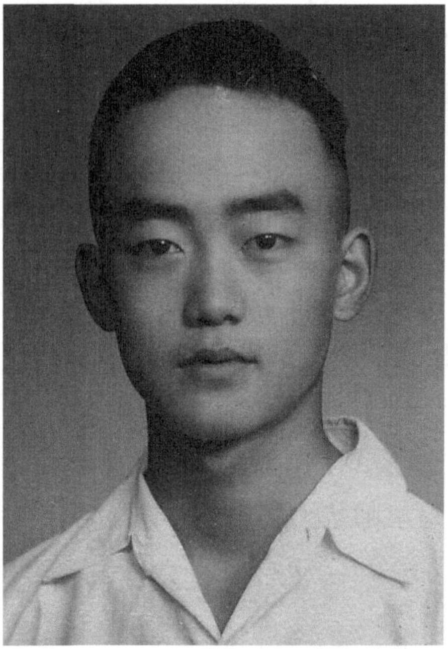

在中大附中求学期间的杨士莪（1947 年）

杨士莪最喜欢的科目仍然是数学，因为数学不必死记硬背，其美妙还体现在灵活性上，可以培养人从多个角度去思考，很好地训练人们的逻辑思维能力。有一次，杨士莪从一本书上读到抛物线形状的面积计算公式，前面需要加个 2/3 的系数，他感到迷惑不解，便找到老师寻根究底，老师告诉他需用微积分的方法才能得解，使其认识到自己学过的数学只不过是数学中相当初步的一部分而已。语文老师李修竹把语文课讲得很活，他时常结合课文，穿插文字学和音韵学的知识，既帮助学生深入理解，又帮助其扩大知识面。一次，讲到古人起“名”和“字”互为补充说明的学问时，就以自己的名“茂林”和字“修竹”为例，让杨士莪对前人生活的精致和古代文化的讲究有了更感性的认识。英语课由一位来自英国的外教讲授，她并不抠文法，而是和同学们唠家常，自然地引导学生进入英语环境，在熟习常用语法、句法的同时，训练学生的听、说能力。凭借扎实的基础，杨士莪的成绩在班级里始终名列前茅。

在南京准备大学入学考试对杨士莪而言是轻松的，他依然时常去玄武湖、中山陵等地方游玩，那时考大学远不像如今学生备战高考时的“全民皆兵”与“如临大敌”，南京备考的日子对他而言是轻松而开心的。杨士莪今昔对比，曾感慨道：

> 我们当时虽然是在毕业班，即将面临大学的入学考试，但各科都没有题海战术，没有一次紧接着一次的模拟考试，也用不着天天晚上“开夜车”。周末照样去玄武湖划船，去中山陵爬山。虽然后来对高考结果没有详细的统计，但印象中当年的同学大部分都考入了不同的大学，并且其中有相当的比例是考入中央大学、北京大学、清华大学等名牌学校。多数大学考试时出的题目也很人性化，平时的知识学会了，考前一般不必“临时抱佛脚”。我们甚至还认为：明天要考试、拼命去备考，那是没出息的。我们那时候，不像现在学生这样苦。①

① 杨士莪：《我经历的母校教育》，载于南京师范大学附属中学：《南京师范大学附属中学》，南京：南京师范大学出版社，2007 年，第 283 页。

在南京备考期间的杨士莪

半个多世纪后，杨士莪曾在《我经历的母校教育》一文中反思自己的整个中学时代：

学校教育的质量，关键在于教育的指导思想和校长、教师的水平。而各学校教育工作质量的高低，自有其历届毕业生在社会上的平均表现，作为客观的评价标准。何况中学时代正是青少年逐步自觉地观察和开始形成人生追求理念的时期，中学教育更应是对学生进行较全面的行为道德和基础文化教育。现在有的地方单纯以升学率来考核学校与教师的业绩，并直接与教师们的待遇挂钩，只能说是有关教育管理部门本身无能的表现；还有各种补课收费的乱象，使我们不得不疑问——我们的中学教育到底怎么了？另外，我对于今天的中学教育也还有其他一些不理解的地方。例如历史和地理课程内容被大量削减。一个人不了解自己的祖先，不了解自己的乡土，那么爱国主义岂不成了无根的空谈。自然科学只能给人以知识，社会科学才能教人以智慧，如果我们培养的孩子都成了书呆子，那如何能适应国际风云的变幻，为祖国的繁荣昌盛而奋斗？①

① 杨士莪：《我经历的母校教育》，载于南京师范大学附属中学：《南京师范大学附属中学》，南京，南京师范大学出版社，2007 年，第 283 页。

杨士莪的这番感慨，在今天读来，让人仍感振聋发聩。

三、成贤小筑

1946年9月，陈法青带领其他三个子女历时11天，从重庆抵达南京。抵宁初期，一家人蜗居在中央大学不到二十平方米的宿舍中，拥挤不堪。不久后，杨家购买了位于中央大学东侧成贤街104号的地块。为了节省开支，杨廷宝直接在原先老宅的基础上，因陋就简、亲自设计，仅耗时两个多月就建起了一幢二层小楼。红色平瓦屋顶，米色灰粉外墙，小庭院里三棵百年老树葱茏苍翠，院内遍植玉兰、蜡梅、桂花、蔷薇，生机勃勃，杨廷宝将这小院命名为“成贤小筑”。整个庭院朴实无华，布局简约紧凑，因地制宜的设计尽显大气。这正是这位建筑大师一生建筑理念的缩影：简洁明朗、朴素实用；既勇于探索创新，又注重因地制宜、经济美观。室内书香，屋外花香。杨廷宝之所以对这个简朴实用、自成一体的小庭院敝帚自珍，正因为成贤小筑是他理想人格的一种外在体现，作为一名典型的知识分子，他一生质朴谨慎、清静自守、自有追求，而父亲的这种价值追求在无形中给杨士莪带来了潜移默化的影响，成为他恬然淡泊、平和达观的性格基因。

已届古稀之年的杨鹤汀眼见抗战硝烟刚息，战争烽火再起，曾在老家南阳赋诗：

聚豆烧豆萁，烟过见火光。
为告同根生，奉劝莫相伤。[①]

1946年夏，解放战争全面爆发后，杨鹤汀从南阳来到南京，与子孙同住。他将自己的房间命名为“环翠书屋”，一边整理以前的诗文，一边译注南阳籍“医圣”张仲景的两部医学巨著《伤寒论》和《金匮要略》，并赋七律《南京新居》以纪：

岁暮离乡到京华，入门且喜自成家。

① 杨鹤汀：《杨鹤汀先生诗文稿》，未刊稿，第20页。

三间虚室藏书画，半亩闲庭养草花。
井畔梧荫遮白日，池中莲叶卧青蛙。
栽兰插菊无余事，想教诗清饮素茶。[1]

杨士莪在南京成贤小筑中与爷爷合影（1948年）

自杨廷宝1927年学成归国至成贤小筑落成，二十年间，为别人设计了一幢又一幢楼宇的建筑设计巨匠，终于有了一处自己的房子。喜迁新居，杨士莪姐弟高兴得不得了，而对于颠沛流离了十几年的杨氏夫妇来说，更重要的是一家人总算平安团聚，他们太渴望能过上安定的日子了。此后几十年，杨鹤汀和杨廷宝夫妇一直居住在这个简朴幽静的小庭院中，直至去世。1992年，南京市人民政府

① 杨鹤汀:《杨鹤汀先生诗文稿》，未刊稿，第20页。

将成贤小筑列为南京市文物保护单位。2012 年，其被辟为“杨廷宝故居”对外开放，百年老树依然亭亭如盖，而杨氏夫妇当年在院中种植的小树，也早已长成栋梁，愈显郁郁苍苍。

成贤小筑

四、金榜题名

杨士莪在中大附中学习的一年倏忽而过，中学毕业了，下一步路该怎么走？上什么大学？选择什么专业？他正面临着人生的第一次选择。

父母希望他考中央大学，就在南京家门口，但杨士莪向往上大学可以远行独立，过不在父母眼皮底下的自由生活，因而选了清华大学。至于专业，父亲当年选择专业的经历成了杨士莪最好的借鉴。杨廷宝曾说：

> 我最喜爱美术，但是学习美术的费用较高，并且将来靠这个专业吃饭挺难，建筑学是应用科学和应用美术的结合，涉及雕刻、绘画等多种知识，能满足我多方面的兴趣，那就最适合

自己了，因此选择了建筑专业。[①]

父亲的经历告诉杨士莪，选择专业如能综合考虑到个人兴趣、现实生活、国家需要等诸多因素，更能一生乐业。杨士莪虽然最喜欢数学，却最终选择了物理，不仅是因为好友周光召等的影响和建议，更是自己结合实际情况作出的理性选择。他认为，数学是一门抽象的学科，作为专业怕就业面太窄，而物理则介于工程和纯学术之间，更有实用性，未来发展的前景更加广阔，所以作出了一个折中的选择。

清华大学的入学考试科目包括语文、数学、理化、英语四门，入学考试的题目没有“标准答案”，也不出偏题、怪题难为考生。让杨士莪印象深刻的是英语考试的一道翻译题，摘取国外记者关于中国西藏的一篇游记报道，让考生翻译成中文，但杨士莪并不认识“Tibet”（西藏）这个关键词，他灵机一动，索性按照音译翻译成了“梯必山”。至今想起此事，他仍不免为当时的“机灵”发笑。对没有“标准答案”的试题，杨士莪很是赞同：

> 我想还是应该没有“标准”，包括自然科学，我认为也不需要有个标准，如果大家都按同一个思路去想、同一个说法去解释，怎么超越前人？科学怎么进步？[②]

1947年前后，杨家多喜临门——漂泊多年终于喜安新居，几个孩子先后金榜题名，杨鹤汀在欣喜安慰之余，挥就一首《满江红·群孙》，以示对群孙的勉励：

> 离乡别井，乘西风，直驱南京。喜新宅，满院青翠，群孙笑迎。
>
> 数年不见都长大，各个向前知竞争。问谁升大学，谁高等，话不停。

① 秦俊：《为国争光的一代建筑宗师杨廷宝》，选自杨廷寘：《八十忆往》，未刊稿，第19页。

② 2015年4月7日，杨士莪于哈尔滨寓所接受笔者采访时所说。

化学系，杨士英。杨士华，学农耕。考清华物理，士莪列名。士芹高三快毕业，士萱亦是高中生。为将来，给社会服务，学要成！[①]

南京备考期间，杨士莪（居中站立者）与姐弟在家中合影

对于杨士莪姐弟的选择，父母都是顺其自然的态度，较少干涉，并不为孩子们设计前程。杨廷宝在中央大学、南京工学院建筑系从教四十余年，培养了一大批建筑设计精英，但其五个子女中，只有最小的儿子杨士萱学习建筑，考的还是清华大学建筑系。杨士英本想学建筑，但因几分之差考入南京大学化学系，杨廷宝淡然处之，觉得学习化学也不错。杨廷宝常对孩子们说：

等你们长大了，就像小鸟长大了似的，翅膀扑棱扑棱地都

① 杨鹤汀：《杨鹤汀先生诗文稿》，未刊稿，第20页。

四处飞去了，能飞多高多远，还要靠你们自己的努力。

这样的想法对杨士莪影响很大，多年后，他教育自己的孩子时也传承了父亲的开明，鼓励孩子顺其自然、自食其力，并不为他们的人生设计路径，他总觉得：

> 把孩子搁在自己胳肢窝下能长大吗？就得放出去让他们自己去拼搏，这样才能有所发展，有所成就。如果孩子的实力是做个木匠，那就让他好好做木匠，不必要求别的。至于孩子的发展方向，不必子承父业，要看他自己的选择，就像我自己，并没有继承我父亲的事业，我的孩子也不必继承我的，这是很自然的。[①]

杨士莪的长子杨本贤参军后考入太原工学院，后创业搞技术研发；次子杨本坚毕业于东南大学自动化专业，现供职于美国通用电气公司；三子杨本昭于西北工业大学在职博士毕业后在校工作至今。三子发展道路各异，但均秉承家训，学有所成。

第二节　水木清华

一、肥沃的成长土壤

清华大学所在的清华园，原名熙春园，始建于清康熙年间。1900 年八国联军侵入北京后，清政府由于庚子之败，签订了屈辱的《辛丑条约》，赔款四亿五千万两白银，其中美国可获得三千二百多万两。1906 年，美国伊利诺伊大学校长詹姆士看到当时大批中国学

① 2015 年 4 月 7 日，杨士莪于哈尔滨寓所接受笔者采访时所说。

生留学日本，十分着急，送呈总统罗斯福一份备忘录，要求美国政府加速吸收中国留学生到美国去。后来，罗斯福发表正式声明，将美国所得庚子赔款的半数退还中国，以资助留美学生。1908 年清政府将清华园“赐园”办学。

1911 年，清华学堂成立，这是一所参照美国学校建立的留美预备学堂。成立伊始，其学制、课程、教材、教学法等，几乎全部照搬美国，《清华历史》一文称：

> 清华之成立，实导源于庚子之役。故谓清华为中国战败纪念碑也可，谓清华为中国民族要求解放之失败纪念碑也亦可，即进而谓清华为十余年来内讧外侮连年交迫之国耻纪念碑亦无不可。清华不幸而产生于国耻之下，更不幸而生长于国耻之中。所可喜者，不幸之中，清华独幸而获国耻之赐。既享特别权利，自当负特别义务。凡此十数年中，规模之扩张，人才之陶冶，皆清华可以惨淡经营求雪国耻之努力也。前途远大，报国日长。[①]

杨士莪留作纪念的清华大学校景（清华园门）照片

① 清华大学校史研究室：《清华大学史料选编·第一卷》，北京：清华大学出版社，1991 年，第 35 页。

清华大学从诞生之初，就交织着“庚子赔款”的民族屈辱与振兴中华的强烈愿望，民族屈辱的“原罪”鞭策着学子奋发图强，前赴后继地投入救国救民的历史洪流之中。学校的发展过程就是中国近代学术走向独立的发展过程。大批优秀学子后来成为中国现代学术带头人，为我国科教事业的发展做出了重大贡献。

1914年冬，梁启超来校演讲，题目为“君子”，他引用《周易》中“乾”“坤”二卦的卦辞“天行健，君子以自强不息”“地势坤，君子以厚德载物”，并勉励学子：“深愿及此时机，崇德修学，勉为真君子，异日出膺大任，足以挽既倒之狂澜，作中流之砥柱，则民国幸甚矣！”这次演讲以后，学校即以“自强不息，厚德载物”八字作为校训。这个校训也成为杨士莪在其后人生道路上时时回味的人生座右铭，其中蕴含的质朴的做人、做事、做学问的理念和准则，使其无论身处顺境或逆境，都能得到源源不断的精神滋养。

杨士莪留作纪念的清华大学校景（大礼堂）照片

就在杨士莪入学的前一年，国立西南联合大学结束了在昆明联合办学的岁月，清华复员北迁。时任校长梅贻琦不但努力恢复沦陷期间被日军占领破坏的校舍旧观，而且要使学校的办学实力“发扬而光大，俾能负起清华应负之使命”，将学校扩充为文、法、理、工、农五个学院的综合性大学，工科的实干、理科的冷静、文科的敏锐、法科的严谨和农科的质朴，互相砥砺，融汇为一种广博的视野、自由的气息、活跃的风气和实干的精神，使杨士莪等莘莘学子如沐新雨，并为他们的个体成长提供了那个时代最肥沃的土壤。

因为父亲的缘故，杨士莪对清华园有着天然的亲切感。1947年仲秋的一天，位于北京西北郊的“故园”迎来了这位行色匆匆的“新人”。由于接到通知书较晚，当杨士莪赶到学校报到时，只得在清华学堂北面带有外廊的平房——“二院”找了个栖身之处，与二十余位同学挤住在一间有上下铺的宿舍里。

在这里，杨士莪遇到了诸多中学时代的同窗好友，如一同考入理学院物理系的周光召、陈遂等，他带着初入清华园的新奇和对知识的渴求，开始了大学生活。

二、受惠于“三驾马车”

杨士莪入学时，正是梅贻琦任校长的第十六个年头。梅贻琦有一套完整的教育思想体系，在具体的办学实践中倡导教授治校、通才教育、学术自由，将这三者作为他治校方略的“三驾马车”。他的教育实践活动及教育理论和主张，为杨士莪等学子的成长带来了巨大影响。

“教授治校”这种颇具民主精神的集体领导旨在使每位教职工都能发挥最大潜能，被时人戏比为汉代文景时期的“无为之治”。杨士莪在校学习时，朱自清、叶企孙①、张奚若、钱钟书等一大批著名学者汇聚于此，无论就其资质还是集中程度来说，都在国内首屈一指。教师的人格和学术精神，通过日常生活、学术研究体现出来的对学术、文化、人生的态度，对学生们产生了深远的影响。例如，张奚

① 叶企孙（1898—1977），中国物理学界的“一代宗师”。曾师从诺贝尔物理学奖获得者布里奇曼。他用X射线短波极限法精确测定基本作用量子 h 值，被国际科学界沿用十六年之久。中国二十三位“两弹一星”功勋奖章获得者中，有半数以上是他的学生。

若在某届毕业典礼上代表教授会向学生致辞，并向毕业生提出三点希望：

> 第一是奋斗。社会是浑浊的、黑暗的、复杂的，诸位在学校里所得的书本上的知识，是不足以应付裕如的，将来势必会遇到许多压迫和阻碍，可是我们不能因此就屈从迁就，虽然在小节上也不妨姑从于权，可是我们的宗旨、正义所在的地方，却万不能迁就，不能屈服，我们必须要奋斗抵抗，否则，就有负我们在校时的修养了。第二是续学。学问无止境，在校时，尽管成绩很好，一到社会上应用起来，立时就会感觉学问不足，而且学术是与时俱进的。我们若不继续求学，即使以前所学的没有抛荒，也会落伍的。第三是耐劳。这一点是特别要和同学们说的，希望诸位出校以后，抱定为社会服务的宗旨，把个人的享受看轻些。你们要多了解社会，为正义申言。

这些寄语即使在今天读来仍具有深刻的启发意义。学校将对学生的道德教育与广延名师相结合，尤其注重爱国主义和健全人格的培养。这些高水平的教师对学生的学术发展、人生道路走向等往往有高屋建瓴的见解，对学生的指导意义是终其一生的。杨士莪浸润在这样的环境中，人格得以健全发展，人生观、价值观日趋成熟。

学校实行“通才教育”。先有宽博的素质，以此为基础突显专门，这种“通才教育”的办学理念，强调基础教育的厚实，重视基本概念与科学思维，提倡培养基础科学扎实、知识面广博、综合适应能力较强的人才。重视学生的全面发展与个性培养，鼓励学生参加课外活动，发展专长。实行学分制与选课制相结合的课程体制。各学院学生四年中必须修满一百三十余个学分，包括必修课五十余个学分和选修课八十余个学分。选修课没有院系限制，学生可随意选课，这给了学生很大的自主权，为其自由发展提供了广阔的天地。学校规定，一年级新生除本系规定的必修课之外，无论哪个学院都必须选修国文、英文和中国通史，理工科学生必须选修一门社会科学概论，文法科学生必须选修一门自然科学概论。选修课程与必修课程尽量文理渗透，以使学生兼受科学精神和人文精神熏陶，基础宽厚，思维开阔，可触类旁通，有利于深造。

对于必修的专业基础课或通识课，一般由教学经验丰富的知名教授讲授，青年教师一般只能开专题式选修课。特别是一个学科的概论课，往往涉及的范围广、内容多、系统性强，需要深入浅出地讲解，以使学生对所学专业有宏观认识，迅速而准确地明确发展方向和目标，如果不是学识渊博、经验丰富的教授则难以驾驭。有时一门相同的课程，由两三位教师担任，各讲各的，各有特色，像唱对台戏一样，起着互相促进的作用。

叶企孙是杨士莪非常敬重的教授之一。作为物理系和理学院的创建者，他将“通才教育”思想贯彻得非常彻底，不但要求学生学好本系的必修课、选修其他系的课，而且强调要学好人文、社会科学方面的课。同时，他还要求教师本身作出榜样——他在清华大学任教时几乎讲过物理系的所有主课。

杨士莪有幸跃入烟波浩渺的知识海洋，除了物理系的课程外，因为对数学“痴心不改”，他还选修了数学系实变函数等课程；为了在实践中增强动手能力，他选修了化学系的分析化学，做了很多定性分析和定量分析实验；为了增加交叉学科的知识，他选修了化工系的物理化学等课程，这些课程为他筑牢了坚实的理工基础。“读史使人明智，读诗使人灵秀”，对历史颇感兴趣的他选修过明史；曾作为世界科学中心的德国科技发达，他选修德语作为第二外语，以期掌握语言工具追踪最新科学发展走向……

“通才教育”的理念及“通才”教师们更广阔的视野、更全面的知识为物理系学子拓宽未来涉足的科学技术领域，甚至开拓很多高新技术领域起到了非常积极的作用。杨士莪后来初登杏坛时，根据工作需要，多次改变讲授的课程及专业，多门课程此前并未接触，他都能够从头开始、从容转换。他后来被派往苏联进修，回国后利用所学，参与建设中国的水声科学研究事业，创建了我国第一个理工结合的综合性水声工程专业，在科研上做了诸多从无到有的开创性工作，都可追根溯源，找到“通才教育”在他身上打下的深刻印记。他的人生实践也再次证明，科学发展的规律是各学科既高度分化又相互渗透融合，只有具备多方面的专业知识和技能，又深谙社会科学人文精神，才能更加适应科学发展的客观需要，也才能开拓新的研究领域，获取新的研究成果。

学校倡导“学术自由”。对于大学生活，杨士莪最深刻的印象之一就是自由。学校鼓励师生对问题有独立的看法，得出自由的见解，鼓励学生自学。在这样的氛围中，师生们在学术上自由探讨的风气非常盛行。学生具有很大的独立性和自主性，必修课是否亲临课堂、选修什么课、参加什么社会活动、站在什么政治立场，悉听尊便，彼此并没有很大的思想隔膜。

时隔七十年，回望自己的受教之路，杨士莪说：

> 清华有一个很重要的特点就是思想解放，允许自由思想的发挥。我那时，学生想学某一门课就可以选这门课，不想学某门课就可以不选；这个老师讲得好可以去听，那个老师讲得不好，即使选了他的课也可以不去听，只需到时候去考试。这与现今的某些教育方式有所不同——现在你不去上课，辅导员就会抓你去谈话，你爱听当然得去上课，不爱听也得去上课。有的学生被迫坐到课堂上，桌上摆着老师讲的书，桌下偷偷看其他的书，当然这种学生都不是坐前排的，都是坐在最后几排。感觉他们是很苦的。①

叹息中透着对当前某些教育现状的担忧。杨士莪的这些担忧与毕业于西南联合大学的当代学者、清华大学教授何兆武的想法颇为相似。何兆武曾在他口述的《上学记》中说：

> 学生的素质当然很重要，但更重要的还是学术的气氛。“江

① 2015年4月7日，杨士莪于哈尔滨寓所接受笔者采访时所说。

山代有才人出”，人才永远都有，每个时代、每个国家不会相差太多，问题是给不给他以自由发展的条件。我以为，一个所谓好的体制应该是最大限度地允许人的自由。没有求知的自由，没有思想的自由，没有个性的发展，就没有个人的创造力，而个人的独创能力实际上才是真正的第一生产力。如果大家只会念经、背经，开口都说一样的话，那是不可能出任何成果的。当然，绝对的自由是不可能的，自己想干什么就干什么，那会侵犯到别人，但是在一定合理的约束范围之内，个人的自由越大越好。①

杨士莪最重要的求学历程之一是在当时历史条件下自由度最大的环境中完成的，而他的创造力、自主学习的能力也在那时得以极大开发。

三、“严格”的物理系

据说那时的清华大学有三难：进校门难、读学分难、出校门难。物理系更是如此，强调“重质不重量”，以要求严格闻名。从入学到毕业，物理系的学生淘汰率一般在50%以上，个别年份竟高达80%。学生报考大学时考取了物理系，只能算是“准物理系”学生，只有当大一期末测试数学和物理成绩都在75分以上的学生，方有资格真正进入该系学习。其余不合格者，可在其他院系中任选专业继续学习，因而物理系对学生的选择是优中选优，也比其他院系更为强调学生的天赋。

按照惯例，大一上学期有一次难度较大的“普通物理”测试，意在给新生一个“下马威”，班上如有三分之一以上学生及格，这次考试就算失败，督促并告诫学生知耻后勇，学海无涯。在那次考试中，杨士莪、周光召等均未及格，这让他们对未来的学习不敢掉以轻心。

① 何兆武：《上学记》，北京：生活·读书·新知三联书店，2008年，第97页。

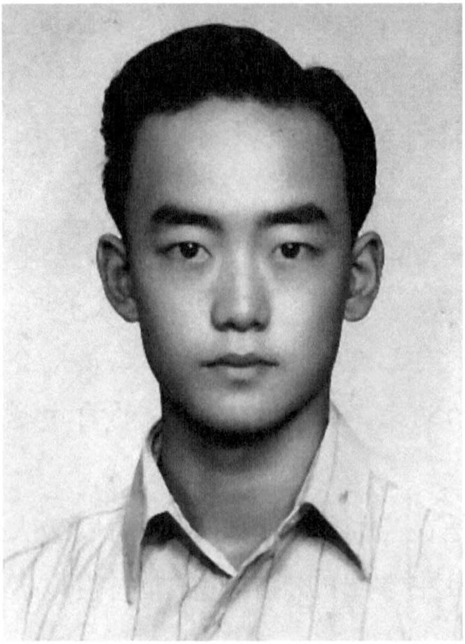

在清华大学读书时的杨士莪

物理系的严格要求，使杨士莪对学业不敢松懈，顺利通过大一的期末考试，正式成为物理系的一员。而与杨士莪一同入系的五十余人中，大一之后，即有20%多的学生转入其他院系。到毕业时，全班只剩下二十余人，由此可见物理系严格的择生标准和淘汰制度。

在当时条件最好的知识殿堂里，有太多东西使杨士莪想要一探究竟。图书馆、实验室、科学知识对他有着巨大的吸引力，他甚至一度决定再延迟毕业一年，以便能选修更多课程，聆听更多名师教诲。但这个想法终因国家局势与政治形势的变化，未能实现。

在风起云涌的时代大潮中，清华大学不可能成为宁静的港湾，她直接充当了历史表演的大舞台。从五四运动的生力军到“一二·九”运动的中坚，从西南联合大学时期抗日大后方的“民主堡垒”，到解放战争时期国统区里的“小解放区”，清华大学地下党的势力发展很快。杨士莪的室友陈遂、孙骆生秘密加入了中共地下党领导的中国民主青年先锋队。杨士莪有时也会拿来中国共产党的宣传册翻阅，作为对时事了解和扩充知识的渠道。

1948年，清华大学学生会出版的《清华介绍》中这样写道：

> 从学校里的生活、训练到社会上的作风、操守，清华人所执的是民主、自由、进步、实干、独立的精神。

在这样的氛围中，杨士莪如鱼得水、自在生长，人格健全发展，人生理念日益完善、成熟。

第三节　熠熠群师

杨士莪求学期间，清华大学理学院的师资力量，尤其是物理系，阵容盛极一时。“中国物理学的栋梁泰斗半出清华”，名师荟萃，生源一流，是不少青年学生的向往之地，在他们中流传着这样的话：“全国清华第一，清华理学院第一，理学院物理系第一。”被称为清华“四大哲人”的叶企孙、梅贻琦都出自物理系，都先后担任物理系教授、系主任。杨士莪幸得群师指点，亲身受教于中国科学教育事业的先驱性人物叶企孙、周培源①、王竹溪②、葛庭燧、钱三强、余瑞璜③、彭桓武、闵嗣鹤④等诸多名师，真可谓熠熠名师，群星闪耀。

有了名师，高徒自然不断涌现，物理系成材率之高，颇为罕见。在杨士莪入学前的 20 世纪 30 年代的 71 名毕业生中，后来有 21 人当选为中国科学院院士、2 人当选为美国国家科学院院士、2 人成为诺贝尔奖获得者。在杨士莪所在的 1947 ～ 1952 级物理系 176 名本科毕业生和 7 名研究生中，涌现出了包括杨士莪、周光召、高伯

① 周培源（1902—1993），中国近代力学和理论物理的奠基人之一，曾师从海森堡、沃尔夫冈·泡利和爱因斯坦。其主要研究方向，一是广义相对论中的引力论与宇宙论，二是流体力学湍流理论。他是中国现代理论物理量子力学和相对论的开拓者之一。

② 王竹溪（1911—1983），中国热力学、统计物理研究的开拓者之一。他先后在清华大学和北京大学物理系执教四十余年，著有《热力学》《统计物理学导论》等中国第一批理论物理优秀教材。

③ 余瑞璜（1906—1997），X 光晶体学家、金属物理学家，曾研制出中国第一台盖革计数器、第一支医用封闭式 X 光管等。

④ 闵嗣鹤（1913—1973），中国近代数学，特别是数论研究的开拓者和奠基人之一，正是在其悉心指导下，陈景润的“哥德巴赫猜想”（1+2）得以轰动国际数学界。

龙[①]、黄祖洽、李德平、唐孝威、胡仁宇、刘广均、陆祖荫、蒲富恪、叶铭汉等在内的一大批为中国国防科技事业和物理学发展做出重大贡献的著名科学家，成为中国科技事业的骨干。

一、恩师周培源

在物理系，因为好人缘和不错的成绩，杨士莪先后被同学们推选为周培源的理论力学，叶企孙的物性学，葛庭燧、余瑞璜的光学等几门主干专业课程的课代表，有更多机会亲聆名师教诲，尤其是得以近距离受教于令他终生感念的第二位恩师——周培源教授，他为杨士莪的学术成长打开了全新的思路，并使杨士莪初步掌握了科学的学术研究方法和思维方式。

周培源一生追求“独立思考，实事求是，锲而不舍，以勤补拙”。在恩师的言传身教下，杨士莪看到了一名科学家应该具有的品质和担当，使他在踏上科研道路伊始，就站在更高的起点上。杨士莪记得，周培源在“理论力学”的第一课上讲的是“牛顿力学”，主要研究物体机械运动的基本规律，是一门相对抽象、艰深的学科。对于杨士莪等学生而言，牛顿力学早已不是什么新鲜概念。杨士莪暗忖：“这能讲出什么新内容呢？”只见周培源娓娓道来：

> 大家都熟知牛顿力学三大定律。然而为什么牛顿力学要表述为三大定律，譬如说，牛顿力学可不可以由两大定律来概括？牛顿第一定律的要旨，是所谓“在没有外力作用下，物体将保持匀速直线运动”。牛顿第二定律的要旨，是说“物体运动的加速度和外力成正比，亦即 $F=ma$”。那么在外力 F 等于

① 高伯龙（1928— ），激光陀螺专家。在其带领下，中国成为继美国、法国、俄罗斯后，世界上第四个具备独立研制激光陀螺能力的国家，打破国际垄断，为中国在精确打击武器的定位、控制、精确制导等方面赶超世界强国奠定了重要基础。1954 年被中国人民解放军军事工程学院选调担任物理教学工作，再度与杨士莪同事十六年。1971 年，在钱学森的建议下，调任长沙工学院激光研究室负责人，成功地主持研制了激光陀螺样机、全内腔绿光氦氖激光器等。1997 年，当选为中国工程院院士。

零的条件下，就有 $a=\mathrm{d}v/\mathrm{d}t=0$，因而就有 $v=0$ 或某一常数矢量。那么可不可以说，牛顿第一定律只是牛顿第二定律的特殊情况，牛顿三大定律可以归结为两大定律呢？

虽然杨士莪等早在中学就学过了牛顿力学，但却从未这样思考过。

接着周培源解释牛顿第二定律中所表示的 $F=ma$ 是在绝对坐标里才具有的形式，而牛顿第一定律就定义了绝对坐标。他缓缓地总结说："牛顿力学并不是孤立的、没有内在联系的三大定律；一切物理理论都有它的内在逻辑。"

这一课将杨士莪等带到一个物理学的全新境界，正是这一课，激发起杨士莪对理论物理学的浓厚兴趣。

周培源上课时，言简意赅、分析透彻，他教学生做学问时如何把复杂问题简单化。他将所遇问题提纲挈领地精炼到牛顿力学定律，就像庖丁解牛一样，将一个问题最关键的两根"筋"抽出来。时至今日，杨士莪回忆起周培源的授课情形时仍觉历历在目且津津有味：

> 一个力学问题，周教授往往在分析物体受力情况后，列出 $\sum F=ma$ 的方程并解微分方程，然后从物理问题转向数学问题，解完微分方程后，再从物理角度解释方程结果。一本厚厚的理论力学的教材，最后的精髓就变成了牛顿三大定律。[①]

要使受业者得到醍醐灌顶的启发与认识，不但要求授课者对课程内容融会贯通，而且要对讲授内容具有高屋建瓴的整体把握和高超的教学技巧。在周培源的课堂上，杨士莪领会到课程不是越讲越庞杂，而是越讲越精炼，越讲越接近本质和规律。

六十余年后的 2015 年 4 月，已是耄耋之年的杨士莪站在哈尔滨工程大学水声工程学院"振动和声学基础绪论"的讲台上，将当年周培源对自己最大的启发与水声专业的学生们分享：

> 你学一门课，开始你好像是越学知识越多，但是你需要把

① 2015 年 4 月 7 日，杨士莪于哈尔滨寓所接受笔者采访时所说。

这些知识拢出它的骨骼脉络，抓住它的核心。只要掌握了这门课程最精髓的骨架，那么其他东西只是在此基础上的附属物而已，就容易多了……

在理论力学课月考的试卷上，周培源出了这样一道题：如果有两辆火车的距离是 d，并以 v_1 和 v_2 的速度对向而驶，在火车间有一只鸽子以 v_3 的速率飞行其间，亦即当这只鸽子以 v_3 的速率遇到火车1时，立即调头转向飞向火车2，如此反复，当火车间距离由 d 减到零时，试问这只鸽子共飞行了多少距离？

这道题貌似简单，即鸽子的总飞行距离 $S=v_3/(v_1+v_2)\times d$。如果学生陷入追踪鸽子飞行的轨迹，就会去求出某一级数和，这在短时间内难以算出。但如果看到火车距离由 d 到零的总时间是 $d/(v_1+v_2)$，而鸽子是以 v_3 的速度飞行其间，鸽子飞行的距离即为 $v_3\times d/(v_1+v_2)$，答案就迎刃而解了。

这样的试题给学生们留下了深刻印象，它考查的就是学生对物理本质和规律的认识，是对学生思维方式的训练。

课堂上，周培源在思考某个题目或话题时，眼睛会盯在黑板上，而口中却似乎是心不在焉地重复念着："That's very interesting. That's very interesting（非常有趣，非常有趣）……"或是"Just a minute. Just a minute（等一下，等一下）……"那情形就像《西游记》中身在此处而神游太虚去搬救兵的孙悟空，他在奇妙的逻辑思维世界中搜索答案，直到问题解决为止，让人忍俊不禁。

理论力学相对抽象，曾有学生说："听讲明白，做题不会。"周培源说："题做多了自然就会了。而且做题好比打猎，要自己打。"鼓励学生培养独立钻研的精神和自学能力，而自学能力的培养对于一名科研工作者而言，至关重要。后来，杨士莪也常对自己的学生说：

今天再好的老师给你讲的也只能是今天的东西，以后十年、二十年的科技发展情况，今天的教授肯定教不了你。今后怎么办？那就要靠自己，有意识地培养自学能力对你们的成长大有裨益，因为有自学能力今后你就能跟上甚至领先时代发展及科研走向，没有自学能力你就要掉队。

二、受教叶企孙

想学好物理，就要对物理规律有深刻的理解，即认识到“概念的力量”，而不能满足于背些公式和对物理现象浅尝辄止。这是杨士莪读大三时，教物性学的叶企孙教授教给他的。

杨士莪读大三时，叶企孙正任清华大学校务委员会主席，履行校长职责。他讲授的物性学，广泛涉及引力常数的测量、物质的弹性、物质的磁性和气体分子运动论等，每部分都只介绍一两个关键实验，借以引进有关的基本物理常数，然后推荐相关名著供学生自学。他的课善于理论联系实际，富于启发性，引导学生透过现象追寻物理本质。

在一次课堂上，叶企孙讲起了某个毕业生的经历。该学生毕业后被分配到中央研究院某研究所工作，第一次见面，所长在与他寒暄后就用一块草纸板随意剪了一个不规则形状，交给这个学生说：“你帮我找找它的重心在哪儿。”该学生拿着草纸板回去，认真地在草纸板上画好一个个小方格，然后去算每一小方格的重心在哪里，之后再积分，耗时许久，终于算出了重心的位置，去找所长交差。只见所长很简单地将草纸板一提溜，重心在一条垂线上，然后换个90° 的方向再一提溜，重心就在另一条垂线上，两条垂线的交点就是草纸板的重心，问题轻松解决。叶企孙通过该学生的经历告诉大家物理概念的重要意义。

随后，叶企孙给大家出了一道考试题——计算一个半球的水平引力。如果没有掌握物理的核心概念，可能会将半球划分为很多小块，算出每个小块所受的力，之后再积分；而换一种思维方式，整个球体的引力大小唾手可得，将其除以 2，则半球的水平引力跃然纸上。

四两拨千斤，这就是物理概念的力量。

这堂课给杨士莪留下了极其深刻的印象，多年后，当年的课堂场景仍历历在目，因为他从叶企孙处学到了学知识、搞科研的核心方法——依靠物理概念的力量解决问题。

三、诸师指点

王竹溪也是杨士莪最钦佩的教授之一。他撰写的《热力学》《统计物理学导论》等教材逻辑严谨、条理清晰、重点突出，很受学生的欢迎。

杨士莪与同学高伯龙商定在大学多待一年，多学些课程，尤其是重点学习王竹溪的热力学，因此特意在大三时留下这门课程没选，以期延长学习时间后细细学来。但后来随着时局变化，国家急需人才进行社会主义建设，杨士莪响应国家号召离校，无奈错过了“热力学”，这让他引以为憾。好在他也曾选修过王竹溪的普通物理，得以领略王竹溪的风采。王竹溪作风严谨、诚实，对学生要求非常严格。他板书全部用英文，写得很快，字迹秀丽，抄写下来就是一本很好的讲义。

清华大学校史馆中至今陈列着一本王竹溪批改的杨士莪班上某同学的作业本。其中一道题要求计算一百零八个答数，每个数字要精确至小数点后六位。当时没有电脑，只能用八位对数表一一计算。王竹溪仔细对过每个答数，甚至用铅笔标出其中一个答案的第六位数字有误。其爱生之真切，教学之负责，治学之严谨，令人印象殊深。几十年来，杨士莪对王竹溪的言传身教未曾稍忘，常奉为圭臬，奋力相从。

杨士莪常到数学系“蹭课”，尤其是闵嗣鹤讲授的高等微积分和实变函数，作为来自物理系的“铁杆粉丝”，他每堂课都必到。

杨士莪仍记得，在第一堂高等微积分课上，闵嗣鹤从戴德金分割理论讲起，从什么叫“1”，什么叫“2”，什么叫“1+1=2”的数论基础侃侃而谈。随着学习的深入，杨士莪越发觉得很多物理学问题的研究需要借助数学工具的定量分析。数学的严谨特点告诉杨士莪——即使对于一个 $A>1$ 的问题，也并不能随便说 $A>1$，在什么条件下 $A>1$，在什么条件下可能 $A<1$，必须有严格的论证证明。这对训练杨士莪严谨的逻辑思维非常有帮助。

闵嗣鹤的严谨也给杨士莪留下了深刻印象。杨士莪将认真完成的作业信心满满地交上去，但发下来的作业本上，老师批改的红色字迹与杨士莪做题时密密麻麻的蓝色字迹篇幅相当。期末考试时，闵嗣鹤出了五道题，数学系本系的大部分同学答出不到两道，杨士莪与高伯龙两人合作答出了三道多，闵嗣鹤“慷慨”地给了他们二人 98 分，其中鼓励与赞赏的成分自不待言。

大四做毕业设计时，杨士莪跟随余瑞璜教授做 X 射线管的相关课题。杨士莪从学吹玻璃开始做起，从挑料、滚匀、吹制直到冷却成形，按部就班、一丝不苟。除了图书馆以外，杨士莪的很多时间都是在声、光、热、电等物理实验设备较齐全的科学馆中度过的。

物理系教师认为工程技术人才的培养离不开实验条件，没有高水平的实验室，就培养不出高水平的人才，就出不了高水平的科研成果，因而非常重视实验物理。课程设置注重解决问题及实验工作，系里规定所修实验科学的学分，不得少于理论课的二分之一，并为学生提供了国内一流的实验条件。当时理学院有二十六个实验室，物理系的普通物理、热学、光学、电学、磁性等实验室大都使用当时最先进的仪器装备，是国内先进的物理教学和实验基地之一。

较多的亲身实践机会，锻炼了杨士莪解决具体问题的能力；一直以来对数学的偏爱和擅长，使他擅长理论分析。他将两个优势集于一身，仿佛将两只轮子装到一辆战车上，具备了未来从事研究工作的基本素质。

四、父亲潜移默化的影响

自1946年燃起的战火，将国人祈望和平的梦想打碎。1948年，原想在南京成贤小筑颐养天年的杨鹤汀发出了“一事无成就，空寄世外身。太平难再见，我生何不辰”的感慨。随着战争形势变化，人民解放军由战略防御转入战略进攻，国民党不断惨败，经济崩溃，政治紊乱，呈现全面溃败的迹象。

战事日紧，国民党在北平专门开辟了一个飞机场以接送科技人员去台湾，多数清华大学教授拒乘“教授专机”，选择留在大陆，尤其是物理系教授一个未走。当时，也曾有人劝时在中央大学执教的杨廷宝离开南京，一向淡薄政治的杨廷宝出于对国民党统治的失望和“共产党也是要办学的”的想法，相信凭借自己所长，会在一个充满希望的新政权中更好地建设崭新的国家，因而坚定地选择留在南京，专心从事建筑教育工作。

1948年12月13日，杨士莪听到清华园远处传来阵阵炮声，很快由远而近，下午，机关枪声清晰可闻。学校宣布停课，人们兴奋地到处传递着解放的消息。随后，中国人民解放军在清华大学西门贴出布告：“查清华大学为中国北方高级学府之一。凡我军政民机关一切人员，均应本我党我军既定爱护与重视文化教育之方针，严加保护，不准滋扰。尚望学校当局及全体同学，照常进行教育，安心求学，维持学校秩序。”[①]1949年4月，南京解放后，杨廷宝因在建筑学界的声望，一直担任国立南京大学建筑系主任等职。该校后来几经合并调整，建筑系后来并入南京工学院，即今东南大学，杨廷宝一直执教于此。

虽然杨氏父子远隔两地，专业领域各不相同，但杨廷宝的很多学习习惯和学习方法给杨士莪提供了很好的借鉴，杨士莪近水楼台

① 清华大学校史研究室：《清华大学史料选编・第四卷》，北京：清华大学出版社，1994年，第2页。

先得月，从父亲处受益良多。杨廷宝曾跟杨士莪讲过当年他去北京修缮古建筑时，因为此前没做过木结构的古建筑，他就把老师傅们都请去吃涮羊肉，向老师傅们虚心请教的经历。这使杨士莪认识到，虚心求教绝不是只停留在口头上，而是发自心底的谦和与对知识和智慧的敬畏。

杨廷宝常说：除广泛地学习书本知识外，还要向生活学习，培养自己对周围事物的观察力。他随身携带三件宝——笔、小本、钢尺，走到哪，画到哪，量到哪，记到哪。他几十年积累的“画日记”有数百册，现在已经成为宝贵的学术遗产之一。

杨廷宝读书期间还有一个学习方法，即对老师布置的设计图作业格外认真，认为这是自己最好的学习机会，常常刚画完一张，有了新主意，就再画上一张，有时还在原来的图上再添加一些新元素，不知不觉地就画了若干张。等老师讲完课，他马上拿出自己的几个设计方案，请老师点评，倾听老师的意见。老师也对他的设计作业点评得最认真、最仔细。在老师讲评其他学生的设计图时，他还会在一旁认真倾听并吸收其中优秀的部分，对于那些失败的教训牢记在心。这样一节课，杨廷宝等于学了别人几倍的知识。

杨廷宝经常教导学生做学问要秉持的原则：一是做学始终；二是能者为师，做平民学者；三是善于总结，培养事半功倍的能力；四是刻苦学习；五是自我启迪……无论是学习方法还是为人处世，父亲杨廷宝都是杨士莪一生中最好的老师之一，他的经历和思想给杨士莪带来的潜移默化的影响，使杨士莪不自觉地将其内化为自己的成长财富。

梅贻琦阐述教师在学生成长中的积极作用时曾说：

> 教授责任不尽在指导学生如何读书，如何研究学问。凡能领导学生做学问的教授，必能指导学生如何做人，因为求学与做人是两相关的。凡能真诚努力做学问的，他们做人亦必不取巧，不偷懒，不作伪，故其学问、事业终有成就。

杨士莪一生最大的幸运之一，在于得遇熠熠群师，他们渊博的学问、深邃的思想、卓越的见识、高尚的人格，得以在杨士莪身上缓慢积累和沉淀，深深地影响着他和他的一代代学生。

第四节　益者三友

一、好友与好书

孔子说："益者三友，损者三友。友直，友谅，友多闻，益矣。"意思是结交正直的朋友，宽容、快乐的朋友，博学多闻的朋友对一个人的成长大有裨益。在人才济济的清华园中，16 岁的杨士莪是物理系年纪最小的，他性格随和，在同学中颇有人缘，幸遇诸多益友，除了师长的指导以外，同学间，尤其是朝夕相处的室友间的影响，对杨士莪的个人成长非常重要，他们彼此切磋、互相砥砺、取长补短，其中不少成为他一生的知己至交。

清华大学的宿舍四人一间，学校规定，一年级学生住善斋，二年级学生住平斋，三年级学生住明斋，四年级学生住新斋。大二时，杨士莪从"二院"的宿舍搬到了平斋，与周光召、陈遂和孙骆生同住一室。

在杨士莪眼里，周光召从中学开始就是个学习很用功、很"规矩"的学生，到大学时依旧如此。杨士莪曾经做过一个统计，自己每周学习 60 余个小时，而周光召每周要学习 70 余个小时，比大多数同学多 8 个小时左右。杨士莪说："周光召有一个长处，就是善于观察周围的人有什么好的地方，只要能学的，都尽量去学。"这种勤奋好学的精神令杨士莪暗暗佩服，也时时督促自己见贤思齐，不甘落后。

平日学习忙碌，必修课、选修课安排紧凑，杨士莪买了一辆自行车，骑行于各教学楼、实验室与图书馆之间。周末，有时他会与周光召等骑行40多分钟到北京城里逛书店。商务印书馆、龙门书

杨士莪（右）在大学时代与陈遂（左）、周光召（中）两位好友合影

自行车是杨士莪在大学期间的亲密伙伴

局、中华书局等出版的图书琳琅满目，真是令人大开眼界。有时他们也能在旧书堆里翻出喜爱的书来，如获至宝。杨士莪也因此认识到，知识和思想并不单纯是在学校课堂上得来的。

因为需要的书多，一个人的财力又有限，周光召便与杨士莪商量“合资”买书，既能满足读书需要，又可增加购书量。这些书成为二人的共同财产，及至后来大四杨士莪参军要离校时，两人坐在床边，另一位室友高伯龙给他们“分家”，力学书一人一本，电学书一人一本……杨士莪爱书，在他看来，这是知识分子的本性。书中的知识与智慧可以让人看到更丰富与广阔的世界。所以每到一地，难得有空时他会先去逛逛书店，挑上几本好书。他家中的书房，历史、哲学、文学等各类图书包罗甚广，各类书摆满了三面墙的书架，从地面到天花板，其中小学、中学、大学时的很多书也都保存完好。

二、知己高伯龙

大三时，杨士莪的宿舍搬到了明斋，室友除了周光召外，其余两人为高伯龙和陈志全。杨士莪与高伯龙本就相熟，两人同样偏爱数学，一起选修闵嗣鹤教授的数学课，是两个显眼的物理系“粉丝”，两人甚至还商定为了多学几门课，一起延迟毕业一年。有时两人也会一起逃课，到图书馆找来这门课的参考书自学。大三两人分到一个宿舍后，朝夕相处的时间最多，高伯龙也因此成为对杨士莪影响最大的同学之一。

读大学时，杨士莪依然“贪玩”。每逢周末，他或者逛逛北京城的大街小巷，或者邀约几个同学到玉泉山、颐和园等处郊游，或者参加校外社会义务教育的“识字班”活动……他爱好广泛，学钢琴、参加合唱团、下围棋、学滑冰，尤其喜欢一项竞技性很强的智力游戏——打桥牌。高伯龙年长杨士莪三岁，与其说是室友，更像是兄长，他看杨士莪“贪玩”，便几乎天天“押着”他去泡图书馆。

清华大学图书馆馆内肃穆、宁静，阅览室的地板用软木铺就，以免走路大声影响他人。当时泡图书馆的学生或被比喻成是在开矿——图书馆像矿山，学生就像辛苦的矿工一样寻找贵金属；或被比喻成是蠹鱼——图书馆像鱼窟，学生是“吃书”的小虫。作为图书馆的常客，杨士莪、高伯龙等一般都有相对固定的座位，每晚待到九点钟闭馆，然后恋恋不舍地回宿舍。

杨士莪（前排左二）与同学们的合影

高伯龙的自学能力很强，这让杨士莪非常佩服，也受益良多。当时大家还没学量子力学，高伯龙就自己“抠”量子力学，虽然他并不理解量子力学中矩阵的物理意义，但他对杨士莪说：“虽然我说不清楚矩阵的物理意义，但是能够通过这些矩阵的数学运算而得出某些结论。”这番话给杨士莪很大启发——可以透过复杂的数学关系去理解物理本质和规律。

后来，杨士莪读到美国物理学家理查德·费曼的自传，这位曾参与秘密研制原子弹项目“曼哈顿计划”的诺贝尔物理学奖得主，在读研究生时，有一次，原子物理的权威尼尔斯·玻尔去检查工作，工作人员向玻尔汇报，在黑板上写了一大堆公式，玻尔看后说：不对，某一段表示的物理规律应该推出来某个结论，而你得到的结论不对，一定是中间出了问题。

遥想当年高伯龙在不经意间对自己的启发，杨士莪越发认识到，物理学的数学公式只是表面，对于真正吃透这门学科的学者而言，一定要能从数学公式的表象，看到核心的物理意义和规律。

杨士莪、高伯龙二人后来虽然因国家的不同需要而在不同的专业领域奋斗，但其成长路径却有颇多相似之处。特别值得一提的是当年高伯龙由醉心理论物理研究转事应用物理研究的心路历程，对此他在早年的“自述”中写道：

> 总结前半生，认为自己爱国、正直、正派、俭朴，工作认真负责，拥护党和社会主义，为何却如此坎坷？只因为把理论物理的专业兴趣置于国家的需要之上，好比处在高山上而想学游泳，长期陷于主观和客观的矛盾之中，确有根本性的缺陷。意识到真正的爱国应该是把自己的前途与国家的利益密切结合。①

而他的这段经历，与杨士莪后来转事水声、下定决心发展我国水声科学事业，颇为类似。两人相交的七十年岁月，沉淀为“海内存知己，天涯若比邻”的知己情谊。杨士莪扎根哈尔滨，高伯龙立足长沙，两人虽相隔千里，但始终能够互相启发和借鉴。

三、一庐三院士

周光召、高伯龙、陈志全三位室友的成绩包揽系里三甲，杨士莪的成绩虽不及三位室友，但也位居班级前列。这是个名副其实的“学霸寝室”，寝室中始终弥漫着浓厚的向学气氛。周光召一直在学校图书馆做兼职管理员，以此方便自己广泛涉猎群书，每天早出晚归；陈志全各项能力突出，自学能力很强。几位室友后来的命运轨迹分别是：周光召成为理论物理学家、粒子物理学家，在中国第一颗原子弹和氢弹的理论设计中做出贡献，被授予“两弹一星”功勋奖章，1980 年当选为中国科学院学部委员（院士）；高伯龙成为理论物理学家、激光物理学家，成功研制出了具有中国自主知识产权的激光陀螺，1997 年当选为中国工程院院士；杨士莪成为水声工程

① 杨敬东：《三湘院士科学人生自述集》，长沙：湖南科学技术出版社，2009 年，第 225 页。

专家，是我国水声科学的奠基人、水下噪声学研究的开拓者和水声学术带头人之一，1995 年当选为中国工程院院士。

这段“一庐三院士”的佳话，反映了几位室友命运轨迹的一个共同特征，而这个共同特征正应了中国人的一句老话：时势造英雄，英雄造时势。

如果把近代世界高科技领域最有影响力的成果列举出来，考察一下它们的起源，可以发现它们都与近代物理学的发展紧密相连。20 世纪的四项重大高科技发明——原子能、半导体、计算机和激光，无不立足于近代物理学。在国家需要的大势下，有才智与担当的人勇立潮头，才会借时代大潮的力量一路向前；生逢其时是一种机遇，但是能抓住这种机遇者却很少，杨士莪等一批科学家之所以被时势打造成我国科教领域的英雄，有其必然性——成长经历、所受教育，使他们始终胸怀强国理想，将国家的重大需求与自身的专业、个人所长紧密结合，胸怀学术自信与创新胆魄，坚忍不拔、努力成长，终成筑牢“国家实力”的一块块可靠基石。

历史证明，只有科技走在前面，国家才会走在前面。任何时候，都会存在个人努力与时代需要之间的矛盾与统一。只有在整个时代获得发展的大前提下，个人的充分发展才更具备条件与可能。

回顾自己的求学经历，杨士莪颇感慨道：

> 真是有幸啊，碰到一些好老师、好同学！在名校的学习经历，有机会受到诸多名师的熏陶、指点，并有幸结交到一些优秀的同学，这些对于我的个人成长，有着非常重要的影响。始终宽松的学习环境，给我提供了大量阅读课外书籍、开展各类文娱活动的条件，对我扩大知识领域、丰富生活情趣、能够全面成长大有裨益。
>
> 我只是个普通人，不过是遇到了一些好机遇，碰到了好环境。就像一颗种子，掉到一块比较肥沃的土地上，然后又碰上老天爷气候合适，就长起来了。不然同样一颗种子，掉到贫瘠

的土地上，正好碰上天时不正，那可能就长不好了。[①]

杨士莪曾在不同场合多次提到：

> 小学教育属于启蒙教育，中学教育属于文化教育，大学教育则属于专业基础教育，并应该同时能帮助受教育者初步形成正确的人生观，培养受教育者独立自学与进行创造性思维的能力，这样才能真正使受教育者适应未来社会、科技工作不断发展的需要。

杨士莪自身的成长成才经历就是他的教育观点的最好注脚。十余年的教育经历带给杨士莪的，除了知识与治学的方法以外，更重要的是自强不息、厚德载物、自由独立的精神和思想，这是他未来人生路上取之不尽的精神财富。

1950年春，清华大学物理系同学欢送杨士莪等参军，在宿舍楼明斋前合影（第三排右一为周光召，第一排右二为陈遂，第二排左三为杨士莪）

① 2015年1月14日，杨士莪于哈尔滨寓所接受笔者采访时所说。

20世纪50年代初，对于即将走出大学校门的杨士莪等同学来说，他们要面临的是一个民族的新时代，也是一个人生的新阶段，他们将有更多发挥天赋才能的机会，也将有更大施展抱负的空间。未来的道路该如何选择，才能不辜负这个伟大而崭新的时代？杨士莪期待着下一道人生选择题……

杨士莪（第三排左三）与清华大学校友毕业三十周年后返校合影（欢笑情如旧，萧疏鬓已斑。当年风华正茂的青年都已成为皓首苍颜的老者。人们在生命中奋斗的宝贵时光，汇聚并转化成了推动整个国家前进的力量）

第四章
初登杏坛

第一节　投身海军

一、奔赴国家建设的大战场

1950 年 6 月，朝鲜战争爆发。战争伊始，朝鲜军队一度将韩国军队驱至釜山一隅。9 月，以美军为主的“联合国军”在朝鲜半岛仁川登陆，战局由此逆转。10 月，美军越过北纬 38 度线，攻陷平壤，战火烧到鸭绿江边。朝鲜请求中国出兵援助，中国作出“抗美援朝、保家卫国”的历史性决策，组成中国人民志愿军，协同朝鲜作战。国内“抗美援朝”的宣传动员如火如荼地开展起来。

1950 年初冬的一天，正读大四的杨士莪与同学们一起上街做抗美援朝的宣传活动。返校时，巧遇当时在大连海军学校（现海军大连舰艇学院）任教的原清华大学物理系教员慈云桂①来校作宣传动员。慈云桂此行系根据大连海军学校的要求，经政务院高等教育部批准，动员北京高等院校的青年教师和高年级学生参军去大连海军学校担任教学工作，为筹建不久的学校解决急需教员问题。

慈云桂向杨士莪等介绍了大连海军学校的发展形势和需要：“新中国刚成立，百废待兴，国家在‘一穷二白’的基础上起步，海军建设也是白手起家，大连海军学校作为新中国第一所正规的海军学

① 慈云桂（1917—1990），中国计算机科学与技术的开拓者之一、中国科学院院士。中国首台亿次级巨型计算机“银河”的总设计师，打破西方在超高性能计算机上对中国的封锁。他在大连海军学校期间培养了中国第一批海军指挥员和通信专家。1954 年，被选调到中国人民解放军军事工程学院，主持建成雷达和声呐实验室，历任海军工程系教学副主任、电子计算机系主任等职。他率团队在计算机研发历程中，取得多项第一的成就。

校，在学校初创阶段，太需要人才了！”

当时，杨士莪正在余瑞璜教授的指导下从学习吹玻璃开始，准备参加X射线管的研制，作为毕业作业。慈云桂一番“参与海军建设”的动员，引发了杨士莪的思考：

> 在建设新中国和抗美援朝的背景下，书生报国无他物，唯用所学展所长，参与海军建设既可偿自己励志报国的夙愿，又能在国家建设的大战场上，找到一个适合自己、并能胜任的岗位。①

于是，杨士莪与陈遂、陈印椿、胡克强、董维中、黄楫五名同学一起报名参军，提前告别了学生时代。从此，他的简历上便一直写着“1950年，清华大学肄业”。有意思的是，从小学、中学到大学，及至后来到苏联科学院声学研究所进修，杨士莪始终没有拿过一个毕业证或者结业证，在一次次“被选择”中，他的人生因形势的变化与国家需要的召唤而改变。他就这样“无证驾驶”了七十多年，在水声科学研究领域开辟出了一条条航路。

杨士莪“先斩后奏”，将参军的消息告诉了家人，一向尊重子女选择的父母不出意料地支持他的决定。新中国成立不久，一方面，直接与武器装备先进的美国人打仗让一些老百姓心存顾虑；另一方面，旧社会“好男不当兵，好铁不打钉”的观念在一些百姓中还有一定影响，为了消除人们的顾虑，以榜样的力量带动人们参军的热情，南京《新华日报》专门选取了包括杨士莪母亲陈法青在内的三位支持子女参军的家长典型，刊登了一篇题为《三个光荣的母亲》的报道。两个月后的1951年1月，全国抗美援朝参军的热潮轰轰烈烈地开展起来。

分别在即，杨士莪与高伯龙、周光召等几位同窗好友之间并没有什么离愁别绪，他们甚至带着踌躇满志的向往和兴奋之情，在大学驿站准备再出发时，他们或将继续读研深造，或将服从组织分配

① 2015年4月14日，杨士莪于哈尔滨寓所接受笔者采访时所说。

参加工作，或将参军入伍，在有限的选择自由下，面对不同的人生道路，几个人围坐在床铺旁，杨士莪、周光召将几年来“合资”买的书摊了一床，为公平起见，由高伯龙为二人“分家”。杨士莪告别恩师、好友，踏上了前往大连的行程。“此地一为别，孤蓬万里征。”投身海军的决定从此开启了他与海结缘的生命旅程，尽管当时他自己也未必意识到。

二、海军军官与海校教员

大连海军学校是1949年11月成立的新中国第一所正规海军高等军事学府，其目标是培养优秀的海军军官。海军司令员萧劲光任学校校长兼政委，辽宁省人民政府主席、辽宁军区司令张学思任副校长兼副政委。一部分在解放战争中起义的“重庆号”巡洋舰官兵成为大连海军学校建设的组成部分，后来大多成为杨士莪的同事。1950年2月1日，学校正式开学。

中国海军成立于1949年4月，是中国人民解放军中一个年轻的独立军种。在美国西点军校校史馆的外军资料中，至今还陈列着大连海军学校第一期学员的花名册，可见美国军方对中国建立第一所正规化海军学校的重视程度。

1950年11月底，杨士莪一行在慈云桂的带领下，来到了坐落在大连老虎滩畔的海军学校。这里依山傍海，自由河穿流而过，学校基本设施以日军侵华时期修建的一所日本中学和一些日式房屋为基础，教员严重匮乏，杨士莪等新人的到来，对于初建的学校来说无疑是雪中送炭。

杨士莪在这里填表、入伍，正式成为一名海军军官，被分到物理组任教员。慈云桂时为指挥系副教授，两人从师生成为同事，后来又先后奉调中国人民解放军军事工程学院，再度成为同事，相交多年，亦师亦友。慈云桂不但是杨士莪职业生涯中的先导，也是他科研道路上的同路人。

初入大连海军学校时的杨士莪
（1951 年）

当时的大连海军学校按专业设立航海指挥和机械工程两个分校。杨士莪被分到航海指挥分校物理组，该组原只有一名教授、两名本科学历的教员及两名实验员，师资力量薄弱，随着杨士莪等的到来，师资力量逐渐得以加强。在当时中苏关系友好的背景下，中国许多领域深受苏联影响，科教领域也不例外。为了尽快提高业务能力，杨士莪曾参加学校组织的俄语速成班，具备了初步的俄语阅读能力。

大连海军学校的学员主要分为三类：第一类是从高校招收的在读的本科二年级以上的大学生，直接编入二年制的速成班，以便满足海军建设对干部的急需；第二类是从高中生中招收的学员，一律编入四年制普通班；第三类是从陆军部队招收的部队学员，根据文化程度分别编入速成班和普通班，对于未达到文化基础要求的，则编入预科班。萧劲光在全校教职工大会上说："治军先治校，宁可其他的工作往后推延一下，也要先把培养干部、培养技术人才的工作抓起来。"张学思认为："海军是一个技术复杂的军种，它要求具有高度文化和专业技术水平的干部。随着科学技术的不断发展，将来全军都要高度现代化。海军学校不办则已，办就要正规化、现代化，绝对不能低于一般高等学校的水平。"

学校非常重视包括基础课、实验课等在内的正规化教学。这让教授基础课普通物理并兼任物理实验室主任的杨士莪有了用武之地。从中学到大学为同学辅导课程的经历，使他在从学生到教员的角色转变中游刃有余。站在讲台上，20 岁的杨士莪比很多学员的年纪还小。尽管年轻的杨士莪并没有多少教学经验，但他有意识地将启发学生思考等曾使他受益的教学方法应用到课堂上。多年后，很多他教过的学员都成了中国海军的元老级人物。

上课需要教材，对于初建的物理组来说，一切都要白手起家，杨士莪于是和同事共同着手编写教材。针对海校学员的实际情况，大学程度的物理教材内容偏深，学员学起来有较大困难；高中程度的物理教材内容偏浅，不能满足教学需要，二者均不合适。杨士莪认为，最好的方法是因材施教，将大学与高中的物理内容进行折中与整合，在物理知识框架下，斟酌所选内容的难易程度。受当时国际关系和政治气候的影响，除俄文书外，其他所有国外教材被一律收缴。在极度缺乏参考资料的情况下，杨士莪等依靠“脑瓜里记住的东西”和对物理规律的认识，为学员量身定做了一套《物理讲义》，这本油印的讲义可算是他的第一本专著了，杨士莪后来回忆说：

> 这是一本为满足“刚需”而编写的讲义，那时我刚走上讲台，教学经验很有限，对于教学内容的把握还欠火候，只是结合我自身的学习经历，有意识地根据学员的实际需要进行教学内容的选取并把握难易程度。

另外，学校的物理实验室在杨士莪的带领下，借助学校给予的经费支持，通过采购和定制克服了设备器材的不足，从初建的“空空如也”变为可以满足基本物理实验的需求。

期末考试时，杨士莪允许学生将笔记、课本等学习资料带入考场，因为他相信自己出的考题虽然难度不大，但绝不是生搬硬套公式就能答对，特别考查学生融会贯通的能力，要想答好他出的卷子，也不是件容易的事情。

三、大连海军学校的日常生活

大连海军学校大灶食堂有一“怪”——每顿饭桌上都有一大碗

红烧对虾，但却少有人问津。这让初来乍到的杨士莪非常不解。看到别人不伸筷子，杨士莪心想：这么好的红烧对虾，你们不吃，我吃！于是大快朵颐起来。可是日子久了，每顿必有的大碗鱼虾，让杨士莪也招架不住了，渐渐地看到鱼虾，也抬不起筷子了。原来，大连靠海，盛产鱼虾，价格较其他菜便宜，鱼虾便成为食堂餐桌上的“常客了”。大连海军学校的伙食有四种级别——大灶、中灶、小灶、舰艇灶，灶别标准越低，鱼虾越多，所以大灶鱼虾最多，以至于此后多年，看到鱼虾杨士莪再无兴致。

当时，军队实行供给制，杨士莪每月只有一块多的津贴，买不了什么好烟，但尚可支付一个月的劣质黄烟叶，于是便改用烟斗抽烟。清贫的日子里，同事们之间苦中作乐地开玩笑说：“每月上旬‘有烟有火’，中旬‘有烟无火’，到下旬快发津贴时，则是‘无烟无火’了。”

上课备课、队列点名、出操训练、内务卫生……对杨士莪来说，在大连海军学校平淡而拘束的两年时间里，他最大的收获之一是完成了从一个普通百姓向一名军人的转变，使他自由散漫的性格有所收敛。在部队这个“大熔炉”里，他得到了更全面的淬炼，军人的组织性和纪律性增强了他性格中刚性的一面。勇于担当、敢打敢拼、艰苦奋斗、集体主义……经过两年军队生活的锻造，曾经的文弱书生，初步具备了战士的品质。

第二节　受命军工

一、北上“冰城”

1952 年 9 月，中央军委向全军下达了《关于调查登记大学、专科学校学生及各种技术人才的指示》，要求各单位在一个月内将登记情况上报中央军委。同年冬天，大连海军学校等院校接到由中央军委下达的令其颇感棘手的指示——“抽调 300 名助教及 1000 名学员到军事工程学院任教和学习”。在这个指示中，国家决定从全军抽调具有大学学历的知识分子，筹建中国人民解放军军事工程学院。中央军委点名抽调大连海军学校 40 多名教员，杨士莪名列其中。

这让大连海军学校的领导们犯了难——对于初建不久的海校来说，各项工作刚步入正轨，好不容易从全国各地“挖”来的教授、拔来的“青苗”，正是学校宝贵的教学骨干，抽调这些人将严重影响学校工作。

但大连海军学校从大局出发，忍痛割爱，从数学、物理、化学等教学组中各调出一名，将包括杨士莪在内的共六名助教调到筹建中的中国人民解放军军事工程学院。接到调令的杨士莪一头雾水，只知道要奉调哈尔滨 103 部队，马上整理行装，随时待命行动，其余则一概不知。

1952 年 12 月，杨士莪一行登上了北上的列车，疾驰在广袤的东北平原上，来到了他们生命中最重要的驿站、与他们的命运产生最紧密交集的城市——哈尔滨。

哈尔滨地处金、清两代王朝的发祥地。19 世纪末，清政府被迫同意俄国人在中国东北的领土上修建中东铁路，哈尔滨因为处在“丁字形”铁路交叉点这一特殊地理位置，被写进了中国和世界的近现代史。20 世纪初，先后有三十三个国家的十六万余侨民聚集于此，十九个国家在此设立领事馆，逐渐成为具有浓郁欧陆色彩、文化多元的城市。解放战争中，它是全国解放最早的大城市，新中国成立后，是“一五”时期国家重点建设城市之一，迅速由消费型城市转变为新兴工业城市，城市氛围开放、包容、多元。

在 20 世纪 50 年代的哈尔滨，流传着一首民谣：“103，103，上大学、攻尖端，又管吃、又管穿，毕业出来当军官。”在普通百姓眼里，103 部队有着令人难以企及的高度和神秘。

下了火车后，一路走一路打听 103 部队的杨士莪不会想到，在哈尔滨这座远离大海的城市，他会用人生的六十多年去倾听大海的声音，融入水声科学这项事业；他也不会想到，在军工大院里，他将用一个甲子的岁月建成中国第一个理、工兼备的水声专业和最大的水声人才培养基地。“无论海角与天涯，大抵心安即是家”，原籍河南，天津出生，重庆成长，南京、北京求学，大连参军，“四海为家”的杨士莪更不会想到，他将以哈尔滨作为大本营和根据地，将海洋情结传递给未来国家的建设者们，而他们又将把这样的情结传递给更多的国人。

二、初入哈军工见闻

中国人民解放军军事工程学院因地处哈尔滨，人们也习惯地将其称为“哈军工”。由于学校培养的是军事工程高级人才，研究的是当时先进的军事工程技术，所以这所军校成立伊始就是一所对外严格保密又特别神秘的绝密单位。它的成立，凝聚着新中国的领导者们建设现代化国防的理想。

在朝鲜战场上，由于技术装备落后，中国人民志愿军付出了高昂的代价。残酷的战争，让新中国的领导者们更加深刻地认识到实现国防现代化的重要性，新中国迫切需要大批能驾驭、发展现代化武器装备的工程科技干部和大批掌握现代战争知识、领导军队现代化建设的人才。

时任中国人民解放军代总参谋长的聂荣臻[①]和副总参谋长粟裕联名向中央军委呈送了《关于成立军事工程学院的报告》，强调立

① 聂荣臻（1899—1992），中国人民解放军创建人之一，新中国开国元勋。曾被任命为国务院副总理等，主管国家科学技术工作，领导《1956—1967 年全国科学技术发展远景规划》的制定，积极组建导弹、核武器、飞机、船舶、电子设备、人造卫星及其他兵器的研究机构、试验基地和国防科技高等院校，采取“将全国的科技力量相对集中、形成拳头、进行突破”的战略措施，使科技战线取得诸多突破性成就。

即着手建立中国人民解放军军事工程学院培养军事工程技术干部的必要性。

根据所拟方案，学院包括空军工程系、海军工程系、炮兵工程系、装甲兵工程系、工兵工程系五个系，聘请苏联顾问约五十人。院址设在哈尔滨，这里工业较发达，且离苏联较近，更便于求得工业技术的帮助和学习的便利。学院各系都是未来相关军兵种单独的高等技术院校的基础。

1952 年 6 月，中央军委下达命令：调陈赓[①] 任中国人民解放军军事工程学院院长兼政治委员。在一无师资，二无校舍，三无教材设备，四无管理经验的情况下，陈赓决定用“边建边教边学”的办法，即请教授、建校舍、招生开课同步进行，亲自主抓其中最棘手、最紧迫的师资等问题。在他的领导下，仅仅数月时间，数幢教学科研大楼拔地而起。

哈军工被列为“一五”重点建设项目，是在此期间举国之力建设的全国唯一重点大学，学院党委执行兵团级权限、隶属中央军委和各总部直接领导，当时世界高等军事技术教育前沿水平的苏联顾问团来到学院工作，其高起点创建与跨越式发展成为中国高等教育史上的奇迹。

到 1970 年哈军工分建为止，在十七年的办学历程中，先后诞生了第一台军用电子计算机、第一艘水翼试验快艇、第一座一点五米开口单回路式风洞、第一艘小型水动力试验潜艇、第一艘增压式气浮艇等数十项具有开创意义的“共和国第一”，是全军科学技术的研究中心之一。哈军工招收学员十三期，毕业生万余名，从这里走出了二十多位共和国政要、四十多位两院院士、数百名将军，使哈军工成为中国高等军事技术教育的一个重要里程碑 。

① 陈赓（1903—1961），极富传奇色彩的开国大将，历经北伐战争、南昌起义、长征、抗日战争、解放战争、抗美援朝等，是中国人民解放军优秀的领导者之一，也是新中国国防科技、教育事业的奠基者之一。

初入哈军工时的杨士莪（1952年）

1952年下半年，中央军委从全国请调来的学术精英组成的第一批专家教授陆续报到。12月，杨士莪等从全军选调的231名助教也陆续到校，学院随后成立助教队，因为是报到最早的一批，杨士莪被分到助教队一排一班。

一天，杨士莪等几人正在宿舍里休息，忽闻陈赓院长来视察，几个助教既感兴奋，又很激动。陈赓亲切地问杨士莪："你是哪里的？"杨士莪清脆地回答："报告首长，我是河南的。""哦？河南哪里？""南阳。""你家在南阳什么地方？我还在你们南阳周边的郊县打过仗哩！"接着，陈赓询问杨士莪是否适应哈尔滨的生活，有什么困难和意见……"陈院长虽然是官职军衔都那么高的大首长，但是竟如此亲切，真让人敬佩！"杨士莪暗自赞叹。

陈赓每隔一段时间就专门把老师、助教们都找去，给他们作报告、讲形势。六十多年后，杨士莪回忆起难忘的哈军工生活时，饱含感情地说道：

> 陈赓院长的报告内容很广泛，从大政方针讲到具体思想，从学校本身建设、教学方针、教学目标一直讲到很具体的小事。后来搞运动的时候，有些教授思想不安定，他就说："没什么好害怕的，就是运动嘛，大家都经过。"他还风趣地说："查历史，我当然不怕查历史，但是要批判官僚主义我还是有点怕的。"讲得很风趣。我们觉得跟着这种领导干，绝对没错，他不仅告诉

你要干什么，而且还告诉你应该怎么干，对你干的过程中可能出现的这样、那样的不完善之处，他比较宽容，告诉你这是可以谅解的、总是难免的。学校里从领导干部到基层群众对陈赓院长都是非常敬佩的。[1]

杨士莪亲身经历的这些故事，其现实意义往往超出了个人的自身体会。陈赓的人格魅力，无形中吸引着像杨士莪一样的人在不自觉中，追逐更高的目标，塑造更好的自己。

三、一个通宵的灯光

助教们来自四面八方，专业多种多样，水平参差不齐，为了保证教学质量，学院组织助教们从基础课开始复习。对基础扎实的杨士莪而言，复习这些课程游刃有余，因而他的大量时间被用来帮助其他同志，不久后，他就被调到助教队教务科任参谋，负责一些教学行政事务。

杨士莪刚到教务科，时任教务科长的舒贤颂[2]就给他“上了一课”。一次，学校组织助教队考核，舒贤颂令杨士莪写一份助教队成员的数学水平测验总结。杨士莪暗想：写个区区总结，这有何难？于是洋洋洒洒写了六张纸并颇为自得地拿去交差。舒贤颂一看，满篇口语、格式随意、文字啰唆、主题不明，不禁皱起眉头。他将杨士莪叫到身边，时而大删大改，时而字斟句酌，手把手告诉杨士莪公文的写作方法、注意事项，边讲边改。杨士莪则老老实实坐在身旁，边学边记。舒贤颂将多年工作经验倾囊相授，杨士莪既感惭愧又心怀感激，不知不觉两人改了一个通宵。

其实，凭借舒贤颂的工作经验，起草一个总结驾轻就熟，并不

① 杨士莪：《难忘的哈军工生活》，载于王克曼，徐南铁：《百家访谈哈军工（下）》，哈尔滨：哈尔滨工程大学出版社，2013 年，第 186 页。

② 舒贤颂（1918—1986），早年在西北军政大学任教，任西南军政大学教育科长，1952 年随陈赓筹建中国人民解放军军事工程学院，后曾任学校教务处处长。

需要如此大费周章，但他亲自操刀修改而不另起炉灶，一方面是为了保护杨士莪这个年轻同志的积极性，另一方面也为使其尽快成长。杨士莪很感激舒贤颂的苦心，他也因为这一课，体会到提高文字能力的重要性，加强对写作能力的锻炼，其后的科研和行政管理工作都因此得力不少。

令杨士莪颇感得意的一件事是，他学会的“这一课”还曾助力20世纪80年代各国防工业部门所属院校的国家重点实验室申报呢！原来，当时，为加快我国的社会主义现代化建设，围绕国家发展战略目标增强科技储备和原始创新能力，原国家计划委员会启动了国家重点实验室建设计划，但先期主要面向教育部所属院校。当时隶属各国防工业部门的院校深感这些实验室对国防建设的紧迫性和重要性，希望以此为契机建立国家重点实验室，于是齐聚南京商讨此事。

最终，由杨士莪主笔向邓小平同志写了三页纸的报告，文字洗练、条理清晰、体例规范，说明军工院校建立国家重点实验室的必要性，以期国家支持建设。报告很快得到国防科学技术工业委员会（简称国防科工委）批复。因而，自1984～1997年国家重点实验室起步阶段，相继建成的155个国家重点实验室中，也包括首批军工院校的若干国家重点实验室，哈尔滨工程大学的水声技术国家重点实验室及其他几个国防工业院校的国家重点实验室均属此列。后来，这些国防领域的国家重点实验室划归国防科工委管辖。作为国防科技创新体系的重要组成部分，这些实验室均成为组织开展高水平国防科技自主创新研究、培养和凝聚高水平国防科技人才、进行学术交流与合作的实验研究基地。

一挥而就的三页纸报告是杨士莪的“得意之笔”，他曾开玩笑地说：“成立国防科技重点实验室，不谦虚地说我还出了点力气。”至今回想起来，杨士莪仍很感激手把手教自己改稿的舒贤颂。一个通宵的灯光是初到哈军工的杨士莪收到的第一份礼物，它不仅照亮了一篇文章，也照亮了杨士莪做事做人的态度。

一位好的领导，不亚于一位好的老师，教人做事，更教人做人。

四、奋发蓬勃的“大课堂”

1953 年 7 月，《朝鲜人民军最高司令官及中国人民志愿军司令员一方与联合国总司令另一方关于朝鲜军事停战的协定》在朝鲜板门店签订。

中国人民志愿军总司令彭德怀在签订停战协定后的回国途中，首先到哈尔滨视察即将宣告成立的学院。他语重心长地对师生说：“志愿军在朝鲜作战，基本上还是小米加步枪，以这样劣势的装备同最现代化的美国军队作战是很困难的，必须办学校培养技术人才。”朝鲜战争虽然结束了，但国防建设的任务依然紧迫。能够亲身参与军队现代化必须走的第一步，参与建设国防现代化的基础，杨士莪和全院师生更感重担在肩。

1953 年 9 月 1 日，中国人民解放军军事工程学院成立暨第一期开学典礼隆重举行。在开学典礼上，宣读了毛泽东同志给学院颁发的训词：

> 中国人民解放军军事工程学院的创办，对于我国的国防事业具有极重大的意义……今天我们迫切需要的，就是要有大批能够掌握和驾驭技术的人，并使我们的技术能够得到不断的改善和进步。军事工程学院的创办，其目的就是为了解决这个迫切而光荣的任务……保持和发扬中国人民解放军的光荣传统，特别是全心全意为人民服务的精神和自我牺牲的英雄气概，这在你们的学院，是和全军一样，必须充分领会和一刻也不可忘记的。

此时已从军三年的杨士莪，挺拔地站在队列中，听着训词，使命感、自豪感汇聚成一股催人奋进的力量。这里是培养军事工程师的场所，是锻造军人作风、锤炼军人品德的“熔炉”；这里也是全军科学技术的研究中心之一，作为当时全军军事工程技术的集中地，为杨士莪未来在国内科研高地上工作，准备了充足的客观条件。

在一次学院党委会上，陈赓对师生员工的角色形象地进行了分工：学院好比一个大食堂，学员是来吃饭的，教师是上灶的大师傅，干部都是端盘子的。这句话是学院以教学为中心、以学生为中心的办学传统的生动表述。陈赓号召教师以自己良好的教风去影响学员的学风，提出“善之本在教，教之本在师”的办学理念，坚持依靠老教授和老干部的“两老办院”。他曾说，“我们学院，既有经历长征两万五的‘八角帽’（指老红军），也有经历十年寒窗苦的‘四角帽’（博士帽），八角帽上过井冈山，四角帽去过旧金山，都是国家的宝贝，是建设国家的财富。”

人生难得是信任，在尊重、信任知识分子的氛围中，老教授和包括杨士莪在内的助教们时时处处都能感受到被尊重的价值感和归属感，不须扬鞭自奋蹄，全力以赴投入教学工作中。

在陈赓的言传身教下，教师治学从严，干部治校从严，逐渐形成了以“严”为核心的办学风格和独特校风——严谨的教学作风、严密的教学组织、严格的教学管理。全院各部门都要根据教育计划制订业务保证计划，并严格保证教育计划的实施。比如，原定在1953年9月1日上午举办的“军事工程学院成立暨第一期开学典礼”，因为上午有课，学院便决定将大会改到下午开。在1955年的“肃反运动”和1957年的“反右运动”中，学院坚持教育计划不变、教学安排不变、教学时间不能侵占，将“运动”分为两步走，机关、服务部门先行，教师、学员参加“运动”的时间安排在假期。从1953年9月1日开学，到1957年第一期教育计划完成，从排课表到授课未出现一次差错。

从严办学的氛围为杨士莪的职业生涯打上了鲜亮而牢靠的底色，此后数十年，无论是教学工作还是科学研究，杨士莪始终保持严谨整饬的工作作风和态度，并以这样的工作作风和态度要求和影响着众多青年教师、学子。

学院招收的第一期学员虽是从全军挑选出来的政治、军事、工作都很出色的青年，但文化程度参差不齐，如果入院后直接分系读本科，教育计划难以执行、教学质量难以保证。自1953年3月起，杨士莪作为助教先到普通物理教授会承担新生文化补习教育任务，在预科班教授物理，后到学院训练部基础课教授会执教工兵工程系本科普通物理，直到1954年年初。

杨士莪在哈军工第一次学术报告会上作报告（1955年）

年轻的杨士莪热情而努力，浑身充满了力量。谦虚好学的性格使他不断向从全国选调来的名师求教；学院“严谨、严密、严格”的教风，让他性格中的随性因素进一步收敛；备课、写讲稿、试讲，他脚踏实地、一丝不苟地过好教学关……作为助教的他与学员、教授和干部们一样，在各自的岗位上求学上进，那股向科学文化进军的激情饱含为国而学的光荣感和使命感，这种报国情怀把整个哈军工变成了一个奋发蓬勃的大课堂。

第三节　蓄势待时

一、“贵人”黄景文

漫步在有“哈尔滨最美大学校园”之称的哈尔滨工程大学，五座飞檐碧瓦的教学楼用刚毅的线条书写着这所大学的自传，散发着大气磅礴的气质和与众不同的魅力。作为今天的哈尔滨工程大学和昨天的哈军工最重要的标志性建筑，这五座教学大楼历经岁月洗礼，依旧巍然矗立，屋脊的啸天虎仰天长啸，中国气派分外鲜明。

五座大楼中，坐落在军工大院北海路边的31号楼是哈军工时期海军工程系所在地，也是哈尔滨工程大学的发祥地。一进正厅的左侧，是毛泽东主席的题词：“为了反对帝国主义的侵略，我们一定要建立强大的海军！”正厅右侧的墙上铺展着一幅《万里海疆图》，描绘了祖国的万里海疆，仿佛在时刻提醒着师生肩负的使命。

1954年春天，时任海军工程系代主任黄景文①向学院提出：“凡由海军各部门调来军事工程学院的干部，希望都能分配到海军工程系工作。”根据这个要求，作为基础课教授会助教的杨士莪被调到了海军工程系。该系设海道测量、舰炮与弹药、鱼雷与水雷、无线电通信、造船五个专科。第一期学员八十余人。海军工程系的教学目

① 黄景文（1914—1983），哈军工建院初期五大系主任之一，被称为陈赓办学的“五根支柱”之一。他早年考入国民党黄埔海军学校，学习舰长专业。哈军工筹建时，他在全国聘请教授，为哈军工骨干教师队伍建设立下汗马功劳。他任海军工程系主任14年，在其领导下，海军工程系各专业迅速从无到有，成长壮大，并培养锻炼出一大批技术干部，为海军高技术人才培养及海军装备科研事业发展做出了突出贡献。1966年，他调离学院筹建海军试验基地，后曾任海军试验基地司令员。

标是为海军培养军事工程技术干部，学员毕业后分配到海军各有关技术部门、领导机关、国防科研单位等。

在这里，杨士莪遇到了他生命中的又一位“贵人”——黄景文。其实，杨士莪早在初到哈尔滨报到时，就与他有一面之缘。

原来，刚到哈军工后，杨士莪住在招待所等候分配。一天下午，一位精神奕奕的中年军人到招待所找杨士莪等几个从大连海军学校抽调来的助教，开门见山地说：“我是海军工程系筹建工作的负责人黄景文，来向大连海校的同志们‘取经’啦！你们是什么专业，在海校担任什么职务啊？”杨士莪等一一作了回答。黄景文接着详细询问了大连海军学校教学的组织实施情况，并约请他们通过给海军工程系筹建组的同志讲一节海军常识课程的形式，介绍大连海军学校教学的组织实施情况。

海军工程系初创，还处于摸索阶段，系里边建设边教学，只要有可供建系借鉴的经验，黄景文就会亲自拜师学艺。第一次见面，黄景文对下属态度的亲切和蔼、对待业务的深入细致，就给杨士莪留下了深刻印象。在其后十余年的交往中，黄景文的人格魅力、领导艺术使杨士莪服膺备至，是他在海军建设事业道路上最好的鞭策者和引路人之一。

杨士莪调入海军工程系后，被分配到海道测量专科大地测量教研室，进行球面天文学、测量天文学、球面三角等课程的备课和讲授。因为此前从未接触过相关课程，新的专业分配无异于另起炉灶，杨士莪虽然心里有点儿情绪，但还是认认真真地从头学起。

两个月后的一天，黄景文找来了杨士莪，问道：“这两个月感觉怎么样？对分配的专业工作有什么想法？”杨士莪率直地说：“我以前对天文测量一无所知，现在了解一些后，也没啥兴趣，但是我会努力地做好工作。”黄景文笑着说道：“兴趣不是天生的，也不是熟悉不熟悉的问题，兴趣是对于革命工作需要的认识。我相信你会做得很好。”杨士莪回到宿舍仔细回想黄景文的话后，重新拿出苏联专家提供的教学大纲，又开始一个个地“抠”那些刚认识不久的新名词。

转眼间，三个月倏忽而过。一天，杨士莪突然接到黄景文从青岛打来的电话，通知他火速赶往青岛。原来，黄景文在青岛参观学习，了解到该地有个天文测量站，当即就跟负责人说：“我们学校有个年轻教师也是教这个的，可否让他来你们这里学习学习？”负责人同意后，黄景文随即联系落实，安排杨士莪到青岛的天文测量站进行短期实习，以便使杨士莪对天文测量有更感性的认识。这种自然流露的时时关心、处处培养，这种领导对下属的爱护和期望，让杨士莪深深感受到伯乐对自己的知遇之恩。

后来，杨士莪在苏联进修期间，曾因工作需要和中国科学院电子学研究所过往密切。有人担心杨士莪进修结束后会被留在中国科学院，便向黄景文建议利用杨士莪回学院汇报工作的机会将人留住。黄景文得知杨士莪在国外进修尚有未了事宜后，坚决没有采用这种不利于人才成长的本位主义做法，毫不犹豫地同意他重返苏联完成进修任务，后来又同意他回国直接去中国科学院参加中苏联合水声考察，直到考察结束才返回学院。20世纪60年代初，黄景文又多次委派杨士莪代表他参加海军副司令员领导的水声专业组活动或到有关单位协作。这些沉甸甸的信任，让杨士莪更加细心谨慎，全力以赴将每一次任务圆满完成。

在各项教学、科研工作中，黄景文仅仅指出对海军建设急需的关键，并协助解决人员编制与经费等方面的重大问题，其他方面则放手让大家自主地发挥积极性与创造性去完成任务而不加干涉，这种信任与放手，反映出“有若无”的高超领导艺术。多年后，杨士莪无论是担任科研团队的掌舵人，还是教学行政管理的决策者，都极大地借鉴了黄景文这种“有若无”的领导艺术。

黄景文为研究摸索出好的教学方法，常到海军、教学第一线搞调查研究，他所写的教学情况调研报告被教务部认为具有普遍的指导意义。他结合海军的实际需要，大力推动海军工程系的科研工作，他曾说：“在科研方面，我不可能去精通，但我一定要懂，不懂怎么能下决心，不懂怎么能去组织、去协调？”这种实事求是、身体力行的工作作风对于初登杏坛的杨士莪而言，其影响是润物无声而又极其深刻的。

杨士莪曾在《缅怀黄景文主任》一文中写道：

> 他（黄景文）曾经说过：“过去的经验表明，一个同志在革命队伍中工作了一段时间以后，就会对所在单位产生深厚的感情，在任何艰难困苦的情况下，都将紧跟不舍而决不动摇。”我想正是因为有像黄景文同志这样的领导者，所以能带出那样坚强的队伍。他的部下将永远怀念他的教导，学习他的品德精神，继承他的夙愿！[①]

二、初登讲台的“现炒现卖”

结束在青岛天文测量站的实习不久，杨士莪就迎来了紧随其后奉调哈军工海军工程系的故人——慈云桂。

慈云桂刚到哈军工那天，杨士莪前去看望他，慈云桂询问他对学校的感觉，杨士莪坦率地说：

> 我在海校工作时最想不通的是上级有条规定：除了俄文书外，所有外文图书，包括纯科技书籍，都是充斥着资产阶级思想的，因此一律上缴没收，我想不通，明明知道英美海军技术先进，可读了他们的技术书就违反纪律，这书还怎么教？1952年底调来军工时，我趁机从海校要回来我上交的大部分外文科技图书，但还是弄丢了一些，可心疼了。初到军工还没分配工作，院图书馆找我们帮忙给外文图书分类，哎呀，不光有苏联的图书，整间整间的各个国家的科技图书，真把我给看傻了。

① 杨士莪：《缅怀黄景文主任》，载于丛书编写组：《难忘的哈军工》，哈尔滨：哈尔滨工程大学出版社，2003年，第165页。

陈赓院长还委托驻外使馆人员从国外买科技资料，他不光调集人才，还调集图书！学院鼓励大家学习外文，没有人限制你。这所大学学风开明，政策对头，我实在是喜欢这里。

一席话，让慈云桂下决心在此扎根，不久后他即被任命为哈军工海军工程系雷达教授会主任，后又任该系教育副主任。

哈军工图书馆是当时国内高校中最好的科技情报中心之一，连远道而来的苏联专家都羡慕不已。新中国成立后，在“积极争取苏联援助、向苏联海军学习”的方针指导下，海军教育全面转向学习苏联。作为苏联援建的重点项目，1954 年大批苏联专家进入哈军工，每个专业教授会都至少有一名苏联专家，其中海军工程系的苏联专家所占比例居各系专家数量之首。陈赓指示，苏联专家的主要任务不是给学员上课，而是培养青年教师，帮助建立专业。这一点是哈军工能迅速培养起大批专业教师的一条宝贵经验。

杨士莪（前排右二）与海道测量专业大地测量教研室同志合影（1956 年）

杨士莪所在的海道测量专科下设海道测量、大地测量、航海设备三个教授会（即教研室），很多教员都是刚接触所教课程，对课程缺乏了解，因而从教学计划、教学大纲、教材选定及实验等，都是在苏联专家的指导下进行的。杨士莪曾在《难忘的哈军工生活》中写道：

> 这些教学大纲有的附了参考书，有的则没有，我们就要自己去想办法找参考书，实际上是现炒现卖、现学现教。我准备测量天文学的课程时，到南京紫金山天文台去借教学大纲里提到的参考书，因为都是俄文，就只能翻着字典硬啃，后来越翻越熟，不翻字典也能把那些参考书都看下来了。
>
> 当时，我们海军工程系基本上就照搬苏联克雷洛夫学院的教育计划，培养目标是“对各种军事装备使用维护”的人才。虽然当年哈军工来了很多苏联专家，我们专业也安排了一位，但是他研究的并不是我教的那门课，具体的专业方向存在差异，所以没有太多机会跟他讨论专业，还得靠自己去摸索。令我至今难忘的是，由于教师人才奇缺，我们在哈军工最初站上讲台几乎都是现炒现卖。实际上是一边自己学一边辅导别人，相当于头天晚上自学，第二天到课堂上去讲给学生听，所以我感觉给学生讲课一个最大的问题，就是自己对这个专业没有那么多实际的体会，所知道的只能是干巴巴、从书本或者材料里头看到的理论和文字记载。但那时候，学生们都是训练有素的战士，甚至很多比我年纪还大，很规矩、懂礼貌，不大挑你的刺，如果真要挑刺的话，肯定很容易找到。甚至曾经也发生过这种情况，头一天讲完了，回去琢磨琢磨觉得可能这样讲不太合适，第二天上课就说“上次讲得不是很好，这次再重来”。
>
> 到20世纪60年代之后，学院才自己重新制订了新的教学计划，那就是我们中国自己的了。这时候，我们已经教学几年有一些体会了，学院也把培养目标从“维护使用”改成“研究设计”。除基础课按照一般大学本科的基础课设置，专业课更多是结合实际的装备，实验室里也有很多从各部队弄来的实际装备，针对实际装备讲原理、构造、操作、维护和维修。理论和

实践是结合得比较紧的。[1]

海军工程系对教师要求严格，“教师不但重视技术，也要重视革命化；不但教书，还要教人；不但注意培养学员成为技术工作者，还注意培养学员成为革命者”。非常重视对学员为国防事业奋斗终生的思想培养和要求，学员和教员都是军人，一样都有出操的要求，完全是军事化的管理，按照部队的要求进行培养和训练。新教员在上课前一周，必须亲赴学员班，与学员实行“三同”——同吃、同住、同劳动，以便熟悉授课时的对象，并能叫出他们每个人的名字。

在海军工程系初登讲台的两年时间里，除了讲授本系天文测量的相关课程以外，杨士莪还给空军工程系气象专科的学员讲授天文学，并写过一本《天文学讲义》，这是他的第一本铅印讲义，获得了学院教材编写三等奖，他用四十块钱的奖金买了一些书，之后请几位同事下了顿馆子，高高兴兴地吃了一顿。

那时候，大家的物质生活都很贫乏，杨士莪每月的工资够买些书，买点烟，之后就要期待下个月发工资了。但这并不影响他享受每个都很有奔头的日子，在向“强国强军”这个目标前进的道路上，他有幸能够充当一颗坚强的螺丝钉。这种价值感带给他的幸福感是持久的，并将他在拮据生活中所有的无奈驱赶得无影无踪。

三、兄弟相见不相识，笑问客从何处来

一天下课后，杨士莪走在回教研室的路上，一位年轻人迎面走来。杨士莪向左侧身相让，年轻人并不过去，而是向左与他对峙，杨士莪又向右移动，年轻人也向右，故意堵着去路。只见来人问杨士莪：“你还认识我吗？”杨士莪怔了一下，回想了半晌，说：“看你很脸熟，但想不起名字了。”年轻人“哈哈”大笑，上前一把抱住了杨士莪，兴奋地大叫：“大哥，我是士芹啊！”杨士莪这才缓过神

① 杨士莪：《难忘的哈军工生活》，载于王克曼，徐南铁：《百家访谈哈军工（下）》，哈尔滨：哈尔滨工程大学出版社，2013年，第186页。

来，既感到非常意外，又觉得开心至极，忙问："二弟！你怎么会在这？"

原来，当年正读高三的杨士芹在抗美援朝时参加了空军，这次是被部队选送到哈军工空军工程系学习的。两年后，他被调到军工技术部的实验室工作，后又被调往位于北京的中国科学院计算技术研究所，直至退休。

自从 1947 年离开南京到北京上大学，杨士莪只是在 1949 年暑假期间回过一次南京的家，那时兄弟俩还都是少年，如今，他们都已成长为意气风发的青年了。杨士莪已经七年没见过家人，因为更换单位频繁，又是保密要求高的军校，与家里的通信也不多。他只知道二弟杨士芹也参军当兵去了，并不知道弟弟这些年都在什么地方，做什么。他做梦也想不到，弟弟会穿着军装出现在哈军工，兄弟俩能在哈军工的校园里相聚！

杨士莪将自己的时间表排得很满，工作与生活之间几乎没有界限，完全被融为了一体。他并不是一个多愁善感的人，但有时看到哈尔滨的银装素裹，他会格外想念那些在南京的亲人。父亲的工作还那么忙吗？母亲的身体可还好？姐弟们的近况都如何？在事业面前，杨士莪会自觉不自觉地把个人情感隐藏起来。

兄弟相见不相识，笑问客从何处来。在外人看来令人惊奇费解的小插曲中，却蕴含着当事人对于一项事业忘我的投入和身不由己的苦涩。

他想当一名好学生，从普通物理到天文测量，这对他来说是个完全崭新的领域，他需要将这些知识理解、消化、掌握、运用；哈军工的很多教师是从全国选调的名师、专家，藏龙卧虎，他时常提醒自己转益多师，吸取更多利于自我成长的养料；他想当一名好教员，每当登上讲台，看到不少年龄比自己还大的学员求知若渴地望着自己，心里那份沉甸甸的责任感就升腾起来，他将刚自学掌握的知识"解码"并重新"编码"，满脑子想着怎样精写讲稿、精讲内

杨士莪受中尉军衔留念
（1957 年年初）

容、精选例题、精留习题，将自己所知最大限度地传输给学员；他想当一名好军人，尽管他性格随性自由，并不喜欢军队生活，但是亲身经历逃难路上的流离失所，亲眼目睹侵略者轰炸机的肆无忌惮，“强国之梦”在他心中显得尤为迫切。

从求学到工作，在大浪淘沙般的“自然选择”中，杨士莪怀着强国情结一步步走向了知识更密集的圈层，一点点积蓄着报国能量。他相信，他可以追寻更好的自己；他相信，他可以实现更大的价值；他更相信，渺小如他者，也可以为推动国家前进的巨轮尽一份自己的力量。这种信仰的力量，让杨士莪心中的幸福感浓厚而持久。

军工大院就像是一片生机勃勃的树林，在像阳光一样强烈的“强国之梦”的照耀下，杨士莪与周围那么多优秀的同伴一样，都在拼尽全力地向上生长。“君子藏器于身，待时而动”，杨士莪默默积累着足以实现自我理想的能力，而命运送给他的奖赏——至关重要的人生机遇，正在向他悄悄地走来……

第五章 结缘水声

第一节 四喜临门

1956年是中国科技事业发展关键的一年。在这一年，中国科技事业和知识分子迎来了蓬勃发展的春天，中共中央召开知识分子问题会议，发出了“向科学进军”的伟大号召；在这一年，中国制定了第一个长期科学技术发展规划，即《1956—1967年全国科学技术发展远景规划》，使中国的科学技术开始走上了国家统一领导的远景规划和近期计划相结合的发展道路，是新中国科学技术发展史上具有里程碑意义的创举；在这一年，杨士莪等众多科技人员也走上了加速发展的快车道。

1956年也是杨士莪生命历程中“四喜临门”的一年。在这一年，随着《1956—1967年全国科学技术发展远景规划》的制定，赴苏进修的机遇降临到杨士莪的身上，水声科学走进他的学术生命，他因此踏上全新的学术起点，终生不渝；在这一年，在哈军工首次教衔评审中，杨士莪榜上有名，由助教晋升为讲师；在这一年，他被批准为中共预备党员，翌年按期转正；在这一年，杨士莪收获了美好的爱情，与青梅竹马的谢爱梅喜结连理，踏上了全新的生活旅程。

一、提上建设日程的水声学

新中国成立初期，新中国科学研究事业的家底非常薄弱，全国每1125万人中只有一个科研机构，每70万人中只有一名科研人员。当年分管国家自然科学和国防工业、国防科研工作的国务院副总理聂荣臻曾在回忆录中写道：

> 到 1956 年时，新中国已经走过了七个年头的路程，科学技术事业有了一定发展，已经初具规模。只是围绕经济恢复和生产建设开展了某些研究工作，严格讲，它是属于配合性的。那些系统的、突破性的和独创性的研究工作，特别是一些科学技术的新领域，我们都还没有涉足。①

这些当时中国没有涉足的科学技术的新领域中，就包括水声学。

作为自然界中非常普遍、直观的现象，声音很早就被人们所认识，是人类最早研究的物理现象之一。声学是一门既古老又颇具年轻活力的学科。

声波是目前唯一有效的水下远距离传递信息的载体，无线电波、光波等都因为海水强烈的吸收而无法远距离传播。水声学是声学的一个分支学科，它主要研究声波在水下的产生、传播和接收过程，用以解决与水下目标探测和信息传输过程有关的声学问题。而水声工程是集物理、电子技术、信息工程、计算机技术、传感器技术等多学科于一体，以水声学为理论基础的应用声学工程，用以满足海军和海洋勘测利用声波进行水下探测、定位、导航、识别、通信等需求。

第一次世界大战末期，德国成功研制出潜艇，给英国、法国、美国等协约国的水面舰艇和运输船只造成了极大损失。如何探测水下潜艇成为协约国军事技术的首要任务之一。协约国先后投入大量人力、物力来发展这项技术。1915 年，有科学家向法国政府建议，采用水下回声测距方案，利用声波在水下探测潜艇作为首选方案。

1918 年，朗之万研制出石英压电晶体水下声学换能器，进行水中远程目标的探测，第一次可以接收到远在 1500 米处的潜艇反射信号，这可以说是现代声呐的雏形。第二次世界大战中，德国潜艇曾将英国最大的航空母舰“威尔斯亲王号”击沉，几千将士阵亡，英

① 聂荣臻:《聂荣臻回忆录》，北京：解放军出版社，1984 年，第 611 页。

国举国默哀。后来盟军通过不断改进的声呐，探测德军潜艇活动，一旦发现，就发射鱼雷将其击毁，打击了德军的嚣张气焰，保证了盟国军用物资运输船只的安全，在反德国潜艇的大西洋战役中发挥了重要作用。声呐成为各国海军舰船及水下兵器的必备之物。

第二次世界大战后的几十年，水声学得以较快发展。海洋探测和海军的需求是水声学发展的两大基本推动力。目前，这门学科逐渐形成一门高科技边缘学科，拥有声波在海洋中的传播理论，水声信号检测处理理论及其硬件设备，水下声学发射、接收换能器及其布阵理论与工艺、各种声学材料的研究等方面的完整学科体系。

水声学应用的领域也越加广泛，除了军事应用外，在海底探测、海洋开发、海洋与气象的交互影响、航海、渔业等方面都具有广阔的应用前景。

1956年，国家提出“向现代科学技术大进军”的号召，要求国家计划委员会和中国科学院制定1956～1967年的十二年科技发展远景规划，使中国科技工作逐步走上自立的道路，填补空白，摆脱在科学技术方面的落后现象，争取在十二年内接近或赶上世界先进水平。聂荣臻负责具体领导实施，他在回忆录中说：

> 诚然，要在一个短时间内，从无到有地把这些基础建立起来，是相当困难的。但是，人总是要有点精神的，中国人经过几十年奋斗，打出了一个新中国，再经过几十年建设，一定能够把我们的祖国建设成现代化的强国。①

在新中国包括水声科学在内的科技发展史上，聂荣臻是位绕不开的开国元勋，也是对杨士莪的个人命运起过决定性作用的人物。他心系国家科技事业和人民军队建设，水声等国防科技领域的发展，离不开他的直接领导。杨士莪结束苏联进修回国后工作单位的敲定，都是在聂荣臻的具体关心下，由其亲自拍板决定的。

① 聂荣臻：《聂荣臻回忆录》，北京：解放军出版社，1984年，第611页。

原来，杨士莪在苏联进修期间，曾作为中方副队长与中国科学院电子学研究所的科技人员一同参加中苏联合南海水声科学考察，他扎实的业务基础、在苏联进修的宝贵经验、熟练的俄语水平、遇事科学严谨的态度与随机应变的灵活性给中国科学院的领导留下了深刻印象。正因发展水声科研急需一个业务领头人的中国科学院，想让杨士莪前去带领水声科研工作，同样急需人才的哈军工不同意，两家的“官司”一直打到了时任国防科学技术委员会（简称国防科委）主任聂荣臻处。聂荣臻了解事情原委后，说：“中科院发展水声需要人才，哈军工发展科研、教学也需要人才，都是为国家的水声事业发展出力，既然杨士莪是从哈军工选派的，就还是回到哈军工吧！”杨士莪也因此回到军工大院，从事水声领域科研和教学，不负单位领导的期望。

1956 年 4 月，国务院通过苏联政府，特别邀请 16 位苏联科学家来华帮助制定《1956—1967 年全国科学技术发展远景规划》，并介绍世界科学技术的发展状况和趋势。其中，苏联科学院通讯院士布列霍夫斯基①帮助制定了水声学等新技术学科的规划。

苏联是世界上水声学研究开展得最早、技术较为先进的国家之一。布列霍夫斯基是苏联科学院声学研究所所长、水声学专家，也是杨士莪后来在苏联学习时给予他较多指导的恩师。布列霍夫斯基在中国访问期间所作的《苏联的声学研究工作》报告中，用近二分之一的篇幅对苏联超声和水声的研究现状进行了介绍，强调了近代声学在国民经济和国防上的巨大价值，并指出中国声学迅速发展的一切前提都是具备的。他说：

> 超声非常重要的应用是在第一次世界大战时，由法国的学者朗之万首次提出来的。他建议用交流电压加到压电石英片上

① 布列霍夫斯基（1917—2005），水声学专家、苏联科学院院士。他是苏联科学院声学研究所首任所长，以其在海洋声学及海洋物理学上的成就而著名。他建立了分层介质中弹性波与电磁波传播的统一理论，其著作《分层介质中的波》影响广泛。

以得到超声。曾应用这样得到的超声来侦察潜艇。这样就创造出来具有巨大国防价值的水声测位器。现在还利用水声测位器来侦察鱼群，从而简化了捕鱼工作并降低了渔业成本。利用回声器还可以测量海的深度。

声波是唯一能在水中传播到远距离的能量辐射。任何频率的无线电波在海水中传播上百公尺[①]后就已削弱好多倍了。由于海水的散射很厉害，光波透进海水的深度不超过几十公尺。只有声音才能在海水中传播到很远的距离。这也就使得水下声在很多实际问题上获得了广泛的应用。

大约在10年以前，苏联和美国的学者们各自独立地发现了一种新的现象——“海洋中声音的超远距离传播”。重约一公斤的炸药爆炸的声音约在五千公里之外还可以收到并记录下来。声音传过这么远的距离要经过一小时以上。这个现象也是很令人惊奇的，好比我在作报告开头说的一个字，要等到报告完了之后才听到声音。

这个现象可以有各种不同的应用。美国人建造了一个水声站的系统，用来接收飞机和轮船在海洋上遇险时的求救讯号。这个系统的岗哨可以收听数千公里外的微弱爆炸信号的声音。

这个系统还很适于记录水下地震及水下火山爆发的时间及地点。这种地震及爆发常会引起“海啸”——海面上的浪潮。浪潮涌到岸上，会造成惨重的灾害。利用水声系统就可以预先警告居民海啸将要来到，以便采取措施。[②]

布列霍夫斯基对苏联水声学发展的介绍为当时的中国打开了一扇窗，使中国的科研人员看到了世界水声发展的前景和自身的差距。

1956年10月，在六百多名科技工作者的努力下，《1956—1967年全国科学技术发展远景规划》起草工作基本完成。规划要建立重

① 1公尺=1米。

② 布列霍夫斯基，何萚，关定华：《苏联的声学研究工作》，载于《科学通报》，1956。

要的、急需的空白及薄弱学科，研究国民经济和科学技术方面的中心问题，提出了国家建设所需的57项重大研究任务和616个中心研究课题，列出了原子能的和平利用、喷气技术、无线电电子学（包括声学、无线电、电子学、半导体技术等）等12个发展重点。在规划附件《1956—1967年基础科学学科规划》中强调："在最初阶段要把发展重点放在水声学，使这在国防最迫切需要的科学早日建立起来，其次应特别重视正在迅速发展中的超声学，相应发展建筑声学和电声学部分。"

同时，在聂荣臻主持拟制的《关于十二年内我国科学对国防需要的研究项目的初步意见》中，水声与航空、导弹、电子学、雷达、常规武器、军事科学、原子、化学防护、国防工程等被列入规划发展的主要项目。

该规划中还提到："对于我国与有关国家共同关切的某些科学问题，如共同的自然条件与资源的联合考察等，可以由两国或几国共同进行科学研究……在目前我国科学基础薄弱，干部缺乏的条件下，与外国共同进行研究，应挑选最重要的和最迫切需要解决的问题。"因此，在拟定的中苏122项重大科技合作项目中，杨士莪日后参加的"中苏联合南海水声科学考察"就是其中之一。

《1956—1967年全国科学技术发展远景规划》将水声学这门声学的分支学科提上了建设日程，并为其开辟了发展道路。

二、"忘年交"马大猷

1956年2月，在国务院召开的制定《1956—1967年全国科学技术发展远景规划》动员大会之后，著名声学家马大猷[①]献言献策，

① 马大猷（1915—2012），国际著名声学家、中国现代声学的开创者和奠基人之一，中国科学院资深院士。他是中国首位物理声学专业的赴美留学生。在声学应用基础研究方面做出诸多开创性贡献，研究成果涉及物理声学、建筑声学、噪声控制学、语言声学、次声学等多个方向。

专门发表了《关于发展声学研究工作的意见》，提出了中国现代声学的发展规划，在介绍物理声学、建筑声学、超声学三个方向后，他阐述了发展水声学的必要性：

> 它（水声学）是和超声学同时诞生的，法国物理学家朗之万1918年制成石英压电振荡器，将其作为超声源在水中实验，探求搜索敌人潜艇的方法。现在这方面的技术已有极大的发展，水声探测的效力不亚于探测敌人飞机的雷达设备。利用水下超声波通信也完全可靠。因此进行水声学研究对巩固国防意义很大。①

马大猷对声学在中国的发展起到了重要的指导作用，对杨士莪水声科研道路的走向也不乏指点。杨士莪对马大猷的学问非常佩服，转学水声后，一有机会就跑去听马大猷作的报告，获得不少见识和启发。马大猷对这个声学后辈也青睐有加，他的论文集出版后，还特意送给杨士莪一本。20世纪90年代末，哈尔滨工程大学的科研团队提出矢量传感器的研究方向时，国内同行大都不以为然。有一次，杨士莪在中国科学院声学研究所专门作关于矢量传感器的介绍，报告完毕，走下讲台，马大猷赞赏地对杨士莪说："你们学校的这个研究好，非常有前景！"原来，耄耋之年、德高望重的马大猷听说杨士莪来讲这个题目，很感兴趣，特意赶往报告厅了解详情。多年后，当矢量传感器的研究获得成功，得到市场认可并具有巨大的市场潜力时，杨士莪对于马大猷的那句话仍念念不忘。

也许，在对开拓与创新格外敏感的人之间，往往有着更多的惺惺相惜。在人生之路上，能够得一知己尚且是可遇而不可求的难事，更何况是在崎岖难行的科研之路上，这样的"忘年交"更显弥足珍贵。

① 马大猷：《马大猷科学论文选集》，北京：中国科学院声学研究所，1990年，第414页。

杨士莪（左一）与马大猷夫妇（居中）、水声工程专家马远良（右一）合影（20世纪90年代末）

2015年3月1日，时值马大猷百年诞辰之际，杨士莪特写下文章《纪念马大猷先生诞辰100周年》，以表纪念：

马大猷先生是我国现代声学科研和教学的鼻祖，并享有高度的国际声誉，毕生为我国声学事业的发展做出了不可磨灭的贡献；他所指导和培养的研究生，现已成为我国声学界不同领域的领军人物。

马大猷先生不仅在其所从事的科研领域作出了大量的突出成绩，他同时团结我国广大声学科技工作者，推广我国声学研究成果，积极推动了中国声学学会的建立，领导出版了声学学报，并亲任总编。虽然由于种种历史上的原因，他自身有意回避了关于水声学领域的研究，但他对于我国从事水声研究的青年科技工作者，从不吝惜支持和帮助，即使像我这样一个外单位的人，每次向他请教问题时，不论是学术问题，抑或是工作中的疑惑，也总能获得耐心的解释和说明。

马大猷先生教育我们：要始终保持高度的好奇心，如果缺乏好奇心、想象力和创造性，或者把研究工作当作挣钱的职业，都不适合进行创新型研究工作；科技体系中的不正之风必须严肃处理，科技队伍中绝不能容忍有弄虚作假之徒；科学家和技术家是基础研究的主要力量，必须实行学术自由，不受干扰。

三、莫问前程，一往而已

中国北起鸭绿江口，南至北仑河口，海岸线长约一万八千千米，海疆辽阔。可是，这漫长的海岸线却长期处于“有海无防”的境况中。新中国成立时，海防仍旧脆弱，直至20世纪50年代中期，美国的第七舰队和不明国籍的潜艇仍在中国东南沿海游弋。对于年轻的共和国及海军来说，发展水声学，迅速建立起反潜探测系统的水下“万里长城”，具有巩固国防的重要战略意义。然而，当时的中国在这方面却是一片空白。即便在整个声学领域，美国当时副博士以上水平的研究人员就约有两千人，而中国只有两位声学家，还都不在水声领域工作，足见在该领域中国与国外的差距。

为填补在急需的尖端科技领域的空白，国家采取“紧急措施”，多措并举地促进水声学发展——规划选定合适的工厂，转产研制水声产品；调集科技力量，成立相应的科研单位；在高等学校设置相应的新专业，培养水声领域青年人才；其中还包括一项被认为属于最快捷有效的措施，即派遣少量的科技人员到苏联科学院声学所学习，掌握新学科基础知识并建立协作关系，回国后促进水声学技术的发展，协助培养大量新的专业干部。

国家召集中国科学院，第一机械工业部的造船局、电子局，海军等四个部门，要求各派一人前往苏联进修。被派人员除了政治可靠、俄语基本过关外，还应具有高等学校毕业的水平和两年以上实际工作经验，具有扎实的专业基础和较强的科研潜力，以便在国外能真正学到东西。这批被派人员是1960年中苏关系破裂前国家向苏联派出的第三批交流学习人员，也是最后一批人员。

中国科学院，第一机械工业部造船局、电子局分别定下了裘莘芳、丁东、张宝昌三位人选，而海军将敲定人选的任务交给了哈军工海军工程系。

在国家科技事业蓬勃发展的大形势下，此时的哈军工正在酝酿“尖端集中、常规分散”的战略思想。

筹建哈军工时，全军只建一所综合性的、为各军兵种培养技术干部的军事工程学院，是当时军队技术力量薄弱、各军兵种没有条件同时建立各自高等技术院校时采取的有力措施。随着军事科技的迅速发展，各军兵种所需技术干部的数量日益增加，学院的任务也日趋复杂、繁重。全军只办一所综合性高等技术学院，无法满足现代化建设的需求，势在必分。随着哈军工教学、科研工作的展开，已逐渐有力量帮助各军兵种建立各自的高等技术院校了，分建的条件已开始具备。1956 年 5 月，在聂荣臻主持的一次会议上，陈赓说：“四年前‘军工’筹建时，全国、全军支援我们，现在应该是我们回报全国、全军的时候了。”

因而，学院领导一直在筹划着将学院各常规兵器系和某些系里的常规专业分别交给有关军兵种，帮助他们建立起自己的工程技术学院，而哈军工将集中力量办包括导弹、原子能等在内的尖端专业，为国防现代化培养尖端技术人才。这就是“尖端集中、常规分散”的战略思想。

在这样的背景下，炮兵、装甲兵、工程兵三个常规工程系将被分出，海军、空军工程系中的部分常规专业也将被成建制地分走。其中，杨士莪所在的海军工程系海道测量专业将被划归海军测绘学院。

在国家与学校形势变革的大背景下，已教授两年海道测量专业的杨士莪将何去何从？

1956 年 10 月，秋高气爽的哈尔滨天高云淡，让人心旷神怡。

一天，海军工程系政委邓易非找来杨士莪，开门见山道："小杨，海道测量专业将被划归出去，你有什么想法？"杨士莪平静地说："听从安排。"邓易非似乎就等着这句话，笑着说："好！经过系里和院里的研究讨论，想派你去苏联进修学习水声。这是国家急需的空白学科，海军把这个宝贵的名额给了咱们系，你的底子好，系里决定让你参加学院新专业的建设。目前你继续担任现在课程的教学，同时努力学好俄语，准备改行研究水声。有问题吗？"

"水声"对于当时的杨士莪而言，虽然有所耳闻，却是个陌生的领域，他对个人未来的前程完全无从预料。但是杨士莪有个特点，就是在任务面前，从来不讲价钱，也不怕困难。杨士莪的性格顺势达观，所以凡事不强求，顺势而为，处之泰然；他的性格中又有着一股坚毅执着之气，所以认准的道路，即便坎坷，也一往无前。这样的性格，促使他作出了决定。

踌躇满志的杨士莪（1957 年 2 月）

杨士莪心想："既然院、系都已研究讨论，并作出决定，虽然对自己来说，专业需要从头再来，但自己也不是没经历过。莫问前程，一往而已！”于是，他郑重地回答：“没问题！”

就这样，命运送给杨士莪一个开辟新领域的机会，这也是他生命中一个非常重要的机遇。

四、改行“水声”

隔行如隔山。杨士莪从1950年离开清华大学校园起，参加工作七年间，历经几次改行学习，从普通物理到天文测量再到海道测量，每次改行，都要一点一滴地从头学起，但至此，他终于结束了以改行学习为主的阶段，确定了水声学专业这个为之奋斗终生的专业方向，用杨士莪自己的话说，他是“半道上插队的”。随着工作的深入，杨士莪对自己多次改行的经历，有了更深入的认识，他后来回忆说：

> 每次改行都是从头学起，刚刚学到点，懂得一点，又要改，自己当然也有些思想活动。但后来我逐步体会到，不要认为改行是损失，因为原先学的东西，在新专业里也会有用武之地。比如搞水声要出海实验，我就是因为教授过海道测量的课程，掌握一定的航海知识，知道船长怎么操作船对实验更有利。再比如，此前我教天文学、大地测量，这些对数字计算的要求非常严格，都是精确到小数点后多少位的，这种计算的严格训练，对我其后的工作照样有用。即使在水声这个行当里，也有传播、传感器、振动噪声、信号处理等不同的领域，因而简单地叫作“改行”并不确切，更应该称作“工作的发展”。
>
> 实际上，任何一项工程科技，往往不是单一学科的知识，而是多个学科知识的综合。改行扩大的知识面，对新的工作而言会变成坚实的基础，之前练就的本事在新的领域会获得升华。任何有益的实际工作，都需要掌握广泛领域的知识，一个人过去所学过的东西，能帮助他从多角度去理解新领域的工作，甚至可能摩擦出创新的思想火花。磨刀不误砍柴工，等到

自己真正体会到这个客观规律了，也就认识到“改行”的意义和价值了。[1]

1956年5月，在“向科学进军”的热潮中，哈军工在全院教师中进行了教衔评定和提升工作，包括杨士莪在内的二百余名助教晋升为讲师。而且，在大部分助教的军衔从中尉调到上尉时，杨士莪等则因突出的业务能力直接从中尉破格提到了大尉。

同年底，在哈军工首届先进工作者和优秀学员大会上，杨士莪又与高伯龙、戴遗山、邓三瑞等青年教师中的佼佼者作为“先进工作者”榜上有名。戴遗山、邓三瑞与杨士莪年龄相仿，是杨士莪很敬重的两位同事。戴遗山后来成为中国水动力学界的巨擘；邓三瑞最早在国内开展试验潜艇的设计研究，是中国潜艇研究设计的先驱者之一，为表彰他们对国家和学校发展做出的卓越贡献，哈尔滨工程大学用“终身荣誉教授”的桂冠为其加冕。

杨士莪（左）、邓三瑞（中）与戴遗山（右）在进行学术探讨（20世纪80年代中期）

在哈军工这个人才济济的群体中，仅止步于“优秀”是不够的，杨士莪和同事们的步伐迈向的是“卓越”。在时光的打磨下，当年的

① 2015年4月14日，杨士莪于哈尔滨寓所接受笔者采访时所说。

一颗颗沙粒历经磨炼，终成一粒粒晶莹丰润的珍珠。

到 1956 年为止，哈军工有 140 名教师加入中国共产党，杨士莪成了其中光荣的一员。他一生从未放慢过追求进步的脚步，在激情满怀的年代里，能够成为一名又红又专的共产党员，蕴含着组织对个人的极大信任和肯定，能够成为先锋队中的一员，是杨士莪对理想人格的追求，更是优秀的人争相顺应的潮流。对于杨士莪而言，成为一名共产党员，将自己的价值定位在为一个更崇高的目标而奋斗，对他具有更大的激励意义。

五、喜结良缘

1956 年 12 月 14 日，哈尔滨正是粉妆玉砌的时节。这一天，杨士莪在军工大院一间向学校借来的房子里，迎娶了性格开朗的妻子谢爱梅，组建了自己的小家庭。谢爱梅（1934—2011）原籍浙江省镇海县，谢、杨两家本为世交，谢父谢振文是杨廷宝在基泰工程司的第一个学徒。抗日战争胜利后，谢家举家迁往上海，并在上海创办懋兴营造厂。1947 年夏，杨士莪在上海参加大学入学考试时，曾在谢家借宿，因而与谢爱梅相识，其后偶有书信往来。后来两人年纪渐长，情愫渐生，在鱼雁往来中相知相惜，爱情在波澜不惊中水到渠成。

在那个年代，恋人间虽不乏浪漫气息，但爱情的浪漫更多地被建设新中国和迎接新生活的热情所取代，两人不但是生活道路上的伴侣，也是彼此职业道路上的激励者和敦促者。也许是因为杨士莪的影响而爱屋及乌，也许是为了与杨士莪有更多共同语言，谢爱梅对物理兴趣日浓，并于 1954 年考入北京师范大学物理系，毕业后最初被分配到东北林学院，1978 年后调入哈尔滨船舶工程学院工作。

在借来的房子里，夫妻俩的日子过得很简单，但两人对未来生活的希望却让每一天充满了奔头儿。杨士莪所取得的成绩，很多都得益于夫人的全力支持。两人的性格都很开朗豁达，杨士莪常说：“遇到发愁的事，如果你认为发愁有用，也不妨发一会儿愁；但实际上发愁什么用也没有，所以不如干脆不理它算了。”二人情趣相投，在平静的生活中，弥漫着和谐的幸福。

杨士莪、谢爱梅结婚照（1956年）

后来，谢爱梅晚年因病行动不便，往来活动全靠轮椅，上下轮椅时，都要靠杨士莪抱着，二十多年如一日，杨士莪也因此落下了严重的腰疾，但他对老伴儿的照顾尽量亲力亲为，很少假手于人。孩子们不在身边，在谢爱梅还能行动时，杨士莪常用自行车驮着老伴儿去医院复诊，有时出差为了既照顾老伴儿又不麻烦别人，他就将老伴儿带在身边，二十多年间不离不弃，直至老伴儿无憾终老。

当年轻的容颜不再，当岁月无情变迁，在相濡以沫中还有一种坚持留在心间，这尤其让人感到温暖与珍贵。

1957年4月，婚后四个月的杨士莪来到沈阳科学院干部学校进修俄语。此前，他的俄语水平就已经可以阅读专业文献了。

1957年赴苏前夕，杨士莪（中排右一）在沈阳科学院干部学校进修俄语

1957年10月，杨士莪告别孕妻和亲人朋友，与其他赴苏进修人员一起，坐上了北上莫斯科的国际列车。

第二节　负笈苏联

一、走进苏联科学院声学研究所

火车在广袤的呼伦贝尔大草原上疾驰两天后，来到了宁静的边陲小城、中国境内的最后一站——满洲里。因为中苏两国铁路的轨道宽窄不同，火车要在这里换车轮。即将第一次走出国门的杨士莪走下车厢，回望来路草原的开阔雄壮之美，心中无限依恋。出了满洲里，就要到苏联境内了，他不知道在新旅程上等待自己的是什么。

他突然想起了当年走出山城重庆时，航船出了西陵峡夔门后看到的一马平川，那种久违的豁然开朗之感涌上心头。他知道，当年他急切的励志强国的情怀，正一点点转变为理性的报国能量；他知道，能够担负着国家重任负笈苏联，正是最适合自己的报国路径；他知道，他将从这里走向更加广阔的世界，无论未来有多少困难，都要一往无前，因为在他身后，是一个国家自立自强的强烈渴望！

列车继续奔驰在辽阔的西伯利亚土地上。初冬的季节在这里化身为一片银色的海洋——银色的原野、银装素裹的白桦林、银色的太阳，散落林间的俄式木屋，浩瀚的贝加尔湖，积雪的亚欧分界线乌拉尔山，大自然用这幅天然的油画作品，让这些年轻人感到兴奋与激动。

历经七天旅程，杨士莪、裘荦芳、丁东、张宝昌终于到达了莫斯科。这些年轻人顾不上旅程劳顿，无暇欣赏异国风情，在住所安顿后，第二天便急匆匆地前往坐落于莫斯科南郊的苏联科学院声学研究所报到。

苏联科学院是苏联最高的科学管理机构和最有威望的学术研究机构，被称为“苏联科学的摇篮”。该院最初于 1725 年在圣彼得堡成立，之前名为圣彼得堡科学艺术院，后几经更名，于 1925 年正式定名为苏联科学院。1934 年，苏联政府将其由列宁格勒迁往莫斯科，使其发展成为服务国民经济和解决国家建设最迫切的科学技术问题的科学中心。1949 年苏联第一颗原子弹爆炸，1953 年第一颗氢弹爆炸，1957 年发射人类史上第一颗人造地球卫星，1961 年加加林飞向太空……苏联科学院在其中均功不可没。

杨士莪等一批中国青年前往苏联科学院学习的 20 世纪 50 ～ 60 年代，正是苏联科学院的黄金期，不但有来自国家的强大物质支持和保障，而且政治环境相对宽松，来自意识形态的监督和控制相对较少。

苏联的声学研究工作由隶属于苏联科学院物理数学部的声学委员会统筹协调。声学研究所是苏联的声学研究中心，成立于1953年，前身是苏联科学院列别捷夫物理研究所的声学实验室。声学所由一个理论组和水声、超声、声呐设计、舰船噪声四个研究室组成。

苏联对水声学研究相当重视，并取得了显著成绩。在第二次世界大战期间，苏联舰用噪声站和声呐设备的研制，为打败德国、取得海战胜利做出了巨大贡献。战后苏联研制并装备了现代化水声设备，具有远距探测和长时间目标跟踪的声呐装置。在多年研究积累的基础上，声学所在研究海洋水声传播和环境噪声方面处于领先地位，一些研究成果甚至改变了海洋声学领域常规的物理概念，并为水声学设备的发展奠定了理论基础。

二、布列霍夫斯基的指点

当时，声学研究所除了杨士莪、裘莘芳、丁东、张宝昌四名中国进修生外，还有关定华、冯绍松、笪天锡、史国宝四名到苏联攻读副博士学位的中国研究生。根据专业及学习、工作经历的不同，杨士莪与关定华被分到理论组，裘莘芳、丁东被分到水声室，张宝昌、冯绍松、笪天锡、史国宝被分到超声室。像那个时代到苏联学习的所有中国青年一样，这八名中国青年带着“为国而学”的使命和国家寄予的“强国兴邦”厚望，在声学的广阔领域里积极汲取着相关的信息与知识。

就是在这里，杨士莪有幸接触到布列霍夫斯基。布列霍夫斯基性格严谨认真，他除了在声学研究所做科研外，还在莫斯科大学担任物理教授，因而，他安排杨士莪等与莫斯科大学高年级学生一起上课，亲自指导杨士莪阅读水声学领域的基本文献，逐步建立起这个中国青年对水声学的认识。杨士莪能够“近水楼台先得月”，得到苏联水声领域的顶尖科学家亲自指点，这是一件非常幸运的事。

杨士莪（左）与曾同在苏联科学院声学研究所进修的
关定华合影（1960 年）

对于像杨士莪一样的进修生们，布列霍夫斯基并不让他们有“旁观”的想法，但凡在声学研究所举办的报告、交流等，他都会叫上这些中国青年参加，以加深他们对专业的认识，开阔他们的视野。他对这些中国青年与苏联学生一视同仁，并不因为他们国籍不同而厚此薄彼。在这位科学家眼里，所有青年人学习水声科学的起跑线是一样的，在科研的马拉松赛场上，较量的是悟性、兴趣和耐力的综合能力，这是个残酷的自然选择与淘汰的过程。面对这些充满活力、有无限可能性和创造力的青年们，正值不惑之年的布列霍夫斯基或许偶尔也会感到困惑——在这些青年中，究竟谁能成为声学领域坚持到最后的胜利者并真正有所建树？在这些初来乍到的中国学生好奇地观察声学所的一切时，布列霍夫斯基也在静静地观察着他们……

有一天，布列霍夫斯基在他办公室向所内人员介绍一本外国新出版的水声书籍时，说：

> 这本书写得简洁完整，很人性化，我认为要掌握一个新领域的知识，不是要找一本该领域内容最完整的大部头著作去看，

而是先找该领域一本简练、权威的书籍阅读，建立起对这门学科知识的骨架，然后再在工作实践中逐步丰富和深化了解。

他接着进一步解释说：

通过这样一本小册子，你在短时间就能明白这门学科的总体架构，你先建立对这门学科的一个总体概念，相当于把知识的骨架搭上。将来用到哪，再去深入翻阅相关书籍。当人们建立起对一门学科知识的骨架后，对这一学科的其他专著不必再一本本地从头读到尾，而可以仅在需要时去查阅有关章节，这将能极大地节约精力和时间。

杨士莪如醍醐灌顶、大受启发，他想起了在清华大学时，周培源教授曾说过要抓住理论力学的本质和关键，一本厚厚的理论力学教材最后的精髓，就变成了牛顿三大定律。布列霍夫斯基是从入门说起，周培源是从结果说起，但两人说的却是一回事，真有异曲同工之妙！在他后来的工作和学习中，越发体会到布列霍夫斯基所说的这种学习方法的精妙之处——每门学问也有像人一样的一根脊椎骨，找准这根主心骨，并将其掌握，那么就掌握了这门学科的精髓，其余旁逸斜出如肋骨之类的内容自是手到擒来，反过来则是舍本逐末。

在苏联学习期间，杨士莪依照布列霍夫斯基对他进修的安排，首先认真阅读了《分层介质中的波》，然后开始阅读该所有关的研究报告和科技期刊上发表的一些论文，并试图选择合适的题目进行解算和分析，建立起自己对水声传播问题的基础了解。

多年后，在哈尔滨工程大学水声工程学院“振动和声学基础绪论”的课堂上，杨士莪结合自己学习和工作的亲身经历，曾对学生们说：

不少学习声学的同学，常常认为声学基础比较难学。可是实际上声学基础的基本关系式不外乎一个是波动方程式，另一个是由有源波动方程式借助格林公式所导出的克希霍夫公式而已。

波动方程式的定解，需要借助于各有关的边界条件和初始条件，这恰好表明实际情况下的声场分布和声源情况以及声源周围介质分布情况有关。声源周边的任何介质情况变化，都会引起声波的散射和折射，从而引起声场分布情况的变化。

俄罗斯学者布列霍夫斯基院士在介绍他的学习经验时曾经说过，要学习一门新的学科，开始时最好选择阅读一本该学科书写精炼简洁的小薄本，建立对该学科脉络的整体概念，然后再根据需要，选择阅读该学科有关的章节。正如学英语不必背诵牛津大辞典一样，学科学不能够选用百科全书做教本。学习就应该像盖楼房一样：先搭框架再逐步进行装修。

学习比较困难的同学往往会感觉一门课的内容太多、太杂乱，难以把握和牢记；而学习比较轻松的同学则会感觉课程内容脉络清晰，关键内容简洁、系统。实际上所有的理工类课程，其最基本的定理、定义和最原始的公式都非常有限。数学家认为，数学的各个分支都不过是从有限的若干公理和定义出发，逐步推演所形成。大量的各类数学公式，没有人能够全部记牢，因为有各类实用的数学表册，所以也没有必要去统统记牢，只要熟练数学的推导运算，不难求解所需分析的问题。而熟练数学的推导运算，则需要经过自身的不断训练，别人是无能为力的。物理学家认为：理论力学的基础不过是牛顿三定律，热力学的基础不过是热力学第一和第二定律，电动力学是马克斯韦尔公式，量子力学是薛定锷方程式……但任何具体问题的解只适用于该问题本身，更重要的是要能通过对基本公式的理解，掌握相应的基本物理概念，习惯于结合日常工作与生活，经常向自己提出“为什么”的问题，并且利用对物理规律的理解，来回答这个“为什么”……①

① 2015年4月笔者根据杨士莪讲课内容整理。

三、“靠人家靠不住，也靠不起”

作为海军派遣的进修生，出于职业敏感，杨士莪对于国防方面的研究情况格外关注。随着对苏联科学院声学研究所逐渐熟悉，他发现了一个奇怪的现象：声学研究所除了理论组、水声室和超声室以外，有两个研究室的门对中国人是紧紧关闭的。一个是声呐设计研究室，另一个是舰船噪声研究室，因为涉及关键军事技术，所以对外方人员始终关闭。

虽然1957年正是中苏关系友好的“蜜月期”，这年的10月15日，中苏刚刚签订《关于生产新式武器和军事技术装备以及在中国建立综合性原子工业的协定》（简称“国防新技术协定”），但在谈判过程中，聂荣臻就已意识到：

> 苏方对我国援助的态度，在签订协定时就是有所保留的，是有限度的，在新武器装备的科学研究上使我们与他保持相当的距离，只同意我们仿制苏联即将停产甚至已经停产了的装备，他们正在生产或者正在研制的新装备，是不会向我国提供的。对我国研究、设计、实验工作的援助，也局限在规定的几种仿制型号上。总之，他们想长期使我国处于仿制阶段，处于依附地位。永远落后他两三步。①

后来，他在回忆录中更说道：

> 从目前科学发展的趋势来看，技术越发展，保密性就越强，别人即使给一些东西，也只能是性能次先进的技术，唯一的出路只有尽可能吸收国外先进成果，走自己研制的道路。坚持自力更生为主、争取外援为辅的方针，对国防科技工业具有特别重要的意义……自己不钻，不仅不能有独特的创造发明，而且也不能把要到、学到、买到的用于实际和有所发展。②

聂荣臻曾感触至深地说：“靠人家靠不住，也靠不起，党和国家

①② 聂荣臻：《聂荣臻回忆录》，北京：解放军出版社，1984年，第626页。

只能把希望寄托在本国科学家身上。”

在苏联科学院声学研究所的进修经历，让杨士莪对此更有切肤之感。两扇紧闭的大门，给杨士莪留下了一个深刻而强烈的印象——再好的国际关系，在国防技术的关键领域，依然要依靠自身的努力去开发，想通过从国外学到、购买等方式得到，是绝对不可能的。

在自力更生的前提下，先学会世界上已有的相关领域的科学成就，然后再在这个基础上继续前进，这是杨士莪为自己设计的科研之路。

1957年的11月17日是令杨士莪难以忘怀的一天。这一天，他与数千名中国留苏学生从四面八方赶往莫斯科大学大礼堂，怀着热切而崇敬的心情，期盼毛泽东主席的接见。此前，毛泽东应苏共中央总书记赫鲁晓夫邀请，率领中国代表团到莫斯科参加苏联十月革命胜利四十周年庆祝活动，并出席各国共产党和工人党代表大会，因而借此机会接见中国留苏学生。

“世界是你们的，也是我们的，但是归根结底是你们的！你们青年人朝气蓬勃，正在兴旺时期，好像早晨八九点钟的太阳。中国的前途是你们的，世界的前途是你们的，希望寄托在你们身上！”毛泽东这成了历史性亲切嘱托的开场白，几乎被沸腾的掌声淹没了。他纵论天下，旁征博引，提出了“世界上怕就怕‘认真’二字，共产党就最讲‘认真’”的名言，教导青年人“应具备两点，一是朝气蓬勃，二是谦虚谨慎”。其用心之诚挚，希望之殷切，令坐在台下亲睹领袖风采、亲聆领袖教诲的杨士莪感佩不已，备受鼓舞的他与大家将心声高喊得响彻礼堂——“为党奋斗五十年”“为祖国工作五十年”……

身处苏联科学院声学研究所这个世界水声研究最先进的中心之一，杨士莪求知若渴，对于多次改行的他而言，寸阴尺璧，必须只争朝夕。

四、“搞学术不能把自己限得太窄”

在声学研究所的资料室中，有大量关于声学的论文和学术报告，这些声学研究所得天独厚的资源对中国学生都是公开的。通过和所内专业研究人员的交流，以及查阅声学研究所的各类研究报告，杨士莪很快接触到水声学领域的前沿问题。他利用这座“近水楼台”，遍览相关文献，而这种博览似的阅读使他对声学的认识日益深刻，摸清了水声发展的清晰脉络，也拓宽了他的知识面。

有一次，苏联科学院声学研究所邀请著名美国建筑声学家白瑞内克来作报告。白瑞内克主攻建筑声学，报告主要围绕建筑声学与其他学科交叉时产生的若干问题展开。听众是来自声学研究所各研究室的研究人员，尽管专业方向与知识背景略有不同，但都收获颇丰。布列霍夫斯基感慨地说：“我们所从事的声学研究，应该像白瑞内克教授所做的那样，视野应该更宽些，面可以更大些，不能把自己局限在专业领域不可自拔，那样只能成为井底之蛙，思维定式一旦形成，就很难产生新的想法并有所创新。”

在随后的学习生活中，杨士莪也亲历了一件因为过于教条而使相关科研受到不必要损失的事情。

声学研究所有位叫奥列谢夫斯基的研究员，是电子工程专业出身，在声学研究所的科研方向是海洋混响。奥列谢夫斯基利用自己的专业背景作了创新性的尝试，将电子技术、信号处理的一些概念和处理办法融入海洋混响的研究，颇有成果。水声研究室主任苏哈列夫斯基因此推荐他到苏联科学院数理学部作报告，介绍其学术成果。苏联科学院的一位物理科班出身的院士是当时学界的权威，他听了奥列谢夫斯基的报告后，觉得没有用正统的物理学思路进行研究，因而批评奥列谢夫斯基说：“旁门左道，简直是胡闹，应该禁止你搞科研工作！”此事让年轻的杨士莪绷紧了警醒的神经——过于教条必然扼杀创新的种子，科研工作需要避免狭隘的门户之见，“殊途”也许是开辟新领域的“捷径”，做科研工作尤其需要开放和包容的胸怀。

后来，随着学习、工作的深入，杨士莪越发体会到宽阔视野对科研工作的重要意义，他常对青年人说：

> 搞学术不能把自己限得太窄，广泛领域的知识可以帮助人们从多角度理解新领域的工作，甚至产生创新的火花。很多时候，某个专业领域的知识，往往可以成为开启另一个学科的钥匙。比如物理化学、物理生物，用物理的办法去研究化学、生物学，用生物学的研究成果来研究物理。这种开阔的思路可以提出创新的方法思路，进而开辟新的领域。

这些是杨士莪个人成长经历宝贵的经验总结和实践写照。例如，20世纪末，水声信号处理方法出现盲处理技术，杨士莪出于工作需要，利用混沌学知识解决水声学问题，提出信号处理的新方法，使水声目标的识别范围大为增加。类似事例，不胜枚举。“搞学术不能把自己限得太窄”，早年进修期间形成的认识在不自觉中，逐渐成为杨士莪对待科研工作的自觉意识和自我要求。

五、莫斯科生活

作为列宁图书馆的常客，杨士莪将大量时间都花在了这座世界上最大的图书馆里。高大庄严的廊柱、屋顶檐边的雕像，哥白尼、罗蒙诺索夫、牛顿等世界科学文化巨人的铜浮雕俯视着楼前过往的读者，总长五百千米的书架围成了浩瀚的知识海洋，让人对这座知识殿堂更加心生敬畏。

列宁图书馆藏书丰富，其他图书馆不易找到的数学书，在这里均可找到，帮助杨士莪解决了不少算题过程中遇到的困难。杨士莪将填好的索书卡交给图书管理员，随后这张卡片被盛放在金属盘里，通过气动传送装置，到达图书所在楼层，一辆微型电气平板列车装上“行李”后，行经连接着藏书库的地下隧道，快速地在轨道上飞驰，将满载的图书递到读者手中。在知识殿堂里废寝忘食的阅读氛围也让杨士莪越发沉醉于学习的乐趣之中。

除了每个月上交给大使馆的100卢布外，杨士莪每月有600卢布的津贴，相当于人民币120元。为了节省开支，杨士莪自己起火做饭，有时必须在外面吃，也只进最低档的小食店，至于高级点的餐厅、饭店，几乎从未去过。杨士莪所住的中国留学生宿舍在第一列宁大街30A号，位于莫斯科北面，他每天到位于莫斯科南郊的声学研究所需要纵贯莫斯科城，即便坐地铁往返，也需两个多小时。吃饭、交通、买书、买烟，一个月下来津贴所剩无几。同是理论组的同事茹科夫曾邀杨士莪滑雪，他虽然非常想去，但因为舍不得买滑雪杖、滑雪鞋等一应滑雪装备，终未成行。物质生活一如既往地拮据，但在精神上，杨士莪却像一个上足了发条的钟表，每走一步都目标明确、铿锵有力。

杨士莪在苏联学习期间挑灯夜读，桌上摆放着家人的照片（1958年）

杨士莪出国后，妻子谢爱梅带着身孕到南京的婆家待产。不久，两人爱情的结晶出生了。奶奶陈法青为这个杨家“本”字辈长孙取名本贤，既是希望孩子将来成为有才德的贤士，也是对出生地成贤小筑的纪念。虽然并未听到孩子的第一声啼哭，并未亲见孩子粉嫩的小脸，但初为人父的喜悦溢满杨士莪的心胸，并情不自禁地流露出来，感染着周围的朋友和同事。

这也许是一种人生的平衡，既然得到人生难得的机遇，可能就要失去陪伴孩子长大的温馨与乐趣；既然背负着更大的使命，就不得不面对常人难有的孤独；既然选择了把“国”放在“家”之前，就要为了强国之梦，把自己铸成一块筑牢国家实力的可靠基石，而将对自身、家庭的个人情感蜷缩在心底。

更高的科研水平、更好的科研条件、友好的苏联民众、发达的地下交通、雄伟的俄式建筑……梁园虽好，终非久恋之家。杨士莪深知，在苏联这块土地上，自己只是匆匆过客，他需要拼命汲取有益的东西，赶紧回到自己的国家，去参与自己祖国的建设。

他真正能发挥价值的地方，在七千千米外的中国。

第三节　南海考察

一、陪同中国水声考察团

1958年初夏的一天，杨士莪意外地接到了一项任务——为即将到苏联科学院声学研究所考察的中国水声考察团担任翻译。

布列霍夫斯基点名杨士莪担任这项工作，主要考虑到杨士莪是俄语水平最高的中国学生之一，并且他的专业与中国考察团此行目的也更加契合。

原来，在杨士莪苏联进修的同时，国内水声专业的建设也正紧锣密鼓地进行着。自1956年《1956—1967年科学技术发展远景规划》发布后，经过两年的艰苦筹备，声学迎来了大发展的历史机遇期。在当时拟定的中苏122项重大科技合作项目中，“中苏联合水声考察”就是其中之一。同年9月，中国科学院成立电子学研究所，设立声学组，随后发展成为水声学、电声和建筑声学、超声学三个研究室。中国水声考察团此行的目的之一正是与苏方商谈两国水声科研协作的事宜。

此时，国内形势发生了很大变化。“大跃进”运动使各领域中很多人的头脑“发热”。在科研领域，出现了一些不遵循客观规律、不循序渐进的现象。面对这种情况，很多科研工作者产生了迷惘和矛盾情绪，关键时刻，聂荣臻牢牢把握住了正确方向，坚持仿制练兵、循序渐进。他说：“要先学会走路，然后再学跑步。好比爬楼梯，爬了第一层，才能爬第二层。仿制的目的是为了独创，但必须在仿制中把技术吃透，才能够独创。”

实践证明，在当时有外援的条件下，在国防科技领域坚持走从仿制到自行设计的道路，对缩短中国国防科技高端武器的起步阶段十分有利。正是在这样的背景下，为了在水声学领域更好地向苏联学习、更快地赶上世界发达国家，同时将中苏合作切实贯彻落实，中国派出了以中国科学院电子学研究所所长顾德欢为团长，中国科学院电子学研究所七室主任汪德昭①、海军三所副所长王朋、电子部工程师柳先为成员的四人考察团。

而苏联也非常急于与中国进行合作，因为他们想了解热带和亚

① 汪德昭（1905—1998），物理学家、中国水声事业的奠基人之一，中国科学院院士。他早年赴法留学，师从开创现代超声学和水声学的物理学家朗之万，研制出大功率声呐，因此接触水声学。1956年回国后，先后任中国科学院原子能研究所室主任、中国科学院电子学研究所副所长兼水声研究室主任、中国科学院声学研究所所长等。他提出中国国防水声“由近及远，由浅入深，由高到低，有合有分”的发展战略，为中国水声事业的发展发挥了积极作用。

热带海域的水声环境，但缺少热带和亚热带海域的海洋条件。苏联虽有波罗的海、黑海等海域，但它们都位于中、高纬度，无法实现苏联科学院声学研究所的研究目的。而中国南海水域对其实现热带、亚热带水域的研究目标来说，是一个最佳选择。

杨士莪（左）与赴苏进修人员张宝昌（中）、中国水声考察团成员柳先（右）在苏联合影（1958 年）

杨士莪陪同中国水声考察团在莫斯科仔细参观、考察了声学研究所的研究工作，苏方为表诚意，认为深入谈合作需要邀请考察团到位于黑海边的声学研究所苏呼米水声实验站参观考察。杨士莪随即陪同考察团一同前往。

苏呼米水声实验站本是苏联科学院声学研究所便于开展水声科研专门在黑海边设立的工作站，并专门建造了“谢尔盖·瓦维洛夫号”及“彼得·列别捷夫号”等大型水声考察船和考察潜艇，设立了大型水声站和水声专用实验设备及现代化实验场，研制了一系列先进的水声物理考察研究仪器和装置，可进行多种实验。后来，苏呼米水声实验站发展为苏联的水声研究所，成为全苏极有影响的综合性水声研究单位和水声学实验基地。

在考察苏呼米水声实验站期间，一天，苏方向考察团提出联合建立中国南海水声站的建议，并答应由苏方派遣专家并提供所有设备。杨士莪迅即向考察团团长顾德欢报告。顾德欢随即电告国内请示，国内研究后回复说："我们的原则是：欢迎援助，不能合作。因为合作涉及中国的主权问题。"

顾德欢于是答复苏方说："要建设南海水声站主权只能是中国的，所以不能合作，但我们欢迎苏联派专家、带设备前来援助我方水声站的建设。"苏方表示接受。

双方在接下来的谈判中签订了具体协议，约定1959年由中国科学院电子学研究所水声研究室（七室）与苏联水声研究所联合对中国南海进行水声考察。考察目的是取得亚热带水声资料，建立中国水声科研基地。中方提供考察船及后勤供应，苏方派专家协助、提供水声考察设备，所得考察结果共同分析使用。

杨士莪陪同中国水声考察团在苏呼米水声实验站考察时留影（1958年）

随着陪同考察团参观的深入，杨士莪越发意识到，这次翻译经历实在是他进修期间的最好机遇。在参观过程中，他不但接触到了水声实际的海上工作，而且看到了大量记录实验结果的水声实验报告。水声实验需要什么设备，实验过程怎样组织安排，怎样通过水声实验现象发现自然规律，并从自然规律中获取实验结果……此行加深了杨士莪对水声的理解，也扩展了他对水声实验的认识，对他而言，是幸运的

"偏得"。

杨士莪送走中国水声考察团一行，已经是 1958 年 8 月，这两个月对杨士莪而言，与其说是一次翻译经历，不如说是对水声学习的再深化和再认识。回到莫斯科后，备受启发的杨士莪开始有意识地拓宽自己在水声领域的接触面，既重视理论研究，又关注水声实验的开展。

二、担任中苏联合考察中方副队长

随着中国水声考察团的回国，一场"水声热"开始在国内酝酿开来。根据考察团的考察结果，中国科学院于 1958 年 8 月 13 日向聂荣臻呈报《建立水声研究机构、水声站的报告》，报告中说：建立水声学研究队伍，刻不容缓。鉴于应届大学毕业生已分配完毕，若再等一年，势必延误时机。建议立即从全国重点大学物理系高年级品学兼优的学生中遴选抽调，参加水声研究。

该报告由聂荣臻送邓小平批示，并转呈毛泽东主席和周恩来总理。毛泽东主席亲自圈阅。周恩来总理同意抽调 100 名还有半年至一年毕业的大学生，提前分配到中国科学院参加水声研究工作，通过实践边干边学。人们把这项措施形象地称为"拔青苗"。这些"青苗"后来都成为中国水声科学研究队伍的骨干。

聂荣臻尤其重视对后备人才的培养，他认为："首先要规划好一批重点院校的学科专业，使科学研究需要的人才，能源源不断地按计划得到补充。"为了加速组建和发展水声科研力量，国防科委确定将在十余所大学建立水声专业，培养水声专业人才。此外，党中央批准将无锡七二一厂改建成水声工厂，建立海军三所（水声所）。经过数年建设后，国内组建了最早的声学研究队伍，初步形成了教学、科研、生产三个方面的水声发展格局。

1959 年 5 月，苏联科学院声学研究所派水声研究室主任苏哈列夫斯基、副所长马捷波夫先行来华，了解中苏联合南海水声考察实验条件筹备工作的情况，在挑选陪同人选时，中苏双方不约而同地想到了杨士莪。于是，在正式考察开始前，杨士莪就已随同苏方人员在海南岛进行了初步试验，并承担整个过程的翻译工作，经历了一次正式考察前的水声实验“练兵”。

中苏双方商定，第二年 1 月可以正式开始考察。中方队长为时任中国科学院电子学研究所七室主任汪德昭，杨士莪任中方副队长。汪德昭当时由于腿疾不便，主要由杨士莪负责各小组的具体协调工作。苏联科学院派出 24 位专家，苏方队长苏哈列夫斯基因事未参加正式考察，副队长为苏联科学院声学研究所研究室副主任马捷波夫。中方参与人员近 120 人，来自科研单位、高校、部队等，还有刚结束苏联进修的裘莘芳、丁东等。

这支队伍几乎囊括了刚刚搭起的中国水声科研队伍的全部阵容，大家被分为传播、吸收、混响、起伏、水文等几个课题组。对于刚刚走出校门的“青苗”们来说，这是一次认识水声的绝佳实战机会。

中方队长汪德昭因为腿疾行动不便，无法亲赴南海组织考察，因而把具体组织、协调事宜交由杨士莪处理，这给年轻的杨士莪提供了一个极好的锻炼和展示才干的机会。

因为工作关系，杨士莪与汪德昭接触较多，交往也多。早在中国水声考察团赴苏考察时，杨士莪就与汪德昭相识，并给汪德昭留下了深刻的印象。汪德昭认为中国年轻的水声研究队伍，需要一名牵头人，以杨士莪的综合条件，无疑是最佳人选之一，所以曾一度向聂荣臻提出将杨士莪调到中国科学院，虽然后来未能实现，但是汪德昭始终较为器重和关注杨士莪，对杨士莪的个人发展和学术成长有过不少指导。

在科研之路上行走的距离，一方面看自身力量，另一方面也在于与谁同行。在国家急需的水声科研之路上，杨士莪能与马大猷、汪德昭等老一辈德高望重的科学家同行，并亲聆指点、见贤思齐，是杨士莪能够走得更快、更远的原因之一。

中苏联合南海考察期间，杨士莪（左）与时任中国科学院电子学研究所七室副主任房少庸（中）、海军三所副所长王朋（右）合影（1959年）

三、完成转行“三级跳”

位于海南岛南部的榆林港是中国最南端的海港，也是支持南海诸岛的重要基地和国防要地。

1960年1月16日，中苏两国在榆林海区展开了历时85天的水声科学考察。这是中国历史上一场史无前例的考察，是第一次用声波研究这片蔚蓝的海洋。

当时中国人手中关于水声考察的设备几乎一无所有，在短期内完成考察准备并非易事。中国没有专门的水声考察船，海军下达任务给南海舰队，调拨一艘运输舰、一艘扫雷舰到黄埔船厂改装成水声考察船。

杨士莪虚心向苏联专家请教，并留心苏联专家组织实验的过程和处理方法，认真反思和琢磨实验过程。在考察中，也遇到了不少连苏联专家也首次遇到、让他们颇感棘手的突发情况，比如，为保证必要的声源级，使用炸药包作为非标准水下声源等。

考察工作主要在榆林港附近水深 30 ～ 80 米的海域进行，还曾接近西沙群岛。在 85 天的考察中，共出海 74 个航次，几乎每天都有出海安排。出海做实验时，不少人克服晕船，一边呕吐一边继续做实验，直到取得满意的数据才返航。

苏联科学院声学研究所极为重视这次考察，运到中国的实验设备有一火车皮，苏联专家还带了 32 份在黑海的研究资料，在保密室里摆着，只允许中方科技人员看，不允许抄。这些专家和现成的仪器、设备、资料等对于中方年轻的水声科研队伍来说，无疑是一次很好的学习机会。在出海的间隙，还请苏联专家讲课，这种水声基础课很受欢迎，每次持续三四个小时，让年轻人受益匪浅。

而对杨士莪来说，从在莫斯科学习水声理论，到苏呼米水声实验站参观的感性认识，再到参与组织、亲力亲为地介入真正的水声考察，可算是完成了转行的“三级跳”。兴奋之余，他也曾沉思，何时中国才能依靠自己的力量进行这样的考察？

杨士莪用了 35 年的时间回答这个问题。直到 1994 年，杨士莪以首席科学家和考察队队长的身份，主导了中国人自己对南海的水声考察，使中国人掌握了自己国家典型海域的水声环境特点及主要参数规律。

到 1960 年 3 月末，考察的实验计划已经基本完成，获得宝贵的记录各种实验信号的胶片 32 千米。由于中苏关系急剧恶化，参加考察的苏联专家组接到苏联在北京大使馆的通知，停止工作返回国内，并要将 32 千米长的考察胶片带回苏联。中方以最快的速度将资料加以复制，把原始记录交给苏方带走。这是中国第一套较为完整的水声资料，为中国水声研究工作留下了宝贵的资料。此后，按照协议，中苏双方应到莫斯科共同分析实验记录，中方曾通过驻苏大使馆与苏方交涉有关执行协议事宜，均无回音，说明苏方已完全单方面撕毁了协议。

1960年10月，中国科学院将考察记录整理成八本《中苏南海联合水声考察报告》，并作了初步分析。这是中国第一批水声学研究报告，也是中国水声科研人员取得的第一项科研成果，指出了中国南海海域若干特殊的水声环境特点。

尽管联合考察的后续合作未获成功，但通过这次大规模的考察实践，锻炼了中国水声科技人员队伍，对中国水声科研的开展起到了推动作用，特别是对20世纪60年代初期中国的水声物理研究从课题设置到实验方法都产生了重要影响。

多年后，苏方副队长马捷波夫写了一本关于中苏联合水声考察的回忆录，他在回忆录中这样描述杨士莪：

> 我第一次遇到杨士莪，是在声学所开始我们的联合考察研究。那时，他似乎是作为研究生在所里学习。他的俄语流利，从一开始就是中方的主要代表之一，和他一起进行了所有我们准备合作的讨论。后来，在实际考察期间，他担任了中方的负责人之一。他是个很聪明的学者、一个很有智慧的人和突出的爱国者。说起话来，总是非常文静并经过周密思考。①

杨士莪于1959年11月就办完了结束苏联进修的手续。临行前，苏联科学院声学研究所的同事们送给杨士莪一本苏联油画册作为分别礼物。画册上金色的白桦林、浩瀚的贝加尔湖、教堂的灰墙壁、列宁图书馆的红屋顶……那丰富的色彩正像杨士莪在苏联所经历的浓墨重彩的人生记忆。

负笈苏联，是20世纪50年代新中国建设的大背景下，时代赋予一批青年人的重大人生机遇。杨士莪有幸成为其中一员，由此注定了他的人生走向，使他后来数十年的岁月与国家需求密不可分。因为站在世界水声研究领域的前沿之地，站在“巨人”肩膀上的杨

① 马捷波夫：《中苏联合水声考察回忆录》，未刊稿。

士蕤在两年多的时间中，有了“拔节”一样的成长。

不管自从杨士蕤离开之后，莫斯科经历了怎样的沧海桑田，他永远也不会忘记在莫斯科大学大礼堂上空回荡的誓言——为祖国工作50年!

第六章 创建专业

第一节　初返军工

一、拓宽专业领域的主张

1960 年夏天，完成南海考察的后续工作，得到中国科学院电子学研究所水声研究室领导的同意后，杨士莪坐上了返回哈尔滨的列车。车厢里东北老乡们浓重的口音让他感到淳朴而可爱。回到已阔别三年多的哈军工，飞檐碧瓦上的啸天虎、朱红立柱的中国气派、久违的军工大院让杨士莪感到亲切而温暖。

杨士莪从苏联回国后，与妻子、长子的第一张合影（1960 年）

从 1953 年在哈军工初登杏坛，到 1960 年重返哈军工，在杨士莪“拔节”成长的几年间，随着国家海军装备的发展和需要，哈军工海军工程系也有了很大调整和完善。初期设置的海道测量、舰炮与弹药、鱼雷与水雷、无线电通信、造船五个专科，经过创建和调整，陆续增加了雷达、声呐、内燃机、蒸汽动力装置、电气设备、导航、指挥仪、计算机、水面舰艇、潜艇、核动力装置等专业，几乎囊括了当时海军所需要的全部技术门类。

一回到学校，杨士莪就来到系主任黄景文的办公室报到。

“具体谈谈你这几年的收获和对未来工作的想法吧！”黄景文开门见山地说道。

杨士莪说：我出去时，对水声可以说是一无所知，经过在苏联的两年学习和南海考察后，看到了苏联是怎么发展水声科学的，初步了解了水声的一些前沿问题和最新进展。对国内水声学科的建设也有了一些想法。水声是一门涉及学科面很宽的专业，如果我院仅办声呐专业，难以获得很好的发展，要想在我院发展水声学科，更好地为国防建设服务，有必要建立一个理工结合，覆盖水声设备、水声物理、水声换能等各个主要方面的综合性水声工程专业。

黄景文一直非常关注杨士莪在苏联学习的情况，早在杨士莪陪同苏联专家筹备中苏联合南海水声考察期间，黄景文就曾专门找杨士莪个别谈话。除了向黄景文汇报在苏学习的心得和收获以外，杨士莪也曾提过他对水声学科的理解。随着思考的深入，杨士莪拓宽水声专业领域的想法已日臻成熟。

“咱们系已经有声呐教研室了，这在全国已经是开了先河，目前开设的课程基本能够应对海军需要，而且国内不少想建立这个专业的高校都到咱们声呐教研室来‘取经’，我们是否有必要改变现状？”黄景文貌似对杨士莪的提问，实则也是自问——重建专业非同小可，把已建立起来的有一定规模的专业打散重建，教师、教材、学生都面临一次资源的重新调整，拓宽领域能否真的给专业带来新的发展机遇？

黄景文知道杨士莪一向谨慎，凡事必然思虑成熟才会开口。杨士莪再三重申的拓宽专业领域的主张仿佛是一柄铁锤，一下下敲打并夯实着黄景文重新规划水声专业的决心。“此事容我再仔细想想，还须上会讨论，待大家仔细斟酌后再决定！你回来后，先担任声呐科水声学理论基础的教学。把你送出去的目的，就是为了把你培养成这个领域里的专家，好好准备，要把在苏联学到的本事都使出来！”黄景文嘱咐道。

杨士莪随即重返讲台，投入为当时的哈军工六期学员讲授水声学理论基础的教学工作中。

二、未来事业的最好起点

此前，水声学理论基础这门课程的教学任务由声呐教研室的“五虎上将”之一何祚镛承担。何祚镛、辛业友、谢钟朝、王鸿樟、周福洪是声呐教研室的五名学术骨干，虽然他们当时都年纪轻轻，却是中国第一个声呐专业的“开国元勋”。

声呐是各国海军进行水下监视使用的主要设备，其技术发展的最大用户也是海军。无论潜艇还是水面船只，都利用声呐及其衍生系统，对水下目标进行探测、识别、定位和跟踪；进行水下通信和导航，以保障舰艇、各类反潜机的战术机动和水中武器的使用。此外，还广泛用于鱼雷制导、水雷引信，以及鱼群探测、海洋石油勘探、船舶导航、水下作业、水文测量和海底地质地貌的勘探等。

20 世纪 50 年代前期，中国海军装备的声呐均为苏制产品。为了培养能够安装、维护、修理、使用声呐设备的工程师，1953 年 12 月，中国第一个声呐专业伴随哈军工的成立而建立起来。

毕业于复旦大学数理系、调自华东雷达营的何祚镛奉命创建声呐专业，当时与雷达专业一起，成立雷达声呐教授会。不久后，辛业友、谢钟朝、王鸿樟、周福洪等陆续奉调投入雷达声呐教授会麾下，共创新中国首个声呐专业。这些与杨士莪年纪相仿的年轻人也都初出大学校门不久。1956 年哈军工晋升学衔时，何祚镛、辛业友、周福洪均与杨士莪一起由助教晋升为讲师学衔。这些年轻人的共同特点是，毕业于国内名校的数理专业，虽对声呐所知甚少，但都雄心勃勃、虚心好学而且充满干劲。

当时，雷达声呐教授会隶属海军工程系四科，编号为314教授会。1954年，哈军工在第二期学员中开始设立雷达与声呐专业班，首批十余名学员是从鱼水雷专科中抽调而来的，按照“雷达与声呐教育计划”上课。这些学员毕业后的去向是成为部队参谋、舰队业务长、军校教员等。

从1956年开始，声呐专业独立设班。该专业的第一个教育计划基本上是由苏联顾问伊·叶·查理巴耶夫提供，他也指导了整个教学过程。在其提议下，海军工程系于1955年建成水声测量水池，这是中国第一个水声实验水池。雷达声呐教授会的实验室还筹集了一批可供水声实验的教学设备及观摩器材。例如，第一批从苏联进口的猎潜艇用“塔密尔-11回音定位站”、潜艇用“菲尼克斯噪声定向站”、护卫舰用“贝加斯回声定位站”及国内唯一一台机电模拟式声呐教练仪等都相继调拨于此，以保障声呐设备课程的教学使用。

课程建设是专业建设的核心。这些年轻的教员们开始了艰辛的开创性工作，千方百计地搜集资料。他们在苏联顾问的指导下备课并得到一些讲稿和参考书，积极向顾问、专家拜师学艺；从一般声学书籍、外文书籍、杂志论文、各种译本中“大海捞针”，编出初步的讲义，在教授会进行逐章试讲，集体讨论各个教学环节、审查教案等。

至1958年，第一批声呐专业学生毕业，中国第一个四年制声呐专业开出了教育计划所规定的全部专业课程。这其中涵盖了水声学理论基础、声呐原理、水声器材设备、声呐设备战斗使用等课程，同时能够开设相关课程的主要实验。学员的毕业设计是师生结合教授会的科研或实验设备研制工作完成的。

根据哈军工当时“密切结合教学工作，适当联系解决国防生产中某些技术问题”的科研方针，虽然声呐学科正处于专业新建、师资与教材均属起步的阶段，但在院系的倡议和领导下，包括“五虎上将”在内的师生们都积极考虑研究方向和选题，雷达声呐教授会的科研工作，也因此取得了一些突出成绩。例如，以周福洪为首的“换能材料研制组”研制出新型换能材料——“铁淦氧材料”，其磁致伸缩性能达到当时国际先进水平，电声转换效率更高，获得国防部、海军司令部致电表彰；辛业友、何祚镛等带领师生承担的“水雷探测声呐”“声速梯度仪”的研制，都是我国该领域的填补空白之作。

这些教学过程的完成、科研工作的展开，为哈军工声呐专业的发展打下了坚实的基础，也奠定了该专业在全国的“领头羊”地位。20世纪50年代末，在全国兴起的“水声热”中，全国陆续有十余所院校筹建声呐、水声等相关专业，西北工业大学、上海交通大学、青岛海洋学院等院校纷纷派师生到哈军工进修，既听课又参加雷达声呐教授会的教学活动。

无论是在教学组织方面，还是在科研方面，哈军工的声呐专业都属于当时中国声呐专业领域的“高地”。这个客观环境对杨士莪而言，是其未来教学、科研事业发展的最好起点。

第二节　别开生面

一、创建首个理工结合、配套完整的水声专业

杨士莪初返哈军工前后，时值国内刚刚掀起“水声热”，水声教育正处于摸索阶段，水声工作的规划布局开始得以落实。哈军工的声呐专业虽是国内水声领域最有代表性的“排头兵”，对声呐也开始有所研究，但师生在湖上、海上试验时，经常发现很多试验现象并

非单纯从设备角度就能解释清楚，为此，师生明显感受到已有专业限制，很有改革的必要性。但改成什么样？怎么改？这些问号时常徘徊在何祚镛、辛业友、周福洪、王鸿樟、谢钟朝等声呐专业创建者的头脑中。

而此时的哈军工，也正面临着一场重大调整。从1957年就开始酝酿的"尖端集中、常规分散"的中国军队高等技术院校的战略性大调整，时机已渐趋成熟。

早前，陈赓在给中央军委的《关于调整军事工程学院任务的报告》中写道："今后所需工程技术干部的数量都会增长很快，全军只办一所综合性学院无论如何不能满足需要，势在必分。从现实可能性看，军事工程学院常规武器各系已具有一定规模，分建的条件已经基本具备。"

该报告提出了"尖端集中、常规分散、双方兼顾、照顾尖端"的战略思想，并提出将哈军工的培养目标由"维护使用工程师"改为"研究设计工程师"。哈军工要在几年时间内建成全新的军事工程学院——一所培养目标更高、技术水平更高的军事技术学府，以满足军队现代化建设的需要。

在这样的背景下，杨士莪拓宽专业领域的建议，不但是水声学科自身建设的必然要求，也正顺应哈军工新的人才培养目标的潮流，这个时间节点正是水声学科难得的发展机遇，此时错过，更待何时？

杨士莪回到哈军工后，根据声呐专业师生的要求，向大家介绍了自己对苏联水声科学发展的了解，同时也向大家宣传自己对拓宽专业领域的想法，他说：

> 各位是咱们国家声呐专业的"开国元勋"，我是"半路出家"学习水声的，水平实在有限。但因为看到了苏联是怎么搞水声的，也参加了中苏联合南海水声考察，体会到水声是一个多学科综合性专业，单靠现有的声呐专业，学科发展必然没有

后劲，对未来的发展而言，是非常不利的。所以，我们有必要拓宽专业领域，建立一个包括水声物理、水声换能、水声设备三方面，覆盖水声各个领域的水声工程专业！

“水声物理”是水声技术的物理基础，“水声换能”是研究能把声能和电能进行相互转换的水声换能器，“水声设备”解决利用声信号实现水下目标探测、识别、导航定位、水声对抗、水声通信等各项功能设备的研制。

“水声物理”与“水声换能”偏于理科，“水声设备”偏于工科，这三个研究方向基本涵盖了水声学科的主要内容，也形成了一个贯通、全面的专业链条。这样，从理论到换能，再到设备，就贯通了这个学科的“上中下游”，形成了完整的水声学科体系。用水声物理、水声换能、水声设备三驾马车，才能更好地拉动整个水声学科的发展，而且这三者的紧密结合是水声技术发展的趋势。如果不这样做，我们就只能一直使用别人的声呐，跟在人家的后面跑，何谈未来的自主发展和创新？只有建立起这样一个覆盖全面的水声专业，才能更好地创新发展适合我国条件的声呐装备，赶超国际先进水平。

在此前的教学和科研活动中，师生们已在工作中多次感到声呐专业的局限。何祚镛曾在《忆我国第一个声呐专业的创建》中写道：

当时，经过教学、科研、生产三结合和“真刀真枪”搞毕业设计，声呐专业师生深感我水下观通设备落后于武备的战术技术需求……通过科研生产、湖上和海上试验，深感电子设备课程教学结合声呐专业的改革十分必要。①

杨士莪与师生们坦诚的交流，引发了声呐专业师生间关于专业建设的思考和共鸣，这些充满魄力与实干精神的年轻人达成了一个共识——水声专业的未来发展需要走工程与物理相结合的道路，研

① 何祚镛：《忆我国第一个声呐专业的创建》，载于丛书编写组：《难忘的哈军工》，哈尔滨：哈尔滨工程大学出版社，2003 年，第 290 页。

究水下声传播的水声物理、水声换能器和声呐电子设备，三者必须配套并重。

杨士莪不遗余力地倡导拓宽专业领域，为了让领导的决心下得更快些，在刚返校的一段时间里，他多次向不同系领导介绍自己的观点。

一天，杨士莪来到时任海军工程系教育副主任慈云桂的办公室，向慈云桂汇报自己关于拓宽专业的想法。听了杨士莪的分析，慈云桂在频频点头的同时，也陷入了沉思。他随即问道："根据国内水声专业的发展情况，你的目标会不会有些好高骛远？这个目标会不会成为一尊'菩萨'立在那儿，让我们拜？"

杨士莪答道："不立这个标杆在那儿，不向这个方向努力，我们就永远上不去！老话说：取法乎上，仅得乎中，取法乎中，斯得下矣。"

慈云桂点点头，微笑着说："好！陈赓院长说过'革命是从无到有的，军事工程学院也可以从无到有'，现在看来，覆盖全面的水声专业也可以'从无到有'，何况我们已经有了声呐专业这个不错的基础了。"

杨士莪走后，慈云桂找到黄景文等几位系领导共议此事，经过仔细斟酌考虑，同意将声呐专业改为水声专业，并报请上级批准。

不久后，声呐专业拓展为涵盖水声物理、水声换能和水声设备三个方面的水声专业，编入海军工程系"水声物理与水声设备科"，代号为"5 科"。5 科包括水声物理和水声设备两个专业。水声物理下设水声传播和水声换能两个"专门化"（即水声物理专业下分为两个方向，学生所学内容各有侧重），并从 1960 年当年就开始招生。

1961 年，哈军工海军工程系正式成立水声专业教研室，下设水声物理组、水声换能组和水声设备组三个学科组，分别由杨士莪、周福洪、辛业友任组长。在水声物理组中，杨士莪、何祚镛与王鸿樟是三根重要支柱。

当年，水声物理专业的“教学计划”[①] 里这样写道：

水声物理的专业培养目标是能担任水声物理课题海上考察、研究与理论分析的海军科学技术干部。学员毕业后应当在各类因素对声讯号传播情况的影响及各种水声干扰的起因与特性方面有清晰的认识，能熟练运用各类专门仪表及理论计算工具正确进行海上水声特性考察与数据分析，作出指导实际工作的结论。

专业研究范围和发展方向是：在通过实地考察、深入掌握我国多海区及太平洋水声特性的基础上，研究为提高水声器材作用距离、定位准确度与抗干扰性能所应采取的新原理与新方案；并指出有效使用水声器材所应遵循的战斗使用方法。

二、开创中国水声教育新格局

1960 年年底，哈军工海军工程系顺应国家对学校人才培养目标转变的“天时”，占据国内水声研究领域高地的“地利”，又逢上有领导支持、下有师生共识的“人和”，开创了水声专业的新格局，在全国建立起首个、迄今为止依然是唯一一个理工结合、覆盖全面的水声工程专业。半个多世纪以来，从这里走出来的人才占据了中国水声科研界的大半壁江山，这里也因此被称为“中国水声工程事业的摇篮”。

作出拓展专业的决定后，最棘手的问题摆在了大家面前——教师从何而来？

杨士莪想起了此前中国科学院在全国高校中“拔青苗”参加水声研究工作的经验，向领导建议：“我们照样可以拔青苗！从我院相关专业的高年级学生中择优抽调扩充教研室，如果他们因为专业差异对水声的知识不够的话，我们可以给他们补课。”

院系领导认为可行，批准扩大水声专业的单位编制，从还有一年毕业的哈军工雷达、声呐等专业的第五期学员中，拔出数棵“青

① 现存于哈尔滨工程大学档案馆，档号：45/1996。

苗”，这些专业背景不同的年轻教员或转投“水声物理”，或转投“水声换能”，杨士莪等则当起了这些新教员的“教员”，为他们讲授声学基础、传播原理等课程，并带领“青苗”们远赴位于海南岛榆林基地的声学所“南海实验站”参加海上实验，加深专业认识。

数十年后，当年的“青苗”们已成长为水声领域枝繁叶茂的“参天大树”，为我国水声科学的发展做出了卓越贡献。水声工程专家、哈尔滨工程大学教授惠俊英是哈军工第五期声呐专业的学生，也是当年的“青苗”之一，忆及当年的经历时，他说：

> 到1961年，学校决定增建水声物理和水声换能器两个新专业，因教师缺乏，因此“拔青苗”势在必行。所谓“拔青苗”就是从大学选拔学业未满的优秀学生担任教师。我临毕业前一年，就被“拔青苗”留校，任水声物理专业教师。凭着一腔“党叫干啥就干啥”的热血，在与政委进行了五分钟谈话后，我的铺盖就从学生宿舍搬到了教师集体宿舍，从此改学声学。声呐专业与电子类专业关系更紧密，改学声学理论具有一定困难。当时，杨士莪教授为我们这些新教员讲授声学基础、传播原理的课程。老师们要求我们“课前预习”，这种学习习惯培养了我的自学能力，使我能一路较顺畅地学好声学理论，并在三年后为水声物理班开设自编教材的专业课——“海洋声传播原理”打下基础。①

除了给普通学员上水声学理论基础的课程外，杨士莪还为“青苗”助教们讲授课程，夯实他们的专业课基础，使其能够顺利完成从学员到助教的角色转变。此外，杨士莪还有一项重任再肩——编写新专业的教材。

创业维艰，一切从零开始。所幸当时的哈军工图书馆是国内高校最好的科技信息中心之一，有不少欧美各国的科技书籍和杂志，

① 王鹍燕：《在水声研究领域不断求索——我校水声工程学院惠俊英教授专访》，载于《工学周报》，2013年5月24日。

包括美国的《声学杂志》、苏联的《声学杂志》等，里面星星点点的内容可供参考。杨士莪和同事“燕子衔泥”一般，边教边学、边摸索边总结，逐渐聚沙成塔。在此期间，杨士莪与王鸿樟合著了《声学原理》，这是新中国最早的声学理论著作，为中国现代声学和水声理论做出了开拓性的贡献。此外，他还编写了《水声信号起伏》《水声传播原理》《统计传播》等教材与讲义。

20 世纪 60 年代初，在黄景文主任的建议下，水声物理专业的内容被进一步拓展，除了“传播”以外，将舰船的“隐身降噪”也纳入研究范围，设立水下噪声研究方向，以水下噪声源和噪声场的物理规律为主要研究方向，以便更好地为海军服务。

水下噪声和水声换能器均是当时国内独一无二的专业。杨士莪是拓宽专业领域最积极的倡导者，也是院系作出这一决定后最坚定的推进者和执行者。他逐步拓宽自身在水声工作领域的涉猎范围，除水声传播外，还逐步涉及信号传播起伏与水下噪声领域，并着手编著《水下噪声学》一书，这是国际上最早集中论述水下噪声机理的专著。

这也许是黄景文将杨士莪视为得力干将，特别器重他的原因之一——除了才华出众以外，杨士莪有着更强的推动力和执行力，遇事从不推诿退缩，总是迎难而上。

后来，《声学原理》《水下噪声学》两书，分别于 1963 年和 1964 年由北京军事工业出版社出版。除杨士莪以外，周福洪所著《水声换能器及声基阵》、何祚镛所著《声学理论基础》等著作，几乎都是奠基于此时。这些专著为中国水声专业奠定了坚实的学科基础，并培养了第一批专业骨干和年轻教师队伍，至今仍然是水声工程领域学生和工程技术人员的主要学习和参考文献。

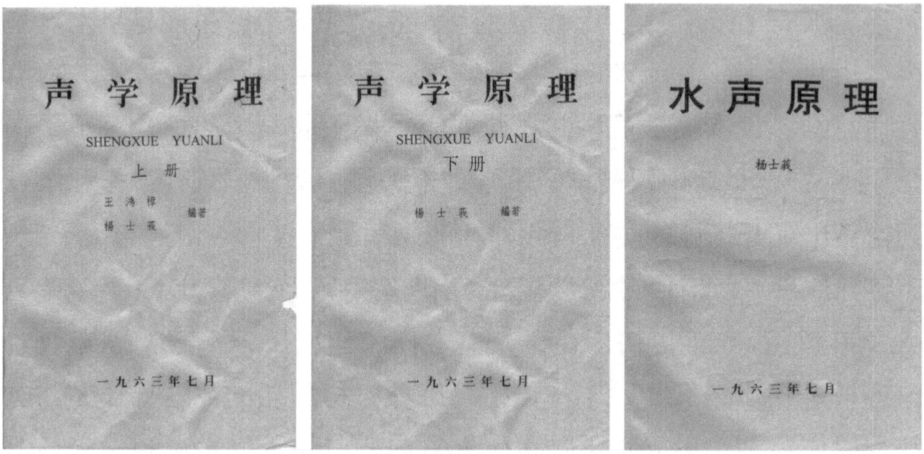

《声学原理》《水声原理》（1963 年）

后来，杨士莪还于 1994 年完成了十万字的水声领域前沿论著——《水声传播原理》；2015 年，在他 84 岁高龄时，完成了工业和信息化部“十二五规划教材”——《声学原理概要》的撰写和出版。值得一提的是,《声学原理概要》较全面地反映了杨士莪的学术思想，秉承了他一贯简洁明了的文字风格，简介声波的基本特性、所遵循的物理规律及分析不同环境条件下声场的基本方法，全书分为八章，仅用了 62 页的篇幅，却可为学习者建立起较系统的声学基本概念。

《水声传播原理》
研究生教材

《水声传播原理》
（英文版）

《水声传播原理》
讲义

他把在周培源和布列霍夫斯基处学到的学习方法——“每门学问也有像人一样的一根脊椎骨，找准这根主心骨，并将其掌握，那么就掌握了这门学科的精髓，其余旁逸斜出如肋骨之类的内容自是手到擒来，反过来则是舍本逐末”，作为一种教学指导思想深入贯彻到了教材的编写中，以此有意识地引导学习者体会这种学习方法的精妙之处，在较短时间内建立起对声学的基本框架，并为深入声学其他分支学科的研究打下坚实的基础。

《声学原理概要》

他在《声学原理概要》简短的“前言”中写道：

声学属于物理学的一个分支学科，它研究声波的发生、传播、接收和其他各种物理效应。由于声波作为一种弹性波本质的信息载体，只要有物质存在，就可以进行传播，因而可广泛地应用于各类介质环境。声波在通过各种物质的过程中，将与该种物质发生不同的相互效应，从而携带出该物质的一些相关物理特性，因此声波可作为一种强有力的观测、计量或处理手段，现已广泛应用到许多学科和技术领域；而声波所遵循的一些基本规律，与各学科或技术领域的专门知识相结合，形成现代声学的不同分支学科。为了介绍有关声学的基本知识，已有不少中文或外文的声学基础和声学原理类书籍出版；但是，迄今为止出版的这一类书籍或则偏于简单、浅显，不足以用来指导解决有关的声学问题，或则篇幅庞大，未能聚焦于声波基本特性的分析介绍，不便用于建立声学的基本概念，以适应深入声学其他分支学科的研究。

为了节约篇幅，本书侧重于获得最广泛应用的静态介质中小振幅声波的发射、接收、传播和衍射的基本规律，并简单介绍了大振幅声波、运动介质声学的主要内容，以使读者能对声波的基本特性有一个较系统的概念，而不具体地讨论某一声学分支学科的专门问题。若读者需要对声学的哪个领域做深入的了解，可以进一步查找有关方面的专业书籍或文献。[①]

从1960年院系下定决心拓宽水声专业开始，专业的筹建几乎与招生、授课同步进行。在其后一年多的时间里，从谋划专业设置到培养青年教师，白手起家编写教材，到万事俱备招收学生，对于杨士莪等水声专业的师生来说，每一天的劳动强度都很大。面对这项开创性的事业，他们目标明确、心无旁骛、快马加鞭，也正因为这种“纯粹”与“简单”，这项事业的每一个环节都变得简洁而高效。

杜甫的《丹青引——赠曹将军霸》讲述了唐代著名画家曹霸的故事。诗中有句“凌烟功臣少颜色，将军下笔开生面”，讲的是曹霸根据唐玄宗要求，对长安北面凌烟阁四壁上原绘有的唐朝24位开国功臣肖像重新描画，使肖像绽放光彩，以崭新的风格面世。杜甫因此有诗赞颂，“别开生面”一词也从此流传于世。

如果把杨士莪放进历史的坐标系中，他对今天的贡献之一，就在于在他的倡导和包括他在内的哈军工海军工程系师生的共同努力下，中国水声教育的新局面由此被别开生面地开创出来。他们开辟了中国水声专业新的专业化领域，也翻开了中国水声专业人才培养的新篇章。

① 杨士莪：《声学原理概要》，哈尔滨：哈尔滨工程大学出版社，2015年，前言。

第三节　种子队伍

一、“即便作为‘种子队伍’，也一定要留住！”

1960年的一天，在一次师生见面会上，此前从未接触过水声学科的一名学生，笑着提问：“杨老师，水声学这个专业，我们可以研究多久？”接着又解释说：“我的意思是，我们靠它谋生的话，这碗饭可以吃多久？”杨士莪略作沉吟，说道：“这个领域有着重要的应用价值，至少直到你胡子花白，我想这个领域也还有很多问题值得去研究。”

当年风华正茂的学生，如今早已成为古稀之年的老者。半个多世纪后，遥想当年的情景，杨士莪笑着说：“今天看来，我当时的预言过于保守了，不要说研究到那时的学生胡子花白，就是直到他的子孙胡子花白，水声学这个领域也是开采不完的一块宝藏啊！”

20世纪50年代末60年代初的几年间，国内的确出现了一阵“水声热”——包括哈军工在内的全国十余所大学参与到水声学科的建设和人才培养工作中；中国科学院先后建立起南海、东海和北海三个水声科学研究站，同时，国家拨出专项经费建立声学实验室、水声测量水池、申报建造五艘水声考察船；研究院所和高校相继展开了一些水声科研工作。在包括杨士莪在内的一批科研工作者和高校师生的共同努力下，水声学在起步阶段抓住了难得的机遇期，在几年时间里，国内的水声教学和科研得到了较大发展。

但是，持续了三年的“大跃进”运动因为违反了客观经济规律，造成了生产力的大破坏，在三年自然灾害、中苏关系交恶等背景下，国家面临新中国成立以来最严重的经济困难，大批工程项目纷纷下马。海军又是尤其需要国家大量投入的军种，很多工程项目更是难以为继，不得已而搁浅。即便核潜艇的研制也只能保留少量的研究人员，继续从事核动力装置的理论研究和实验，为设计试制核潜艇做技术上的准备。

当时，三军武器装备的发展，是按陆、空、海的次序，海军排在最后面，短时期内国家都不会有大的投入。因为水声学的主要服务对象——海军在困境中艰难前行，对水声人才的需求量锐减，十余所高校中设置的水声相关专业，由于毕业生的出路问题也陷入困境，或转做其他研究，或干脆撤销，逐渐萎缩，最后全国只剩下了哈军工海军工程系的水声专业等极少数院校坚守了下来。

这是一种执着的坚守。虽然国家经济困难，水声专业的发展进入蛰伏期，但是杨士莪和水声专业的同事们始终坚定地认为水声研究必然是有前景的，这不但是因为他们亲手培育了水声专业全面发展的“种子队伍”并身处其中的感性认知，更是基于对水声学未来发展道路的理性判断。忆及往昔，杨士莪说：

> 尽管当时在科研事业的“国家队”中，水声研究可能是候补队员，但是我始终相信我们一定会有再“上场”的时候，等国家经济好转，就一定会发展海军、发展水声事业，对于这一点，我从来没有怀疑过。如果技术队伍一旦散失，水声事业和海军项目再重新“上马”，面对的困难会更多！所以，我们这支队伍，即便作为“种子队伍”，也一定要留住！①

当时，哈军工海军工程系水声专业每年有20余名毕业生。杨士莪和同事们将这些学生作为宝贵的“水声种子”悉心培育。这些毕业生在毕业后或参加海军，或进入相关研究院所，或留校执教。在数年如一日的坚守下，中国科学院声学研究所、七一五研究所、七二一厂、六一三厂等，几乎全国所有水声领域的相关单位都有这

① 2015年9月19日，杨士莪于哈尔滨寓所接受笔者采访时所说。

些毕业生的身影。数年后，这些毕业生纷纷成长为所在单位的技术骨干，撑起水声研究的一片新天地。

后来，在海军工程系全建制基础上组建的哈尔滨船舶工程学院及再后的哈尔滨工程大学，在对水声教学及科研领域的坚守上一脉相承，坚定如初。据统计，目前我国水声行业中的专业技术人员60%以上，高级专家层面接近70%以上，都是从这里走出，这里也因此成为国家水声事业发展的人才库、专家库和水声技术基础研究中心。

1962年，杨士莪由讲师晋升为副教授，与周福洪一起成为水声专业首批晋升为副教授的教员。在艰难的环境下，以杨士莪为代表的军工大院里水声专业的师生，像一棵棵坚强的蒲公英，坚守着水声专业的阵地。环境越贫瘠，越显示出精神坚守与追求的可贵。他们在保护好自身这支国家水声事业发展"种子队伍"的同时，也悉心培养着水声事业未来发展的"种子队伍"，他们给予这些种子翅膀，让他们能够飞翔，这些种子飞得越高越远，孕育的那片灿烂也将越辉煌。

二、更高的教学要求

1962年6月，教育部召开全国工科高校教学工作会议，要求贯彻"少而精"的教学原则。在哈军工，一些教员对此持不同意见，他们认为教学原则应秉持"博而深"，"少而精"的教学原则是"压缩饼干"，吃了"不消化"。为了统一教师的思想认识，从1962年秋天开始，哈军工展开了一场关于"教学原则遵循'少而精'还是'博而深'"的大讨论。

已有十余年教学经验的杨士莪此时已成长为讲台上的中坚力量。如何衡量自己的教学质量？杨士莪的答案是主要看学生是否有独立工作能力，包括自学能力，独立思考的能力，综合运用所学知识分析问题、解决问题的能力。结合自己的亲身经历，杨士莪认为"少而精”的教学原则不乏是一把培养学生自主学习能力的钥匙。

这种教学原则实际是对教师能力和水平的更高要求。在具体的教学工作中，杨士莪要求自己尽量做到精写讲稿、精讲内容、精选例题、精留习题。在讲授课程核心内容时，概念要讲得非常明确清楚，使学生易于接受；例题要有启发性，兼顾难度和趣味，可以激发学生进一步思考的兴趣；习题的选择既要巩固理论知识，又可借以拓宽学生视野和思路，以达到举一反三、触类旁通的作用。

后来，杨士莪在一次谈及教学方法和学习方法时曾专门对几种教学方法进行了对比：

> 我国历史上传统的教育方法属于知识型教育，而不属于能力型教育，其不良的发展后果就变成了应试教育。受教育者只不过会背诵一些公式和结论，完成一些照搬照套现成模式的工作，缺乏活学活用的训练，抑制了创造性的发挥。更有甚者，在评卷中按照规定的采分点进行打分，哪怕题目做对了，但没有按照规定的步骤进行，找不到相应的采分点，也可能就得不到应该有的分数。这种教育方法是极其害人的。
>
> 也还有一种虽然往往会受到欢迎，但其长远的效果未必良好的教学方法是：教师在课堂上将课程内容咀嚼得非常细烂，学生不需要经过自身的思考，马上就觉得完全听懂了，而实际上缺乏深刻的领会。这时，学生只不过能够跟上教师的思路，照样搬用教师讲授过的问题，而缺乏独立应用所学知识解决不同问题的能力，因而一旦遇到形式不同且较为活泛的问题时，就难以确定应该从何处下手。
>
> 可以推荐的一种较好的教学方法是启发式教学方法，教师通过逐步深入的提出问题—进行解答—再深入一步提出问题—再进一步进行解答的方式，使学生在课堂上不断主动思考，最终掌握必要的知识，并同时进行了分析问题

方法的训练。[①]

1963年5月，时任哈军工院长刘居英[②]亲赴学院基础课部，蹲点月余，在深入实际、调查研究后，在全院教学工作大会上作了《把少而精教学原则贯彻到修订教学大纲中去》的报告。他在报告中说：将“少而精”教学原则正确地落实到各个教学环节中去，是当前教学工作的中心任务，不彻底解决学员学习负担过重的问题，学员的独立工作能力和独立生活能力就不可能加强，综合素质也提高不了。这更加坚定了杨士莪对自己教学方法的信心，尽管他对当时自己的评价是：“对水声专业知识的很多领域理解不深，并在教学工作中依然存在教学内容‘多’、学习负担‘重’和教学方法‘死’的严重缺点。”但他更加明确了教学工作的前进方向和目标——教学时目的明确、重点突出、条理清晰、举一反三、启发性强。

刘居英非常重视教学工作，对于新开的课程，往往亲赴课堂检查。有一次，水声专业的教员陈锦澄要开一门新课，刘居英前去检查开课前的准备工作。陈锦澄对此回忆道：

> 他来到我们中间，先问我是哪里人、哪个学校毕业等问题，使紧张的教学气氛轻松了不少。然后问为什么要修改大纲，教材编写了多长时间，已准备了几次教案，设计了什么教学方法，试讲了几次，等等，经过近两个小时的了解交谈。一位学院主管领导直接检查新教师的备课，实在不易。全院专业很多，新教师着实不少，如此检查，可见院领导对教学准备工作的重视和作风的深入，同时，也是鼓励新教师的一项有效措施。对我而言，真正体会到什么叫“认真”。

正是在这种认真精神的感染下，杨士莪对自己的教学工作提出

① 2015年9月19日，杨士莪于哈尔滨寓所接受笔者采访时所说。

② 刘居英（1917—2015），1954年任哈军工副院长，是陈赓最得力的助手之一。后被授予少将军衔，并继陈赓之后任哈军工院长。他继承、发扬并创造性地发展了陈赓的办学思想。1966年，哈军工集体转业后，任院长兼党委书记，是学校历史进程的建设者和见证者之一，为成就哈军工的卓著功勋做出过重大贡献。

了更高的自我要求，在注重启发式教学方法的同时，更加注重一个“精”字——精写讲稿、精讲内容、精选例题、精留习题。

20世纪60年代初，各种政治运动纷至沓来。哈军工学院党委冒着风险坚持教育计划，采取各种灵活措施，以保证教学工作不断线。学院领导始终坚持“培养军事技术人才离不开教学工作，不管搞什么运动都不能停课”的原则。提出过“教学、运动两不误”的口号，后来随着政治压力不断加大，学院干脆将政治运动列入教育计划，在教学时间不能侵占的情况下，每年专门拿出几周时间搞运动。

此时，哈军工已是与清华大学、北京大学齐名的名校，学员大多是来自全国最优秀的考生，不但成绩优异，而且政治合格。入校后，学院对学生的要求非常严格。比如，要求学生尽量取得优等成绩，如果前几年的考试成绩都是优等，偶尔有某门课程没考到优等，就鼓励学生参加补考，名曰“补优”。学院对学生学业的精益求精可见一斑。

杨士莪与刘居英等院领导直接接触的机会虽不多，但却因为学院领导竭尽全力抵住外来压力，为师生提供相对较好的教学“小环境”，而受惠很大。在这个相对宽松的环境里，杨士莪得以集中主要精力钻研教学，结合几年来所学所思，教学水平、科研能力、思考深度大有进益。

在这样的时代背景下，杨士莪能够有精力钻研自己最感兴趣的业务，在潜心教学科研的同时，享受到“得天下英才而教育之”的“君子之乐”，对他而言，实在已经是非常幸运的事情了。

三、最大的爱国

20世纪60年代初，中苏关系破裂后，苏联从中国撤走了全部技术专家。哈军工的数十名苏联专家于1960年8月悉数撤走，此时正值哈军工改建、分建的关键期，苏联专家的撤走，使学院更加认识到自力更生的重要性。刘居英对此说：“这是学院的非常时期，是决定性时刻，成败在此一举，要动员全院同志自力更生，发愤图强，以创业精神和开天辟地的劲头，千方百计完成建院任务。”历史证明，苏联撤走专家却迫使中国更快地在独立自主、自力更生的道路上进入科研攻关新阶段，并获得了良好效果。

而此时，中国水声领域的科研事业刚起步不久，它需要在自力更生中摸索、磨炼和成长。对于科研工作，哈军工明确了作为高校与科研单位的区别，提出以教学为主，以科研、生产为辅，三者密切结合的“一主、二辅、三结合”的方针，鼓励教师以教学为中心，积极开展科学研究。

20 世纪 60 年代初，哈军工水声教研室内部关于科研方向产生了两种截然不同的看法。在教研室展开的讨论中，水声设备专业的一位教员说：“既然我们的专业是搞水声设备，而水声设备中最主要的是声呐，那我们应该将‘大型声呐系统’的设计研究作为主要科研方向。‘抓大放小’才能使有限的精力和物质保障条件都用在刀刃上，才能更容易出成果。”这种看法在教研室有一定代表性，持此观点的教员为数不少。

而杨士莪等另一些教员却不以为然。杨士莪说：

> 一方面，相对于院校来说，国内专门的研究所对于大型声呐的研究设计更有优势，这样的任务很难落到院校手中。在现在的科研形势下，如果不是这样大型声呐的任务我们就不干的话，我们可能就没活可干，时间久了，专业队伍就可能会逐渐萎缩，还谈何保护好我们的种子队伍？另一方面，水声领域本身也很广阔，我们大有可为，所以从拓宽专业面的角度讲，我们也要大胆尝试，勇于开拓新的方向，不要说大型声呐系统，即便是其他的水声设备，哪怕不是关键的设备，只要我们力所能及的项目，就要去做。我们将专业面拓展后，每个教员都有各自的专长，海军等水声学的主要服务对象都可以在我校找到

能够解决相应问题的人，这样，我们的学科才能越做越宽，学科的发展才能更有后劲。请同志们不但要看眼前的大型声呐系统的发展，还要把眼光放长远，看看未来水声学科和我们学校专业的发展哪！

杨士莪的话，让很多教员陷入了思考，并初步统一了大家的想法——这支队伍的科研工作不能仅是“抓大放小”，而要敢于“面面俱到”，擅长“各个击破”。

杨士莪始终坚定地认为，院校在承担基础、应用基础研究和零星非标准设备研制方面更有优势，专业要发展，教师水平要提高，都需要在科研实践中锻炼成长，能抓到大项目当然好，但也不能放过这一领域其他项目对这支“种子队伍”的锻炼机会。

热烈讨论的背后，不但是对哈军工水声专业科研方向和道路的不同选择，也是对中国水声科研发展方向的选择和预测。

路选对了，便不惧其远。

在后来的几十年中，水声专业的师生在这个领域放开眼界，广泛搜寻并潜心钻研，形成了多波束测声仪、声靶、图像声呐、水声定位系统、减震降噪技术、矢量传感器技术、水声通讯等不同的科研团队和研究方向，这些科研团队各有所长和方向，各就其位，握起来就是有力的“铁拳头”。

多年后，哈尔滨工程大学水声工程学院发展为国内水声领域人才培养和科学研究的“翘楚”，追根溯源，都可上溯到20世纪60年代杨士莪等一批水声专业师生对科研道路的选择和坚守。

值得一提的是，在这一时期，杨士莪等教员经历了一次对水声科研再认识的“飞跃”，杨士莪称其为“中国水声行业的第一次突破”。声呐的发明虽远早于雷达，但海洋环境的复杂性使声呐的发展在某些方面远滞后于雷达。当时，人们对声呐所知甚少，只认作是水中“雷达”，所以很多时候按照雷达信号处理的办法进行声呐信号处理研究。有一次，哈军工水声专业的一位教员在实验室里用高斯噪声做设备信号处理的仿真模拟，实验效果非常好，可使信噪比提高三十多分贝，可是真正拿到海上一看，不要说提高三十分贝，连三分贝收益都得不到，根本不好用。

大家经过分析后认为，水声干扰和无线电干扰是两种性质完全不同的干扰，水声环境比雷达所处的环境复杂得多，海洋是上有海面下有海底的双界面非均匀介质空间，比大气复杂得多。因此，不能照搬雷达的做法，而必须考虑到水声自身的特点。同时，实践再次证明，研究海洋信道对水声学科的重要作用和拓宽水声学科的必要性。峰回路转后，大家的科研思路豁然开朗——水声科研有自身的特点和规律，很多时候不能照搬、套用其他学科的方法，而要结合学科特点摸索其自身的科学规律，走自主创新的道路。水声技术更为复杂的另一个佐证是——20世纪70年代起，国际上出现了“高技术”这个名词，在美国，雷达不属于高技术，而声呐则被列为“高技术”的范围。

1965年，中国物理学会声学分科学术会议合影（杨士莪位于中排左二、马大猷位于前排右七、汪德昭位于前排右六、魏荣爵位于前排右五）

1962年，杨士莪被七〇六研究所特聘为顾问。七〇六研究所、中国科学院声学研究所等单位在做各种科研实验时，都会邀请杨士莪前往参加指导。杨士莪通过在苏联学习、南海考察及哈军工教学科研实践中积累的经验，为这些科研单位提供了宝贵的建议。他勤学善思的特点又使他通过这些实验积累了更多经验。

杨士莪回想自己20世纪60年代的科研工作时说：

> 虽然因为国家经济形势的原因，项目并不多，但是我们那时并没坐“冷板凳”，而是一直让自己有事干，只不过事情大小罢了。

在教学、科研实践中，杨士莪逐渐成长为哈军工水声专业的学术带头人。在这个过程中，他始终坚定不移地相信：

> 水声学依然是满足国家重大战略需求的战场，而这支水声队伍就是驰骋在这个战场上的“国家队”。所以，所有的坚守和付出都是值得的。[①]

杨士莪早年烙印于心的家国情怀，使他把民族的整体崛起看作是个人幸福的基础，这样的感情倾向让他竭尽全力、全心全意地做好自己的工作。在他看来，坚守住这个领域，能在国家需要的时候站出来，就是“最大的爱国”。

四、“肉蛋干部”与未卜的前途

经济困难的特殊时期，能够吃饱肚子成了大多数人的迫切愿望。由于哈军工的特殊地位，国家和地方政府给予其粮食和物资的特别照顾，哈军工尤其对老教师、老干部和学生三种人给予特别优待。学院有个从事养殖、种植的小赵家农场，用于自给肉、蛋、蔬菜等，六级以上的老教师和中校以上的老干部可每人每月分配一斤半猪肉和鸡蛋，被戏称为“肉蛋干部”；大尉级的讲师和大尉以上的干部，每月配给几斤黄豆和两斤糖，被戏称为“糖豆干部”。

① 2015年11月7日，杨士莪于哈尔滨寓所接受笔者采访时所说。

1961 年夏，杨士莪夫妇终于搬进了学院分给的筒子楼宿舍里，结束了因为没有住房，夫妇俩寄居在叔叔家、长子寄养在南京爷爷家的两地生活。虽然只是二十平方米的“蜗居”，但夫妇俩终于有了属于自己的“家”。

这时的杨士莪已是一名“肉蛋干部”。1962 年 4 月，杨家再添新丁，杨士莪的次子出生了。谢爱梅因为整个孕期和产后都营养不良、身体虚弱，杨士莪的二婶特意送来一只家养的小公鸡给谢爱梅滋补身体，但这只鸡从出生起就几乎没见过一粒粮食，全靠自己在外面找食草籽，精瘦无比，杨士莪甚至将它炖熟后剁成肉末，也依然嚼不动。他给次子取名杨本坚，在物质条件极度贫乏的年代里降生，能够“坚强”地活下去，成为杨士莪对孩子的最大祝愿。苦难磨炼人，也造就人，对杨士莪而言，这种磨炼只是刚刚开始。

具有开创意义的哈军工，在她把肩负国家命运视为己任的时候，政治风云的变幻莫测却成为她意想不到的束缚。教学与运动的斗争浪潮，一直持续到哈军工时代的最后一刻，在此期间，杨士莪也不得不被裹挟着前行。

1964 年 9 月，全军院校在长沙召开政治工作会议，在一百多所院校中，哈军工等四所院校成了“不突出政治”的“黑样板”，院长刘居英和政委谢有法因此成为会议的中心人物，在会议上遭到批判，被要求一再检查“不突出政治”。随后，总政治部派“大员”到哈军工“整顿”，动员全体干部抓学院内的“大鲨鱼”，到农村“上阶级斗争的主课”。

早在 1961 年，哈军工由中央军委直接领导划归国防科委领导。国防科委认为，哈军工与归属国防科委的地方院校“任务相同”，体制也应一样。于是在 1965 年 9 月，下令将哈军工“改制”为地方院校。1966 年 4 月 1 日，对哈军工而言是一个特殊的日子。在这一天，哈军工所有的干部、教员、学生，在校园里默默地摘下了代表着军人身份的帽徽和领章。哈军工正式退出军队序列，全院军人集体转业，学校改名为“哈尔滨工程学院”。

当杨士莪收到学院集体转业的消息时，他正在青岛参加六一三厂的“声呐无线电浮标”的海试。一夜之间，他结束了16年的军人生涯，成为一名普通百姓。杨士莪生性自由随性，虽然他并不特别喜欢拘谨的军队生活，但当他默默地摘下帽徽和领章时，心中还是充满了不舍和无奈。

改制使学院元气大伤，部分办学资源被并入第二机械工业部、第三机械工业部等单位。除刘居英留任院长兼党委书记以外，学院其他领导多被调走。学院的学科力量被大大削弱，所幸杨士莪所在的海军工程系并未受太大影响，教学与科研力量并未流失。

从1960年杨士莪返回哈军工，到1966年哈军工退出军队序列而成为地方院校，历经六年时间的摸索与建设，几乎凝聚着杨士莪等师生全部心血与希望的水声专业已经初具规模。在汹涌的政治浪潮下，面对未卜的前途，杨士莪对自己说：“遇到发愁的事，如果你认为发愁有用，也不妨发一会愁；但实际上发愁什么用也没有，所以不如干脆不理它算了。”

第七章 风雨兼程

第一节 山雨满楼

一、“苏修特务”的改造

刚刚脱下军装的杨士莪面对突然改制后的学校，还未及梳理、规划自己未来的教学、科研工作，一场轰轰烈烈的“文化大革命”接踵而来。像当时很多知识分子的遭遇一样，杨士莪很快被“文化大革命”这只巨手推入了人生谷底。回想当年的经历，杨士莪想起了早年翻看《儒林外史》时，作者吴敬梓在小说的“楔子”中所描述的场景：“王冕左手持杯，右手指着天上的星，向秦老道：‘你看贯索犯文昌，一代文人有厄！’”讲的是王冕夜观天象，看到牢狱星“贯索”冒犯文魁星“文昌”，于是作者借王冕之口发出了“一代文人有厄”的叹息。

“一代文人有厄”，杨士莪认为这是对自己在“文化大革命”中的经历和他在那个时代所见所闻的最恰切的描述。

“文化大革命”风暴很快席卷到哈尔滨工程学院，“军工红色造反团”群起“造反”，对学院领导和各部、系及基层领导干部进行批斗。学院被迫停课，各级党组织完全瘫痪。教员、学生或异常亢奋，或战战兢兢，或无所事事静观其变，每个人都意识到了这场风暴对各自命运的影响。

1966 年秋的一天，一位教员找到正赋闲家中做手工活的杨士莪说：“杨老师，有人在校内贴出了你的大字报！”

其实，此前杨士莪就已经听说了有人动员师生将自己抛出来批斗的风声，经历多次“运动”，看到昔日的领导、同事纷纷被打倒，杨士莪也为自己即将被抛出来成为“运动员”做了一些心理准备。尤其是当他看到系里参与舰艇核动力装置专业创建的同事陈宽被红卫兵押着、敲锣游街挨批斗的情景，也静待自己的挨批之日。陈宽是系里的业务骨干，为人敢说敢干、性情耿直。杨士莪心想：这样的教员都被游街批斗，有人贴出要打倒自己的大字报，还有什么可奇怪的？

但很快，那张大字报被一墙又一墙新的大字报所覆盖，这次总算有惊无险。事后回想，究其原因，杨士莪觉得一方面随着当时形势的变化，红卫兵集中精力打倒校领导、系领导等“当权派”，对一些教授、副教授暂且搁置一旁；另一方面也得益于自己平时在系里直爽友善的性格。所以，在“文化大革命”最初的两年里，杨士莪一直处于“候补待批”的状态。

直至 1968 年，当运动发展到“清理阶级队伍”阶段时，当时黑龙江省革命委员会的负责人提出：“哈军工特务有一个营，阶级敌人绊脚。”于是，学校副处长以上干部、副教授以上教员，除一人以外，全被揪出来批斗。1968 年 5 月，杨士莪因为负笈苏联的经历，作为“苏修特务”被关进了“牛棚”隔离批斗。他白天参加修暖气道、砌院墙等劳动“改造”，晚上学习《毛泽东选集》中的《敦促杜聿明等投降书》等文章，并由红卫兵看押，以防逃跑或自杀。

虽然杨士莪自己身处困境、自顾不暇，却仍然对那些打人的红卫兵抱有宽容、同情之心。因为那些红卫兵大多是学院里的学生，其中虽不乏激进极端、残酷无知者，但迫于无奈者也不在少数。忆及当年情景，杨士莪说：

> 不少打人的学生也是被迫的，如果对于我们这些“牛鬼蛇神”同情或宽大，那他们不就成了“小牛鬼蛇神”吗？同样要挨批斗。而且被安排看管我们的红卫兵基本是我们没有教过、马上就要毕业的学生，看押我们后马上就要毕业分配了，学生自己的思想负担也轻一点。我曾亲耳听到有学生私下发牢骚说：

“让我们干这种事，跟打手有什么区别！”这些学生在最有创造力和求知欲的时候，被耽误了，实在可惜！①

对于和杨士莪一样处境的人们而言，在法律、尊严被践踏在地的特殊时期里，挺住，能够活下去，意味着一切。

此时，杨士莪的家人也在凄风苦雨中苦苦支撑。1968 年 4 月，杨士莪的三子出生。孩子尚未满月，杨士莪就被关进“牛棚”、隔离批斗。此时已调到中学任教的谢爱梅也差点儿因为海外关系被批斗，幸亏该中学“造反派”中有位领导说了句：“批斗谢爱梅怎么能叫‘稳、准、狠’呢？”一句貌似平常的反问，却让谢爱梅如蒙特赦，她因此侥幸逃过一劫，免受批斗，带着三个孩子，依靠微薄的工资艰难度日。谢爱梅为三子起名杨本昭，“昭”为“彰显、光明”之意，母亲希望这孩子能像黑暗中的一抹光亮，为家庭带来希望和光明，希望丈夫能早日得以平反，一家团聚。

杨士莪远在南京的父母也难逃此劫。打倒“反动学术权威”的“红色浪潮”也将南京工学院冲击得天翻地覆。各地古建筑作为“四旧”遭到空前破坏，南京工学院建筑系留存的图纸变成了“四旧垃圾”被付之一炬，建筑学被认为是“伪科学”被取缔。作为国内建筑界数一数二的权威，时任南京工学院副院长、教授的杨廷宝在劫难逃，被戴上了“反动学术权威”的帽子，下放劳动。

杨士莪为了不让在困境中的父母担心自己、徒增二老烦恼，对被隔离批斗之事绝口不提；父母为免杨士莪担心，也只是对他报喜不报忧。一家人虽分隔两地、饱受磨难，但都互相支撑、遥相慰藉。

后来，有位友人与杨士莪聊起“文化大革命”中的遭遇时说：“塞翁失马，焉知非福。在当时的形势下，你如果不作为‘苏修特务’被批斗，就得作为‘反动学术权威’。如果罪名是‘苏修特务’，将来随着落实政策，容易一风吹；但如果作为‘反动学术权威’的话，因为你难免说过些错话、做过些错事，将来落实政策时，反而

① 2015 年 11 月 7 日，杨士莪于哈尔滨寓所接受笔者采访时所说。

难以彻底。”杨士莪后来的经历也证明这位友人的分析不无道理，在当时的政治形势下，两害相权取其轻，“苏修特务”这项罪名的帽子对杨士莪而言，已是一大“幸运”了。

1970年2月，家庭合影（前排右二为杨廷宝、前排左二为陈法青、后排左一为杨士莪、中排左一为谢爱梅、中排居中为杨士莪长子、前排左一为杨士莪次子、前排居中为杨士莪三子）

二、北大荒上的“边宣队”

1969年春节前的一天，杨士莪“获准”结束隔离审查，可以回家了。

除了三子出生以外，这是杨士莪在几年中难得听到的好消息。在被隔离审查期间，他一直心里有底：作为一名科技人员，自己恪守本分、一心为国,“苏修特务”这项莫须有的罪名迟早都会被洗刷。尽管只是走出“牛棚”，并未彻底撕去“牛鬼蛇神”的标牌，但杨士莪仿佛赢得了与自己打的一个赌，他感到前所未有的轻松与欣喜。

因为并未查出实质性问题，杨士莪作为“苏修特务”被隔离批斗九个月后，终于重获自由。虽然他随即进入“牛鬼蛇神学习班”，学习毛主席著作，以继续改造思想、检讨“错误”，但终于可以与家人团聚，因此稍感宽慰与安心。

五个月后，黑龙江省革命委员会组织“赴边疆毛泽东思想宣传队”（简称“边宣队”）到边疆县乡宣传毛泽东思想，帮助基层整党建党并参加农业生产劳动。学院组织数百名教工参加了边宣队。其中，杨士莪、惠俊英、高永光、汤渭霖、陈锦澄等海军工程系水声专业教员被派往位于黑龙江省东北部的富锦县。

政治风云瞬息万变，人事沧桑白云苍狗。杨士莪等三人来到富锦县大榆树人民公社福来大队，一个让杨士莪感慨的、充满戏剧性的转折是，前一天他还作为“牛鬼蛇神”学习毛主席著作、改造思想，后一天他就作为革命知识分子下乡工作组的一员，向老乡们宣传毛泽东思想了。

富锦县位于世界三大黑土带之一的三江平原腹地，黑龙江、乌苏里江、松花江浩浩荡荡在此汇流，沃野千里，坦荡如砥。富锦县所在的广袤的“北大荒”，新中国成立前沼泽遍布、人烟稀少。新中国成立后，经过人们十余年的屯垦戍边，这里粮食生产基地的雏形已初现，有“捏把黑土冒油花，插双筷子也发芽”的美誉。

杨士莪虽然已在东北地区生活近二十年，但此前主要生活在城市中，还从未如此亲近地置身在这片粗犷的黑土地上。当时的生活条件虽然很艰苦，但他政治上的压力明显减轻，而且与一群思想单纯、直率豪爽的老乡们在一起，他的心情也舒畅了很多。

杨士莪、惠俊英、高永光和当地的六位老乡组成“毛泽东思想宣传队福来大队小组”，在宣传毛泽东思想的同时，主要负责调整由支部书记、生产队长等村干部组成的基层班子，业余参加生产劳动。他与老乡们同吃同住同劳动，过起了面朝黄土背朝天的农村生活，锄草、收割……曾经习惯拿粉笔的手拿起了镰刀与锄头，劳累的农活让他过得简单而充实。晒得黝黑的皮肤，嘴里的旱烟叶子烟锅，使他俨然成了一位地道的农民。

山冈上生长着不少红皮云杉，这种终年葱绿的树适应性强，在中国东北地区分布广泛。正像这些云杉一样，杨士莪的适应性极强，无论是异国的研究所、学院里的教研室，还是没有人身自由的“牛棚”、老乡们的田间地头，杨士莪平和达观的性格使他能屈能伸，适应各种环境。昂头是为了吸收正面的能量，低头是为了避免危险的冲撞。能屈能伸，方能顺利长远，这种性格无形中也成了他在那个特殊的年代里，对自己的最大保护。

三、时穷节乃现

1969年年底，在福来大队工作了七个月后，杨士莪接到命令结束边宣队工作，返回哈尔滨。在哈尔滨等待着他们的，是又一场改变学院命运的巨大变故。

原来，学院于1970年年初接到国防科委“分建”的指示，根据分建方案，空军工程系划归第三机械工业部，迁往位于西安的西北工业大学；原子工程系划归第二机械工业部，与哈尔滨工业大学的相关专业合并后，迁往重庆组建重庆工业大学；电子工程系、火箭工程系、电子计算机系、基础课部和院直属机关等，划归第七机械工业部，内迁到长沙成立长沙工学院（今中国人民解放军国防科学技术大学）；杨士莪所在的原海军工程系划归第六机械工业部，内迁地点初步定在武汉，但因故迟迟未能成行。

除海军工程系以外，原哈军工各系纷纷奔赴内地，再踏创业艰辛旅程。校园内一片搬迁景象，一列列装满教具、物资、人员的专列从哈尔滨开往各地。杨士莪回到学校后，与教研室的教员们一起一天到晚在实验室钉箱子、打包装，准备搬家。但整个海军工程系和部分机关人员一直在哈尔滨留守，师生员工在前途未卜的惶惑中待命。

1971年9月，海军和第六机械工业部调原七机部第三研究院院长林毅少将（1917—2000）来学院主持工作。面对学院的校址、校名、校舍、学校性质、办校方向和任务、专业设置等重大问题悬而未决，筹建工作步履维艰的情况，林毅提出学院建设要“边建边干，立足就地办学，确保当年招生”。1972年，学校开始招生，果断地迈出了立足原地办学的第一步。1975年，经第六机械工业部批复，学院正式定名为哈尔滨船舶工程学院。到1978年时，学院逐步发展为包括水声工程系、舰船工程系等八个系部、十余个本科专业及水声传播等七个硕士点的规模，被国务院确定为全国重点大学，开启了抢抓机遇、在困境中崛起的创业历程。杨士莪等学院教师又有了教学与科研事业的“大本营”。1994年，哈尔滨船舶工程学院更名为哈尔滨工程大学，后进入首批“211工程”建设高校、国家“985工程”优势学科创新平台项目建设高校行列。学校现隶属于工业和信息化部，是中国“三海一核”（船舶工业、海军装备、海洋开发、核能应用）领域重要的人才培养和科学研究基地。

回首前尘，杨士莪说道：

纵观我的一生，客观地讲，我应该承认自己的幸运。虽然我也挨过批判，受过挫折，但对我来说，那些相当于小树成长过程中的修剪。有时候反面教育的教学效果也许比正面教育的效果好。小孩不摔跤就学不会走路，只是不要摔完跤爬不起来就行。人的一生不能一帆风顺，没受过挫折、没经历失败的人也成长不起来。正像孟子所说的：“故天将降大任于斯人也，必先苦其心志，劳其筋骨，饿其体肤，空乏其身，行拂乱其所为，所以动心忍性，曾益其所不能。”人们要受到各种各样的考验和锻炼，我们要正确地认识这些挫折和失败，然后吸取经验教训来改造自己、提高自己。①

自20世纪70年代起，正是很多国家在深化第三次工业革命中经济起飞或持续发展的时期。但由于“文化大革命”的影响，中国

① 2015年11月7日，杨士莪于哈尔滨寓所接受笔者采访时所说。

与发达国家之间的差距被拉得更大，失去了一次发展机遇。这场由文化领域发端的“大革命”，对教育、科学、文化的破坏尤其严重，影响极为深远，在较长一个时期内造成了文化、科技和人才断层。它从反面为国家建设提供了历史借鉴。正如邓小平所说：“我们根本否定‘文化大革命’，但应该说‘文化大革命’也有一‘功’，它提供了反面教训。没有‘文化大革命’的教训，就不可能制定十一届三中全会以来的思想、政治、组织路线和一系列政策。”①

时穷节乃现，一一垂丹青。杨士莪一直很欣赏曾与他一样被批斗的“白专典型”、后来成为哈尔滨工程大学终身荣誉教授的戴遗山对“文化大革命”遭遇的认识。有一次，一位友人与戴遗山聊起当年被揪斗、批判的经历，友人问他如何看待“文化大革命”期间被批判斗争的经历。戴遗山微笑着轻描淡写地说：“就像演戏时，被指派当反面角色，要注意演好自己承担的角色，反正卸妆以后，原来是什么，还将是什么。”

杨士莪对此很赞同。对自己和未来的信心及达观顺变的人生态度，使杨士莪面对一代人的厄运，能够走得更加泰然平顺。

第二节 “东风”借力

一、命运的笑脸

1970年上半年的一天，杨士莪正在实验室钉木箱，以备搬迁时装实验设备和教学器材，因为停课，实验室里早已没了学生，只有

① 邓小平：《邓小平文选（第三卷）》，北京：人民出版社，2001年，第272页。

一些教员与杨士莪一起，每天上班一样按时来到实验室钉木箱。眼见其他院系一个接一个装箱上车，远赴内地，而原海军工程系的去向，却一直迟迟没有确定的消息。

杨士莪早已在几年的风浪中颠簸得身心俱疲，他迫切希望能够早日结束这种“折腾”的局面，有朝一日重拾自己的专业，能够投身到科研与教学中。

“杨老师，系领导让你到办公室去一趟。”一名教员的话打断了杨士莪的思绪。杨士莪赶忙起身，来到办公室。

系领导开门见山地说：“最近，国防科委派人来咱们学院调研承担 718 工程 27 分系统的可行性。国防科委已经进行过调查摸底，也到人事处查看了相关教员的档案，现在想将这个任务下达给我们。虽然你在政治方面还存在问题，但这正是党给你的一次机会，同意你参加承担此项科研试制工作，如何进行你可以考虑一下。”

从刚开始了解“718 工程”是什么、“27 分系统”需要完成什么任务时，杨士莪就预感到这将是一项规模宏大、对国家意义重大的工程。尤其是听到可能参与此项意义重大的科研任务的消息，杨士莪真是惊喜交加，他没有想到，命运会在他生命中最晦暗无光的时候，向他露出了笑脸。

历史巨幕似乎向杨士莪和学院水声教研室的同志们敞开了一道细缝，让他们看到了一线光亮，不必再浑浑噩噩地混日子，终于可以认真地干点有意义的工作了。可以说他们“无比幸运”，因为当时正处于“文化大革命”期间，国内政治运动频繁，很多地方都陷入一片混乱，而杨士莪和他的同事们在国家力量的保障下，他们的鼎盛春秋没有被继续浪费下去，而是参与到一项国家工程中，并在战斗中迅速获得提高和成长。所以，杨士莪等水声专业的教员们满心欢喜地投入新的战斗中了。

二、投身研制“东风五号”海上落点水声定位系统

杨士莪等即将投身的就是中华民族创建的辉煌伟业、举全国之力发展的“两弹一星”事业中的一部分——为我国自行设计研制的“东风五号”洲际弹道导弹全程飞行实验研制“海上落点水声定位系统”。

“以核制核”、打破核垄断，是新中国的缔造者们从国际政治、外交和军事博弈中得到的启示。当年诺贝尔奖获得者、法国科学院院士约里奥·居里以法国共产党员的身份让人转告毛泽东主席：“你们要反对核武器，自己就应该先拥有核武器。”20 世纪 60 年代，中国第一枚近程导弹、第一颗原子弹、第一颗氢弹相继成功试射，并决心发展洲际弹道导弹。

1964 年，在中央领导下，钱学森①主持制定了 1965 ～ 1972 年《关于地地导弹发展规划》。按照这一规划，中国将在八年间研制出“东风”系列改进型中近程导弹、中程导弹、中远程导弹和洲际导弹共四种型号的地地导弹。1965 ～ 1970 年，前三种型号导弹先后研制成功。虽早在 1965 年，就已开始洲际导弹的前期研制工作，但“文化大革命”使这项工程面临重重困难，直到 1969 年年底，初步满足设计要求的初样才研制出来。在杨士莪等接到研制“东风五号”全程飞行实验“海上落点水声定位系统”任务的同时，这枚中国第一代洲际导弹正在紧锣密鼓地进行地面实验。

导弹全程飞行实验检验洲际导弹飞越千山万水，能否将弹头准确地运载到打击目标，具有实战性能和准确的命中率，必须要求有足够的空间距离来完成。全程飞行实验同时也是洲际导弹定型的一个重要条件，是整个导弹实验的最高潮，但实验距离应在八千千米

① 钱学森（1911—2009），世界著名科学家，中国载人航天事业的奠基人之一，中国科学院、中国工程院院士，“两弹一星”功勋奖章获得者。1991 年，国务院、中央军委会授予钱学森“国家杰出贡献科学家”称号，他是迄今为止唯一获此荣誉的科学家。

以上，超过中国陆地国土范围，因而靶场只能选在公海大洋海域。

“718 工程”27 分系统就是指为“东风五号”测定落点位置和入水时刻的“海上落点水声定位系统”，是一个由十一个分机（子系统）和多个重大课题组成的复杂系统。

虽然国内当时科研、教育事业都已遭到了巨大破坏，杨士莪所在的原海军工程系的水声专业早在几年前就停止了教学、科研活动，但是教员队伍基本没有散失，科研基础犹在，是国内这个领域的最佳选择之一。27 分系统属于零星的非标准工程，国内当时又缺乏相应技术储备，有的单位不愿意领受此项任务，国防科委于是找到了原哈军工的水声专业。

正是在这样的背景下，历史选择了杨士莪和水声专业。

三、方案初定

准确测量弹头落点位置、落水时刻，打捞数据舱是全程飞行试验必须解决的两个关键性问题。弹头在海上的落点位置和落水时刻，是考核导弹射击精度的两项关键指标。“海上落点水声定位系统”相当于在茫茫大海上铺就一张隐形“靶纸”，以准确测出弹头的落点位置与落水时刻。在浩瀚的大海上想建立一个如此精确的标尺，谈何容易？

美国的洲际导弹从发射区、航区到落区，有很多自己控制的岛屿，跟踪测量设备就安装在沿途这些岛屿周边。因此，美国采用在岛屿附近、海底布设声呐阵的方式，用声呐阵进行导弹落水位置和落水时刻的测量。而中国限于客观条件，国外的靶场技术没办法照搬，所以科研人员必须想办法开发出自己的、便于使用的系统。

杨士莪与同属水声专业的张均民、夏奎耀、姚兰、惠俊英、田坦等组成了 27 分系统的总体组。作为总体组组长，杨士莪是技术抓总负责人，需要敲定总体方案、设定分机技术指标及协调各成员单位的工作。从制订实验方案到组织调试器材，他既是这个分系统的总设计师，又是项目的大管家，更是其中的实施者。学校出于对杨士莪“苏修特务”经历和“政治可靠性”的考虑，将他的身份在“总体组组长”和“副组长”之间反复过几次，尽管他时常要面对“干活时先找你，出问题先抓你”的困扰，但他始终是实际的技术主帅。

虽然杨士莪也是首次接触这个任务，但中苏联合南海考察及后来多次海上试验的经历，使他有信心带领大家完成此项任务。

千头万绪，从何入手？

杨士莪心想：导弹落水的时候，总会“扑通”一响，暴露其落点和落水时刻。循“声”而去，就可完成“落点水声定位系统”。要想完成这个任务，只需解决两个问题：一个是知道导弹溅落声是什么样的；另一个是应该采取何种手段，获得目标落水点及落水时刻的声信号。也只有解决这两个问题，才能确定总体方案、研制仪器设备，并通过反复试验，最终完成系统研制。

项目组从研究高速物体击水声信号入手，但由于保密原因，718工程总体单位不可能给出洲际导弹末弹头的体积、形状、击水角度与击水速度等准确数据。因而只能通过理论分析与模拟试验，去估计将来可能的信号，使研制系统最大限度地接近洲际导弹落点测量的实际需要。

大家在实验室水池、水库、海上等不同水域，用手枪、步枪、机枪、炮弹、火箭弹等进行击水声试验，通过成百上千次高速弹头击水声音的测量，并结合理论分析归纳出“高速物体击水声经验模型”，从而为总体方案的制订提供了初步依据。

至于如何采集这个声音，根据已有的经验，最初大家都同意采用“水面浮标式无线电定位方案”，即利用分布在海面上的浮标，当各浮标上的水听器收到弹头击水信号后，由无线电设备传送到工作母船，最终在母船上借助电子计算机的计算，得到弹头击水时刻和落点位置，并显示在终端屏幕上。

四、实验受挫

经过四个多月的准备后，1970 年 7 月的一天，杨士莪带领研制组的三十多人，乘坐海军舰船，驶出海南岛榆林港，来到南海进行 27 分系统第一次海试。

海上无风三尺浪，几艘护卫舰在祖国海区颠簸前行。站在甲板上凭栏远眺，杨士莪感到重新投身到已经荒废四年的水声科研中的欣喜。但是，实验的挫折接踵而至。当一个个浮标被放到了海面上，试验弹爆炸后，由于种种干扰，浮标系统却无法精确地测出爆炸点位置。

实验受挫，作为总体组组长杨士莪的压力可想而知。问题究竟出在了哪里？大家陷入了冥思苦想。经过进一步研究，大家认识到浮标受海况影响很大，飘忽不定，本身就需要随时定位，而且所选择的无线电转发频率不合适时，还受到海面无线电杂波的强烈干扰。

问题找到了，该如何解决？

杨士莪将大家召集起来，安慰有沮丧情绪的同志说："实验的目的在于验证原有的设想，证实了原来的设想固然可喜；但如果否定了原来的设想，未必就是失败，毕竟我们证明了浮标方案的不可行，这也是一项进步。现在的关键问题是，我们下一步应该选择怎样的方案。"

在大家议论纷纷中，一位年轻的实验员同志大胆地提出采用"坐底声呐"的方案。

坐底声呐是一种放置在海底的声呐，它接收到外部声信号后，将信息转发给水面母船，以完成水下导航或水声测量等任务，属于一种长基线水声定位法。其实，坐底声呐是早前大家讨论总体方案时，因对深海环境不了解，担心不把握而被排除掉的选项。使用坐底声呐需要考虑到海底环境、接收信号向母船传送的途径以及海水压强等多种因素。

"'浮标方案'的失败是因为海浪的影响，如果将声呐设备沉入海底，那设备的位置就可以固定不变，声呐收到爆炸声信号后再转发到母船上来测定弹头的落点，许多干扰因素将可被排除。坐底声呐有自己的独特优势，而它的'劣势'是处在我们所陌生的深海环境中，这个劣势能否通过深入的研究和实验来解决呢？"杨士莪陷入了思考。

作为总体组组长，除了拥有智慧和经验以外，尤其需要敢于创新、敢于拍板的胸怀与气魄。人们提出建议表现了勇气，而对于杨士莪来说，采纳这个建议并拍板决策，更需要勇气。提出观点是一回事，决策拍板又是另一回事。前者可以各抒己见，后者却需要最后承担责任。

"我们可以试试'坐底声呐'方案。"杨士莪一如既往，缓缓地说道。

在回顾27分系统研制过程时，杨士莪曾说：

> 自中苏关系破裂后，中国发展科研事业始终强调独立自主、立足国内。研制27分系统还是在"文化大革命"期间，整个国内生产秩序比较乱，我国电子技术的水平也不高，元器件性能不稳定，中、小规模的集成电路性能很差，而分系统指标要求又相当高。
>
> 比如，当时国内坐底声呐电池的"体重"达到3吨左右，并且电路的耗电量也大，海上操作困难；而国外的坐底声呐包括电池在内，可以只有3千克左右、热水瓶大小，只不过我们的坐底声呐在个别功能上比别人强一些。再比如，当时我们所采用的电子计算机，要有两个衣柜那么大，而国外同等功能的只有现在台式机的大小。当然，改革开放以后，我们国家工业有了很大发展，20世纪90年代，我到俄罗斯访问，他们的一个水声设备要放到一百多平方米的房间，我们的设备却只有四五个机柜大小，设备的稳定性和可靠性同时也成倍增加。

2009年，俄罗斯和乌克兰来我国参观集成电路的情况，人家很赞叹，说："我们合作吧，换能器我们来做，电子部分全交给你们做……"

但在研制"27分系统"的20世纪70年代，如何用国产的元器件，在国内进行加工制造，又要保证必需的性能指标，真有点像用"泥巴"和"稻草"盖房子，想达到和国外用"钢筋"和"钢化玻璃"盖房子一样的效果，这在当时是一个很大的技术难点。

通过这项工作，我们获得了很大锻炼，而且通过与工厂的合作，也学到了不少东西。开始的时候，我们的同志到工厂去，总觉得工厂有些做法的思路不好理解。譬如说一个器件，如果性能是1，为了保险起见，用到整体性能的6分、7分总该是可以的，但是工厂只用到3分、4分。这是由于当时的电子元器件性能很不稳定，虽然采取了老化、筛选等一系列的技术措施，但为了使得做出来的元器件性能比较稳定可靠，保险系数就必须留得足够大。

又譬如我们初次出海，要往水下吊设备，心想吊1吨的东西，钢丝绳的拉断应力取个3吨、4吨，保险系数够大了吧！一到海上，人家舰员就说："你这个钢丝绳能管1吨？1吨的东西，你要安全地吊放回收，钢丝绳的拉力至少得保证10吨。"实际情况也确实是这样，吊放时特别是出入水的时候，因为船在摇摆，会产生附加重量，因此钢丝绳的承重力会很大。

类似这些事情，我们开始干的时候，都没有经验，通过实际工作，我们的同志学到了不少东西，得到了很好的锻炼和提高，在以后承担其他科研任务时，这些经验仍将是十分宝贵的。①

① 蒋辉：《声波在大洋下纵横——杨士莪院士访谈》，载于《舰船知识》，2006年第1期。

五、正入万山圈子里，一山放过一山拦

杨士莪带领研制组重新制订实验方案，根据实际要求，该坐底声呐需要至少能耐 200 个大气压才能满足在 2000 米深水域内使用的条件。为了使声呐耐压、密封，他们借鉴大庆采油工程中用无缝钢管的经验，用高压气瓶制作了压力罐，进行设备耐压试验。

在完成坐底声呐试验样机后，问题接踵而来——当坐底声呐投放到数千米深的大海中时，它并非垂直降落，而会受到横向力的作用倾斜下降，如何确定它准确的落底位置？

杨士莪的大脑飞速旋转，一个“盲目投弹法”渐渐成形——当坐底声呐沉入海底后，在其可能的位置周边海域随机投放若干声弹，记下各声弹爆炸点的地理位置，并在母船上接收坐底声呐收到爆炸声后转发的信号，通过一定的解算程序，就可求得该坐底声呐在海底的地理位置。

1971 年 5 月，杨士莪和同志们重整旗鼓后再战南海。这次 27 分系统的“271 坐底声呐”“272 声呐无线电浮标”“273 无线电接收机”“274 测距仪”四个分机由试验样机参试。此行目的是验证坐底声呐的可靠性并获得首批深海数据。

实验开始了，众人将坐底声呐投放入海，等待这个“大家伙”在海中悠悠着底，进入工作状态。接着，一枚枚手榴弹在海水中陆续爆炸。每爆炸一次，示波器上的信号就跳动一次。这是坐底声呐发自海底的信号，它像个听话的孩子，在一声又一声地应答着手榴弹爆炸的呼唤，报告着自己在海底的精确位置和排列阵形，仿佛大声而清晰地说：“我在这里！我在这里！”

“盲目投弹法”初战告捷。向海底投放坐底声呐是为了测定导弹的落水时间和地点；坐底声呐的位置又反过来通过海面的爆炸声来测定——这种“反弹琵琶”的妙法，正是杨士莪用科学的头脑成功地实现了科学上的艺术创造！

这次南海实验验证了坐底声呐的可靠性。研制组决定将采用坐底声呐的长基线阵水声定位法作为27分系统的首选方案。

1974年，27分系统第三次在南海实验，进行系统联调。包括杨士莪在内的团队成员们，似乎终于可以睡个好觉了。杨士莪后来忆及此事时说：

> 采用坐底声呐方案，破除了我们此前对深海水声设备的怀疑和迷信。这件事也告诉我，要正确对待已有的知识，而不要被经验所限制，要想有所创新，必须打破对原有条条框框的迷信束缚，敢于试探新的领域。任何创新的科研工作，都不可能是一帆风顺的，只有树立坚定的决心和信心，并善于总结失败和挫折的经验教训，坚忍不拔、勇往直前，终能获得希望的结果。①

把一项工作当作职业和当作事业来做的精神状态是截然不同的。那种被压抑的创造力一旦迸发出来，就会源源不断地转化成真正想干一番事业的激情。海上实验，经常会出现各种各样意想不到的情况，让杨士莪倍感欣慰的是，每当遇到新问题，大伙一门心思、群策群力地想办法，那种为了一个共同目标竭尽所能的精神状态，给杨士莪四十多年前的记忆增添了很多鲜亮的色彩。

在实验过程中，有不少令杨士莪印象深刻的小插曲。有一次，研制组做关于坐底声呐的海试，前一天还很顺利，但第二天一大早发现用来转发坐底声呐信号的无线电浮标不见了，只剩下一个用作系留装置的断锚。浮标丢了，这还了得！海军基地对此也很担心，派出直升机到海面搜索，但是在茫茫海面上寻找一个浮标，犹如大海捞针，谈何容易？

杨士莪分析浮标应答信号的强弱变化，并考虑当地潮汐和海流情况，初步估计浮标应该会向北漂。于是建议让船向北边开，果然发现浮标转发的信号变强了。但是究竟是正北，还是北偏东，抑或

① 2015年11月16日，杨士莪于哈尔滨寓所接受笔者采访时所说。

是北偏西？船上没有定向仪，该怎么定向？大家群策群力，一起想办法。一位小组成员找到杨士莪，欣喜地说："船上的天线附近有根烟囱，我们发现天线被烟囱一挡，在接收信号时就有了方向性。我们可以让船转一个圈，看在哪个方向上接收的信号最强，就朝那个方向去追！"

杨士莪当即拍板："就这么办！"于是，出现了一个有趣的景象：这条实验船开一段，停下来转个圈，一名工作人员报出实验船转的角度数，另一名人员同时报出信号强度，从而判断出浮标漂移的大致方向，船按此方向前进一段，再重复转圈测向，如此反复了数次，最终总算将浮标"捉拿归案"。

回想起当时的情景，杨士莪深有感触地说：

> 大家都想把事情干好，出了事都积极地在想办法。大伙心往一块想、劲往一起使，当我们自己把那个浮标捞上来的时候，不少人发出了胜利的欢呼，一颗颗悬着的心，也终于放下了。

"莫言下岭便无难，赚得行人空喜欢。正入万山圈子里，一山放过一山拦。"南宋诗人杨万里的诗句，恰如其分地表现出了科研工作就是不断与困难作斗争的哲学意味。

到1976年时，杨士莪带领研制组已按原定任务完成了总体方案和部分分机的试制工作。按照原定实验要求，本来坐底声呐能够满足2000米深以内水域使用的指标即可，但在执行任务前不久，上级决定导弹溅落海域海深改为5000米。这对于整个27分系统来说，意味着原定的坐底声呐方案被彻底推翻，要再次另起炉灶。

从接受任务算起，经过几年实践锻炼，数次突发状况考验，杨士莪等已经能够处变不惊了。针对提高的指标，在时间紧迫的情况下，研制组很快就提出了一套"应急方案"——船载水声测落点技术方案，即采用多船携带设备形成声接收基阵的定位方式，各船均装有定位系统，可以解决自身定位的问题，根据不同船上水听器收到的导弹落水声信号，联立解算出导弹落点位置和时刻。

对“应急方案”的评审由时任国防科委副主任的钱学森亲自主持，718工程大总体组部分成员参与。

杨士莪早就非常佩服钱学森的学识，在评审会上初见平易近人的钱学森，更感亲切。

钱学森详细询问了弹头落水声如何从水面到达接收的测量船只、传播时间如何计算等问题。杨士莪站在黑板前面，一边画示意图、一边进行解答。

钱学森若有所思、频频点头。等杨士莪回答完所有问题后，钱学森问道：“请问阁下尊姓大名？”

“我叫杨士莪。”两人相视一笑。

钱学森和718工程大总体组成员的评审结果认为：该5000米水深应急方案可行。

不久后，杨士莪专程赴京向钱学森汇报“应急方案”海上实验相关事宜。因为海上实验花费巨大，而国家正是经济困难的时候，钱学森问杨士莪：“海上实验是否可以从简？”

杨士莪回答：“虽然关于‘27分系统’的海试已进行过几次，但是‘应急方案’还未经过实验的验证，所以要向首长说明，海上会有各种突发状况，不经实验验证，就没有百分之百的把握。”

钱学森点头说：“我非常理解。那就安排应急方案的海试吧！”

杨士莪后来回忆与钱学森的接触时，感慨地说：

> 钱学森是一位真正的科学大家，不但学识令人佩服，而且非常好相处，非常平易近人，没有半点架子。

杨士莪尤其赞同钱学森对基础理论研究的重视。钱学森曾说：

> 我们重视基础理论的缘故，是因为对新科学、新技术的研究，是要在尚未完全开辟的领域里走前人还没有走过的道路，也就是去摸索，摸索当然不能是盲目的，必须充分利用前人的工作经验。可是在新科学、新技术领域里，前人的工作经验不会太多，因此我们只有更多地依靠一般的知识，也就是人类几

千年以来和自然界作斗争的经验，通过总结所得出来的自然界一般规律。[①]

杨士莪对此深有感触，他后来说：

创新只有在注入基础理论研究的原动力后，才能走得更远。工程要有所创新，还是要靠基础研究。基础理论研究是高校的优势，高校也更应该在这方面发挥长处。[②]

1979 年，杨士莪带领研制组四战南海，进行“船载水声测落点技术方案”的联调实验，证明了该应急方案的可靠性。

对于 27 分系统来说，已经万事俱备，只欠“东风”了。

第三节 春暖花开

一、特混船队远征

1980 年 2 月，中央专门委员会召开会议，听取“东风五号”洲际导弹全程飞行试验准备工作情况汇报，并对全程试验是否圆满成功提出了检验标准。

5 月 5 日，国防科委在西北导弹发射试验基地召开了“东风五号”导弹全程试验动员大会。时任国防科委主任张爱萍在会上作动员讲话：

这次试验是我们基地从开始建设以来意义最重大的一次，影响也是最大的一次。过去都是在国内进行的，这次全程试验是打到太平洋里去……它关系到我们的尖端科学技术的发展，

① 奚启新：《钱学森传》，北京：人民出版社，2014 年，第 361 页。
② 2015 年 11 月，杨士莪于哈尔滨寓所接受笔者采访时所说。

也关系到中华人民共和国的荣誉和军威……所以这次任务，我们一定要精心组织，精心指挥。大家同心协力，全力以赴，兢兢业业，通力合作，互相商量，周密细致，保证我们的任务万无一失地取得圆满成功。①

钱学森在会上深情地说道：

二十年以前，我们着手试验第一枚近程导弹时，陈毅副总理曾经对我说过这样一句话："你们的导弹上去了，为国争了气，我这个外交部长出去，腰杆也就硬了。"60年代初，我们的近程导弹上去了，为祖国争了气；今天，我们的远程导弹也要上去，为祖国再次争光。洲际导弹掌握在帝国主义手里，便会成为他们称霸的资本；掌握在中国人民手里，便会成为世界和平与安全的保障……从这个意义上讲，我们每一位参加研制、生产、试验的科学工作者、工程技术人员、工人以及解放军指战员，都是世界和平的保护神！②

1980年5月9日，新华社受权向全世界发布公告：

中华人民共和国将于1980年5月12日至6月10日，由中国本土向太平洋南纬7度零分、东经171度33分为中心，半径七十海里③圆形海域范围内的公海上，进行发射运载火箭试验。中国舰船和飞机将在该海域进行作业。为了各国过往船只和飞机的安全，中国政府要求有关政府通知本国船只和飞机，在试验期间不要进入上述海域和海域上空。④

1980年4月27日，在新华社发布公告的十余天前，执行"东风五号"导弹海上测控任务的中国航天远洋测量船队，在中国海军护航舰队的护送下，从上海吴淞口出发，浩浩荡荡向南太平洋驶去。杨士莪因为有其他任务，未能亲随船队，由27分系统总体组成员、杨士莪的同事夏奎耀带领十六人组成的水声测试小组出征。

①②④　奚启新：《钱学森传》，北京：人民出版社，2014年，第555-557页。

③　1海里=1.852千米。

这是中国历史上第一支远征南太平洋的特混船队。全船队共有十八艘各类舰船、五千余众。由海军第一副司令员刘道生亲自率领。5月8日，中国特混船队首次跨越赤道，进入南半球，到达试验区域，这也是中国海军首次跨越赤道。

在洲际导弹飞行实验中，中国航天远洋测量船队驶向南太平洋时的情景

水声测试小组参试人员、杨士莪的同事惠俊英回忆当时的经历时说：

> 十八艘战舰编队浩浩荡荡地驶出舟山港，开始执行导弹全程试验任务。我站在落点项目试验指挥舰的甲板上远眺，青山绿水，一眼望不到头。我却无心欣赏眼前的美景，只感觉肩上的压力愈加沉重。我所负责的导弹落点水声定位系统由六艘船的水声无线电信标组成，各船与落区指挥舰的无线电作用距离至少达到四十公里，才能将全部数据送到落区指挥船实时解算出导弹落点位置。由于种种原因，当时集成的水声系统在预演试验中无线电作用距离只达到二十公里。任务不等人，此刻已经踏上了前往太平洋的远航征途，四十公里像是四十吨的重担在肩头。我们利用六艘船在编队中的远近不同距离进行无线电

通信距离试验。调试功率与天线的匹配，调整功放电子管的电压状态，反复更换半波馈线或四分之一波长馈线。一路上狂风恶浪，舰船摇摆有二十度大。因为一心沉在设备上，倒也不觉晕船，但心中愈加烦恼。虽经十分努力，无线电作用距离仅增加了微不足道的几公里。我们通过检查六艘船的天线，无线电的作用距离增加到三十五公里，但还是差了五公里。这时，一名帆缆兵突然冒了一句："还有天线座没有查呢！"我心中一震，立刻检查天线座，发现接地金属片竟然涂上了所谓防腐的绝缘漆，天线接地片导电状态不好，当然不能有效辐射电磁波。指挥部立即下令各舰船擦洗天线接地片。再次开机，水声系统无线电数据链通信距离超过了六十公里，性能远远高于预计的四十公里指标，我心中的石头终于落了地。这次试验经历使我认识到一项复杂任务的失败也许往往是 ABC 的简单失误……[①]

二、首战告捷

1980 年 5 月 18 日北京时间 10 时，西北导弹发射试验基地发射场指挥员一声令下："点火！"在震撼大地的轰鸣声中，"东风五号"拔地而起，直上云天，乘风而去。从中国本土到南太平洋，各地面测量站和测量船，张开大网，密切注视着它的飞行状况。"东风五号"射程 9070 千米，以平均每分钟 300 千米的速度飞行进入大气层后以重力加速度溅落太平洋，中途飞行 29 分 57 秒。

对于早就在溅落区严阵以待的水声测试小组成员们来说，这 29 分 57 秒真是漫长的等待。六艘担负弹头入水测量和回收打捞任务的舰船已在方圆长 120 千米、宽 60 千米的范围内布下一个长方形矩阵，迎接从中国大陆飞来的"巨龙"。眨眼间，从西北方向的白云深处飞出了一个亮点，瞬间，亮点变成了一个大火球，轰然而下，溅起百

① 王鹍燕：《在水声研究领域不断求索——我校水声工程学院惠俊英教授专访》，载于《工学周报》，2013-05-24。

米高的冲天水柱。

包括水声测量小组在内的各测量队，火速展开测量工作。最后，经过水声测量、雷达测量等各测量点测到位置的综合判断，通过卫星定位换算得知，“东风五号”命中预定弹着点，误差250米，这种射击精度相当于在百米距离射击的步枪，一发击中靶心上的一根针。

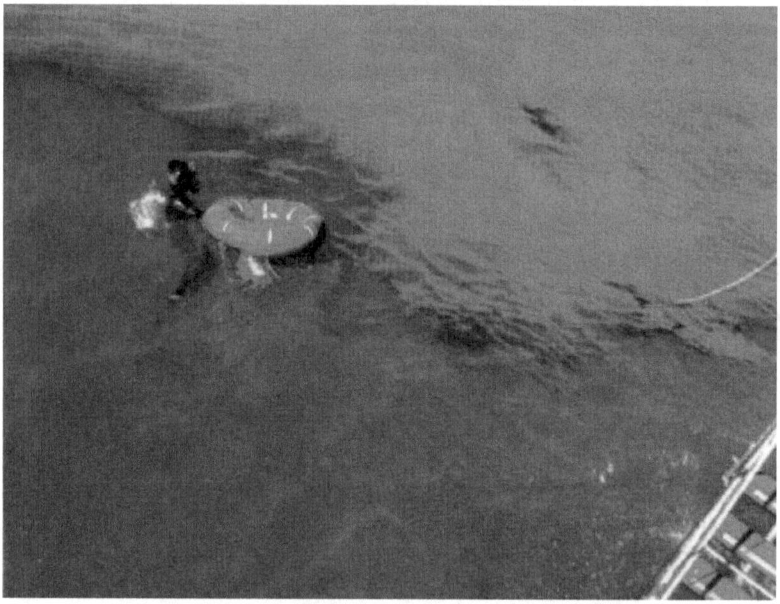

在海上落点水声定位系统定位后，潜水员顺利地从海中打捞出弹头数据舱

“东风五号”首战告捷，中国成为世界上第三个进行洲际导弹全程试验并获得圆满成功的国家。它向世界庄严宣告：中国的战略武器已经达到了实用阶段，中国的导弹靶场试验能力、测控能力、通信能力也已提高到一个新的水平。此事举世瞩目，震惊中外。

半个月后，夏奎耀带领水声测试小组返回了上海港。杨士莪专程从哈尔滨赶到上海去迎接他的战友们。实验证明“应急方案”较好地完成了原定任务，总体方案正确，除了测量导弹落点以外，对主测量船在大洋中测漂等任务实验充分、数据可靠，满足原设计精度要求。

为了完成这个大工程中的分系统，杨士莪和他的战友已整整奋斗了十年。1978 年全国科学大会上，27 分系统总体组、278 分机、279 分机三个项目获全国科学大会奖；1979 年，杨士莪和 27 分系统研制组分别荣获国防科技先进个人和先进集体奖；27 分系统总体组、270 分机、2710 分机分获国防科工委科技成果三等奖、四等奖；1981 年，27 分系统总体设计荣获国防科委战略武器重大研制成果三等奖……

在哈尔滨工程大学档案馆里，存有一份 1977 年的杨士莪先进科技工作者登记表，在“先进事迹”一栏中，这样写道：

> 718–27 分系统是填补国内空白的一项重点科研任务，目前已初具规模，处于鉴定前夕。杨士莪同志是该系统的技术总体组组长。自 70 年（即 1970 年——笔者注）承担此研制任务以来，他始终兢兢业业、努力工作，理论联系实际，充分发挥了才干，为完成该任务作出了较大的贡献。七年来在他的具体组织和指导下，在确定系统的方案时，他发挥了自己的技术专长，并集中群众的智慧，使方案逐步完善。在分系统四次大型南海海上试验期间，他负责海上试验实施方案的制定以及系统的技术总体和分机的技术协调工作。在海上试验时，他既是指挥员又是战斗员，以身作则、任劳任怨、不怕疲劳、连续作战，得到部队同志的赞赏。海上试验以后，他领导科研组同志分析了大量的数据，提出了不用惯性导航系统测量海底声呐阵的一整套实时计算方法，进行了深海水声测距精度分析、传播距离计算、打击声源的研究和试验，影区声场衰减等技术专题，提出一批有实际使用价值的理论和技术报告。①

① 现存于哈尔滨工程大学档案馆内的杨士莪先进科技工作者登记表，档案号：77 永 /4。

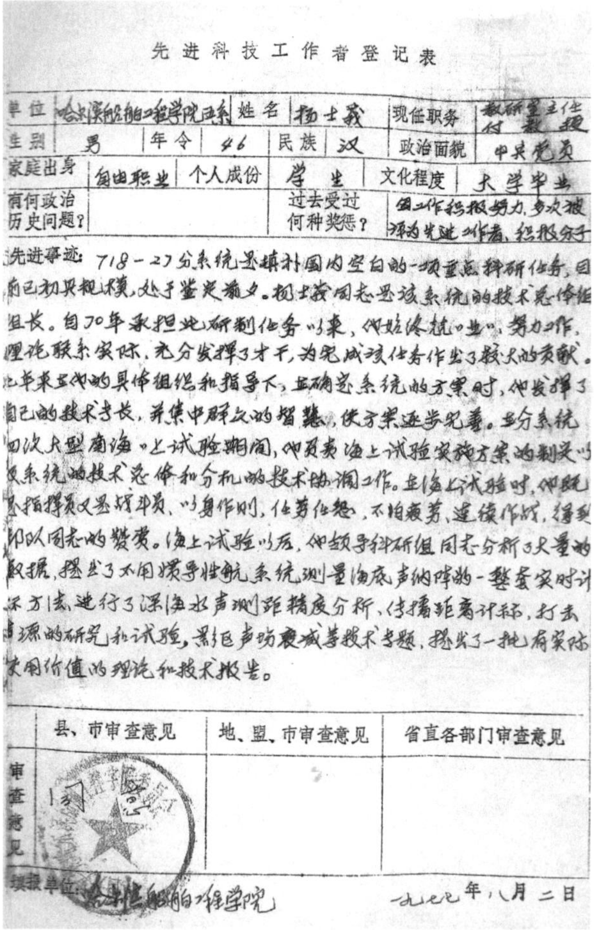

先进科技工作者登记表

单位	哈尔滨船舶工程学院五系		姓名	杨士莪		现任职务	教研室主任 付教授
性别	男	年令	46	民族	汉	政治面貌	中共党员
家庭出身	自由职业	个人成份	学生		文化程度	大学毕业	
有何政治历史问题？			过去受过何种奖惩？		因工作积极努力，多次被评为先进工作者、积极分子		

先进事迹：718－27分系统是填补国内空白的一项重点科研任务，目前已初具规模，处于鉴定前夕。杨士莪同志是该系统的技术总体组组长。自70年承担此研制任务以来，他始终兢兢业业、努力工作，理论联系实际，充分发挥了才干，为完成该任务作出了较大的贡献。在党委的具体组织和指导下，在确定系统的方案时，他发挥了自己的技术专长，并集中群众的智慧，使方案逐步完善。在分系统四次大型海上试验期间，他负责海上试验实施方案的制定以及系统的技术总体和分机的技术协调工作。在海上试验时，他既是指挥员又是战斗员，以身作则，任劳任怨，不怕疲劳，连续作战，得到部队同志的赞赏。海上试验以后，他领导科研组同志分析了大量的数据，提出了不用惯导性航系统测量海底声纳阵的一整套实时计算方法，进行了深海水声测距精度分析、传播距离计算，打击声源的研究和试验，影区声场衰减等技术专题，提出了一批有实际应用价值的理论和技术报告。

审查意见	县、市审查意见	地、盟、市审查意见	省直各部门审查意见

填报单位：哈尔滨船舶工程学院　　一九七七年八月二日

杨士莪先进科技工作者登记表

三、研制系列水声定位系统

“海上落点水声定位系统”的研制，不但为中国首次洲际导弹全程飞行试验取得成功做出了贡献，也填补了中国深海水声传播研究和深海水声设备的空白，还为中国的海洋开发、水声导航、动力定位等海洋工程技术提供了经验。这十年的成果，不但对整个国家别具意义，对水声专业这个团队来说，更是意义非凡。在这个过程中，在杨士莪的带领下，水声专业形成了一支能打硬仗的科研队伍，锻炼出汤渭霖、田坦、姚蓝等一批科研骨干，开拓了中国长基线、短基线、超短基线水声定位系统的工作领域。

20 世纪 70 年代末，杨士莪参研的深水救生艇定位系统

在后来的科研工作中，水声专业团队完成了一系列具有国际先进水平、应用于不同对象的水声定位系统，其中“水声高速目标跟踪定位与导引系统”荣获 1992 年国家科学技术进步奖一等奖；该系统与“船载鱼雷三维轨迹测量系统”为 1993 年中国某型鱼雷海试定型起到关键作用。杨士莪在其中解决了单基元异步信号测漂、超短基线多途信号相位修正、高数据率远程距离模糊、提高定位精度的混合式模型等关键技术。特别是在 21 世纪初，这个团队的超短基线、长基线定位技术打破国外垄断，使水声定位技术得到跨越式长足发展。累累硕果，实发轫于 27 分系统的研制。整个 20 世纪 70 年代，杨士莪与水声专业教师们为水声测量系统的研制苦心孤诣，克服种种困难不断取得胜利。

对于这个科研任务，杨士莪自己总结说：

> 27 分系统不但为国家做了贡献，更锻炼了我们的队伍。在这个过程中，通过长期磨炼，形成了一个坚忍顽强、团结协作

的团体，这种优良的风气一直延续至今。中国有句俗话："在战斗里成长"，在实际锻炼中不断凝练与提高，任何专业的成长都是这样的。[①]

好风凭借力。杨士莪带领水声专业凭借"东风五号"之力得以使中国水声领域中的一个支脉在风雨如晦中继续顽强生长。

杨士莪（第三排左六）等水声专业师生与第六机械工业部领导、学院领导合影（20 世纪 70 年代末）

1976 年，"文化大革命"宣告结束。在随后的十一届三中全会浩荡"东风"的吹拂下，无论是杨士莪、哈尔滨船舶工程学院，还是包括水声科学在内的整个中国的现代化建设，都将迎来一个春暖花开的时节。

① 2015 年 11 月，杨士莪于哈尔滨寓所接受笔者采访时所说。

第八章 学术新程

第一节　青春做伴

一、重返讲台

恩格斯说："没有哪一次巨大的历史灾难不是以历史的进步为补偿的。"对于像杨士莪一样经历了冬天的严寒又亲沐了春天温暖的人而言，对这句话的体悟尤其深刻。"文化大革命"后，在教学上历经数年面壁，终于重执教鞭的杨士莪迎来了生命中"青春做伴"的新时期。"青春做伴"不但指他重返讲台、又育求知若渴的青年学子，也是他在学术新程上的青春焕发。

作为中国社会主义改革开放和现代化建设的总设计师，邓小平十分重视科学和教育，1977 年复出后自告奋勇主抓科教工作。随后，一系列重大的科技和教育战线的"拨乱反正"举措在短期内被重磅密集推出。

1977 年 8 月，邓小平主持召开科教工作座谈会，并发表重要讲话，强调不抓科学、教育，"四个现代化"就没有希望，并主张当年恢复高考，这为其后全国科学大会的召开和恢复已中断十年的高考制度做了思想上的准备。

同年 9 月，教育部召开全国高等学校招生工作会议，决定恢复高考制度，将"文化大革命"时期"推荐上大学"的招生办法改为以统一考试、择优录取的方式选拔人才。招生对象包括 20 世纪 40 年代末到 60 年代初出生的工、农、商、学、兵、干、教等不同身份、不同阶层的群体。在尽快使人才培养重新步入健康发展轨道的迫切心情下，国家作出了当年冬天即举行高考的决定。

1977年的那个冬天，570万名考生走进了被关闭了十余年的高考考场；仅隔半年后的1978年夏天，又有590万名考生参考，两季报考总人数达到上千万，堪称世界历史上规模最大的考试。高考制度的恢复，为中国在新时期及其后的发展奠定了人才基础。

早在恢复高考之前，立足原地办学的哈尔滨船舶工程学院就已在1972年招收了首批工农兵学员，坚持"边建、边教、边学"。几年下来，水声工程专业招收了两百余名工农兵学员，主要专业方向为水声设备和水声换能工程，但由于受客观环境的影响，不少学员毕业后即改行。在此期间，杨士莪主要承担718工程27分系统的科研任务，这一项目极大地保护了水声专业的科研和教学实力。因为任务在身，他并未参加工农兵学员的教学工作，只是带过个别来自有关单位的进修生。

高考恢复不久后，杨士莪（前排右一）与邓三瑞（前排左一）、卓明（前排左二）、顾懋祥（前排左三）、冯捷（前排左四）、赵国华（前排左五）等哈尔滨船舶工程学院时期的学院领导和教师合影

多年间，一直坚守在几近干涸荒芜的教育园地的教师们，终于又迎来了"得天下英才而教育之"的甘霖。1978年2月，哈尔滨船

舶工程学院被国务院确定为全国重点高校，学院同时抢抓机遇，决定招收水声传播等专业的研究生，杨士莪成为水声工程系首个研究生导师。

1978年3月，“文化大革命”后首届高考生——七七级学生入学；同年秋天，七八级学生入学，两级学生入学时间仅相隔半年。这些终于走进大学校门的幸运儿，把面对命运转机后的欣喜转变为刻苦求学的新风尚，那种“把被耽误的青春夺回来”的紧迫感，使他们求知若渴、争分夺秒，在知识的海洋里拼命汲取养分。在课间休息时、在排队买饭时、在集体看电影等候开演时，手中捧着书本阅读的身影随处可见。

再次站在讲台上，杨士莪又看到了学生听课时兴奋得发亮的眼神。此时的杨士莪已近“知天命”之年，多年科研工作的摸爬滚打使他术业日益专精，学识日益丰厚，在教学规律和内容的把握上也已游刃有余。高水平的老师与积极好学的学生，二者之间教学相长，形成了深层的精神互动。杨士莪后来说：

> 我认为七七级、七八级学生是我几十年教书生涯中遇到的水平最高、学习进取性最强的学生，他们从十多年积聚的青年才俊中被选拔出来，在被消磨了多年后，还执着考大学，其思想基础不一样，学习效果自然也就不同。[①]

多年后，七七级、七八级的很多学生在工作岗位上脱颖而出，终成栋梁。例如，中国工程院院士、哈尔滨工程大学博士生导师杨德森，曾任哈尔滨工程大学水声工程学院院长、博士生导师李琪等，都是“文化大革命”后的首批大学生，分别在本科、硕士阶段考入哈尔滨船舶工程学院水声工程系后扎根水声领域，并有诸多创新和突破。

1979年，杨士莪晋升为教授，他是学院在“文化大革命”后首批晋升的七位教授之一；同年10月，经黑龙江省委同意，他被任命

① 2016年1月，杨士莪于哈尔滨寓所接受笔者采访时所说。

为哈尔滨船舶工程学院水声工程系主任。

二、入选首批博士生导师

1980 年 2 月，《中华人民共和国学位条例》审议通过，中国至此正式建立学位制度。该条例的出台对中国独立培养、选拔、使用高层次专门人才起了重要作用，研究生教育自此有了长足发展。同年 11 月，国务院下达首批博士和硕士授予单位的名单，哈尔滨船舶工程学院水声工程专业、船舶流体力学专业获准成为首批博士学位授予单位，其中的水声工程专业也是当时中国唯一的水声工程博士点。杨士莪、戴遗山成为首批博士生导师。这意味着杨士莪可以为国家培养更高层次的水声科学专门人才。这批博士生导师是自 19 世纪末西方教育制度引进中国以来，中国大陆历史上第一批博士生导师。首批博士生导师的遴选程序极其严格，列名者堪称一时之选，一定程度上代表了“文化大革命”后中国学术界的最高水准。同时，水声工程、船舶流体力学等六个学科专业获得首批硕士学位授予权。

1982 年，随着国家体制改革，第六机械工业部被撤销，成立中国船舶总公司，哈尔滨船舶工程学院划归中国船舶总公司领导。同年，杨士莪被选为哈尔滨船舶工程学院学位评定委员会主席。20 世纪 80 年代，杨士莪先后被授予“国防工业系统科技先进工作者”“黑龙江省先进工作者”等称号，受聘为国务院学位委员会学科评议组成员。

1987 年，水声工程专业成为全国高校首批重点学科并建立博士后科研流动站。1997 年，国家计划委员会批准哈尔滨工程大学作为“211 工程”项目建设的学校，重点建设包括水声工程学科在内的六个学科建设项目，使其成为国家相关学科高水平人才培养和承担国家重大科研任务的基地。

1982年，水声工程专业国家首批博士生导师杨士莪（左三）、船舶流体力学专业导师戴遗山（右三）、船舶结构力学专业首批硕士研究生导师李维扬（左二）等教师又一次迎来了令人向往的“得天下英才而教育之”的甘霖

1985年年初，哈尔滨船舶工程学院水声专业首届硕士生毕业合影（前排居中者为杨士莪）

此时，杨士莪身兼本科、硕士、博士三类学生的教学培养工作。结合自身教育经历及教学经验，杨士莪对这三个层次学生的教学各有侧重。他对此说：

三类学生的培养目标不同，自然要在教学方法上有所侧重。本科生学的是专业基础，课堂内容更加侧重于基础理论，以此为他们将来的发展打下坚实的基础；从硕士研究生开始，才算真正地接触专业，因而除了学部分课程外，对他们的指导要更加侧重水声科学在实际工作中需要解决的问题，我主要是根据自己在科研教学过程中产生的问题让研究生来解决，相对来说，本科生和硕士生的课堂还是要“规矩”一些；到了博士研究生阶段则更加不同，上课更像是“大讲座”，各个不同的教授轮流去唱“折子戏”，对某一门学科进行半综述半实际的介绍——“半综述”是指讲这个领域研究什么问题、解决了什么、没解决什么；“半实际”指具体讲问题是怎么解决的。在具体讲法上，并不像给本科生那样完全展开，而要更有引导性和启发性，针对问题提出一个基本的方法和思路，引导博士生自己去寻求解决途径和具体方法，并在这个过程中适时地给予进一步指导。

例如，我带第一个硕士生郝新亚时，718 工程 27 分系统的项目已基本成型，但有些理论问题还可以深入讨论，我就选择其中一个关于水声传播方面的课题，请他继续深入做下去；我带第一个博士毕业生李琪时，正值我率团队主持建设中国第一个重力式低噪声水洞，给他出的博士论文题目“采用混响箱法测流噪声”，我先给他提出来一个原则意见——采用混响箱法，但是用混响箱法测低频噪声还有很多问题有待解决，李琪采用空间平均法，使得在有限空间里测低频噪声和自由空间里的结果对比时，误差小于一分贝，解决了问题，也完成了博士论文。博士生李秀坤的论文题目来自我们当时做的科研项目“水雷的识别”，我给她出的题目是计算利用复合共振频率识别水雷的方法，给她一个“利用水雷壳体复合共振频率”的大方向。后来，她的研究成果成为我们“探雷”课题不可缺少的一部分……我们从科研中提出相应的课题，博士从来都是参加实际科研项目出来的，只不过不同的博士研究生参加的项目不同罢了。

所以，对于博士生的培养，要结合实际、善于出题——这些题目既来自实际工作的需要、解决实际问题，又能极大地拓展学生对水声学的认识和解决实际问题的能力。我们给出一个大致方向，至于具体怎么做、达到什么效果，就需要学生发挥自己的聪明才智了，但我们需要在一些重要节点给予指导，供其参考，这些参考意见对于学生而言是提供了一种解决问题的新途径，会更进一步引导他们深入思考。这样，博士生们与实际科研项目一同成长，他们在探究这些题目的过程中成长迅速，经过这些淬炼后，后来大多能够成为独当一面的优秀科研工作者。①

20世纪80年代中期，杨士莪（左）在实验室指导博士研究生

① 2016年1月，杨士莪于哈尔滨寓所接受笔者采访时所说。

三、科研生命的春天

1978年3月，中共中央、国务院在北京隆重召开全国科学大会。邓小平提出“科学技术是生产力”的著名论断，后来，进一步明确“科学技术是第一生产力”。杨士莪负责技术总抓的718工程27分系统的278分机、279分机和27分系统总体设计三个项目名列这次大会受表彰的“优秀科研成果”。这对于杨士莪带领的水声专业和整个哈尔滨船舶工程学院来说，是个很大的鼓舞和学术新程上令人振奋的开端。

大会通过了《1978—1985年全国科学技术发展规划纲要（草案）》，这是中国第三个科学技术发展长远规划。该规划指出：

> 能不能高速度地发展科学技术，用最先进的科学技术武装国民经济和国防，这是关系国民经济发展速度，关系社会主义建设全局，关系我们国家命运和前途的大问题。
>
> ……
>
> 大力发展高等教育，广开才路，加速培养科学技术人才；在高校建设一批重点科学研究机构，逐步形成教学和科研结合的体制；为某些重大的科学研究项目，建设现代化的研究实验基地、建设大型的科学实验装置，创造具有各种特殊要求的环境条件；研究和消化引进国外先进技术，积极发展国际间的科学技术联系和交流。

科学技术和科研人员重新被赋予应有的地位。《1978—1985年全国科学技术发展规划纲要（草案）》中提及的具体举措对杨士莪随后教学和科研工作的展开，产生了积极而深刻的影响，为他在学术道路上加速前进扫清了障碍。

对杨士莪等科技人员而言，全国科学大会的根本意义在于解放思想，澄清了长期束缚科技发展的重大理论是非问题，打破了“文化大革命”以来禁锢知识分子的桎梏，使中国科技事业迎来了全面发展时期。随后的1978年12月，十一届三中全会的召开，开辟了中国改革开放和集中力量进行社会主义现代化建设的新时期，以经济发展代替阶级斗争，把发展经济作为全党的最高目标，并进行大胆的经济改革，由此翻开了国家发展的新篇章，拨正了中国这艘航船前进的方向。

在全国科学大会的闭幕式上，中国科学院院长郭沫若发表了书面讲话《科学的春天》。他用诗人的语言说："赶超，关键是时间。时间就是生命，时间就是速度，时间就是力量。趁你们年富力强的时候，为人民做出更多的贡献吧……我们民族历史上最灿烂的科学的春天到来了！"

对于像杨士莪一样经历过"寒冬"的人而言，更加珍视这春天的温暖，杨士莪更加强烈地预感到，自己科研生命的春天到来了……

第二节　重力水洞

1979年，第六机械工业部批准哈尔滨船舶工程学院建立水声研究所，水声工程系决定和水声研究所"系所合一"，以便于水声专业教学和科研工作的统筹规划，杨士莪兼任系主任和所长。

早在20世纪60年代，根据当时海军工程系系主任黄景文的要求，杨士莪就已开始了对舰船及水下航行体噪声的研究，并曾考虑为解决实验问题建造小型水洞，后由于"文化大革命"而中断。1984年，为了更好地进行舰船减振降噪研究，杨士莪主持设计并建造了中国首个针对声学研究的"重力式低噪声水洞"，并且首创了水洞噪声测量的"混响箱法"。

一、水动力噪声研究的开拓者

舰船及水下航行体的声学特性是水声学的一项重要研究内容。这些航行体有三大噪声源，即水动力噪声、机械噪声和螺旋桨噪声。其中，水动力噪声的辐射声功率与航行体航速的 5 ～ 7 次方成正比，即航行体航速越高，水动力噪声强度越大，当航行体以 10 节以上的较大航速运动时，水动力噪声就不再可以忽略。随着人们对机械噪声和螺旋桨噪声研究的深入，并开始对其进行一定相应的控制，水动力噪声的问题就更加明显地凸显出来。

对水动力噪声的研究包括降噪和测量两方面，前者的目的在于加强水下航行体运动时的隐蔽性，而后者的目的在于检验对其有效的控制。水动力噪声作为水声设备的自噪声，对水声设备自身的正常工作有一定影响，因此，水动力噪声的研究和测量也受到有关部门的重视。

对用于军事目的的各种水下航行体来说，其噪声越大，意味着越容易被暴露，噪声小、安静型才会成为海上神出鬼没的“幽灵杀手”，因而水下航行体辐射噪声的高低决定了其隐身性能的好坏。要想建设强大的海军，就要降低水下航行体的噪声，提高其隐身性能，因而减振降噪问题是个绕不开的坎儿。杨士莪曾回忆道：

> 以前有人说水声设备上船不好用，实际上是因为舰船的噪声非常大，如果不重视舰船自身的减振降噪，会对舰船上的水声设备造成巨大的干扰。举个例子，我们在一个安静的房间里说话不用太费力气，听得也很清楚，可是要跑到很嘈杂的车间里头去交谈，你嗓门再大，听起来还是很困难，因为干扰背景太大，你去接收人家的信号也会变得很困难。但当时的人们对舰船减振降噪的问题认识不够，后来有人提议说国内的声呐不好咱就买国外的，后来就去买法国的，可上船一测，达不到指标。洋人说这是因为“船本身的噪声太高，所以达不到指标。

不是我的设备不好，是你背景环境不好”。所以，从 20 世纪 70 年代末起，海军开始重视舰船的减振降噪。我认为，对于水声学而言，这是比较有意义的第二次观念上的改变。实际上，我国最初建造的潜艇噪声还是比较高的。经过多年的努力，现在我们的舰船降噪性能有了较大提高，开始形成威慑力的原因，很大程度上有赖于舰船减振降噪问题的逐步解决。①

其实，早在 20 世纪 60 年代初，水声界对降噪的重要性就已有认识，杨士莪也曾将其纳入自己的研究范围，在哈军工水声物理专业设立“水下噪声”研究方向，以水下噪声源和噪声场的物理规律为主要研究方向。他于 1964 年出版的《水下噪声学》是当时世界上最早的有关专著。

1978 年，七〇二研究所聘请杨士莪、何祚镛担任该所水动力噪声研究室的技术顾问，还成立过减振降噪科研培训班。虽然这个研究方向经历了二十年的“冷遇期”，但是包括杨士莪在内的水声专业师生始终坚定地相信：这一方面的研究对于海军建设是个不可回避的重要问题，它迟早都会成为国家的战略需求。

杨士莪回忆说：

我们选定了这个方向后，就一直没有放弃，这是基于对科学规律的认识，如果连这点信心都没有的话，那我们对这个学科的建设发展就不会有自己的贡献，例如当年我们建立理工结合、覆盖全面的水声工程专业，也是按照科学规律作出的决定。在对规律认识的基础上，我们要有“主心骨”，不能今天上级这么说，我这么干；明天上级那么说，我那么干，不能左右摇摆。要想更好地解决舰船减振降噪的问题，需要从声学角度进行水动力噪声的研究和测量，建立相应的实验装置，就成为亟须解

① 2016 年 1 月，杨士莪于哈尔滨寓所接受笔者采访时所说。

决的问题。[①]

全国科学大会发布的《1978—1985年全国科学技术发展规划纲要（草案）》明确支持科研单位建设大型科学实验装置、创造具有各种特殊要求的实验环境条件等。在“科学春天”到来的“天时”下，杨士莪借助哈尔滨船舶工程学院水声工程系和水声研究所的“地利”和“人和”，于20世纪80年代初开中国之先，探索建造一个针对声学实验的“重力式低噪声水洞”实验装置。

二、解决国际水动力噪声界的难题

对舰船的水动力噪声测量有两种方式：实体测量和模型测量。实体测量所需费用大、环境条件复杂、测试条件难重复且不同试验间的数据不易比较；模型测量通过测量缩比模型的水动力噪声来推算实体的水动力噪声，获取被测噪声源在相应自由场条件下的声源级、频谱等声学特性。模型测量是水动力噪声研究的一种通用测量方式，主要在水洞中进行。

水洞是水动力学实验的一种设备，也是水动力噪声实验研究的主要设施之一，可用来研究边界层、尾流、湍流、空化、水弹性等现象，以及水流与试验物体之间的作用力，是一个流速可以控制的水循环系统。在水洞中移动的不是试验物体，而是可控水流。世界上最早的水洞于1896年由英国的帕森斯建造。

国内一些科研单位出于对流体力学等研究目的的需要，建造过“循环式水洞”。水在轴流泵的推动下在水洞内循环流动，具有流速比较稳定且易于控制等优点。但由于这种水洞靠水泵、电机来获得流速，因而本底噪声较大，不能满足测量水动力噪声的实验要求。

为使水洞中的水流获得动力，又不使用水泵、电机等产生附加噪声的设备，并设法使水洞的背景噪声降到最低，这样的水洞该怎样设计？

① 2016年1月，杨士莪于哈尔滨寓所接受笔者采访时所说。

杨士莪想到了重力的作用——安装一定水位高度的水箱，利用水流的重力势能使水在洞体内流动，完全依靠水流重力，可以将本底噪声降至最低，这样就形成了一个“重力式低噪声水洞”。与循环式水洞相比，“重力式水洞”的主要优点是避免了动力机械噪声对测量的影响，水洞的背景噪声小，更适于进行噪声测量。

如何既能保证试验流场与真实流场满足相似性原理，又能避免复杂的空间边界环境和安装水听器引起的声场畸变，还能准确地测出模型噪声的真实特性，这在当时还是国际水动力噪声界未曾解决的问题。

杨士莪想到了建筑声学中利用混响室测定声发射器发射功率的方法。声波在混响室内各壁面来回反射，其能量由于每次反射的损失不断衰减，根据声强在一定时间段的衰减量，以及界面反射的损耗系数，就可以推算出声源功率。

杨士莪分析了水洞噪声测量方法中所涉及的典型声场，认为使用混响箱利用混响法，可以实现在水洞条件下测量噪声源声学特性的目的。于是他将这个课题交给了博士生李琪，请他进一步研究和论证。

20世纪80年代末，杨士莪在重力式水洞实验室

李琪对混响箱法进行了深入研究和进一步改进，完成了《采用水箱混响法测量水动力噪声》的博士论文，用混响法解决了在有限空间中测量低频噪声过程中的诸多问题。

混响箱法借鉴建筑声学中的混响室技术来实现水洞中模型辐射噪声测量的需要。但是对于水声工作中的低频噪声来说，混响箱尺度远小于声波波长，箱内简正振动模态极少或没有，声场起伏极大。李琪引入了多点测量的空间平均技术，并通过标准信号校准，获得水箱中测量结果与自由场数据的换算关系，最终解决了混响箱辐射噪声的测量方法问题。

混响箱法弥补了原有水洞噪声测量方法的不足，能准确地测出噪声源的辐射声功率和谱特性，误差小于1分贝，极大地提高了测量结果的精度。

哈尔滨工程大学水声技术国防科技重点实验室内的第三代重力式低噪声水洞（局部）

该方法不仅能满足实验室条件下水动力噪声的测量，而且可以推广应用去解决“在有限空间水域对低频和甚低频水下目标辐射噪声测量”等水声其他领域的诸多难题。

1984年，美国海军研究与发展中心所长鲍威尔教授在参观重力式低噪声水洞时，赞誉其为“国际级成就”。

从1984年杨士莪设计建造首个小型重力式低噪声水洞开始，到如今矗立在哈尔滨工程大学的第三代水洞——水声技术国防科技重点实验室的重要组成部分，经过三代演进升级，水洞的功能得到了很大拓展，实验用水的净化、消声措施等实验条件也有了极大改善，成为国内条件一流的顶尖实验室。

第三代重力式低噪声水洞可用于进行水动力噪声特性研究、声呐基阵流噪声特性研究、舰船及水下航行体振动及噪声控制、结构的减振降噪技术研究、流场测量流动显示等九大方面的实验研究。20 世纪 80 ～ 90 年代，中国水声科学界两大重点方向之一的“拖曳阵”声呐研究，其水动力噪声测量最初就是在这个实验室进行的。目前，该实验室依然是国内独一无二的针对水声实验的重力式低噪声水洞。

数十年来，水声工程系的师生们在舰船减振降噪领域耕耘不辍，填补了诸多国内空白，是这一研究领域的“国家队”之一 。

第三节　着眼“探雷”

多年前，曾有人问杨士莪：“您怎样确立科研目标？”杨士莪简洁地回答：“根据客观需要与主观可能。”正是出于对这两方面的考虑，20 世纪 80 年代初，杨士莪将科研目光扩展到了探雷技术领域，领导了探雷声呐技术的基础研究，并提出了目标识别的新途径。

一、领导探雷声呐技术的基础研究

水雷是布设在水中的爆炸性武器，可以由舰船、水下航行体等机械碰撞或磁性、噪声、水压等非接触式因素的作用而起爆，用于毁伤敌方舰船或阻碍其活动。水雷可用于封锁敌方港口、航道、海军基地及其可能活动的海域，限制敌方舰船的行动；也可用于防御，成为保卫自身港口、海军基地、海上战略交通要道的重要屏障，为自身开辟安全区。

水雷是最古老的水中兵器，也是现代海战中不可缺少的武器。它造价低廉、爆炸威力大、毁伤效果明显，被称为“穷国的武器”；它布设简便，不仅是水面舰艇、潜艇和飞机，就是普通的商船、渔船也可以担任布雷工作。相对于水雷的布放简单，要想探测、发现并扫除它们却绝非易事。其中掩埋雷受到海底泥沙掩盖，更具隐蔽性，普通的探测手段更难于发现和探测，可构成对敌较长时间的威胁，有的甚至可达几十年。

一般来说，探测、清除水雷的成本是布设它们的十倍到两百倍，甚至更多。而更难的问题是对沉底或掩埋物体属于雷或者非雷的识别，这也是迄今为止国际上尚未很好解决的难题。

用来发现水雷并确定其位置的探雷器，按工作原理的不同可分为声探雷器、磁探雷器和光探雷器。其中，探雷声呐利用声波对水雷进行探测、定位和识别，其作用距离较远，在透明度较差的水中也能使用，对锚雷、沉底雷的探测效果更好，因而是最主要的探雷器材之一。

1972 年，为了支援越南的抗美斗争，由十二艘扫雷艇、四艘保障艇、三百余人组成的中国海军扫雷工作队进入越南，担负越南海防港及部分海区的扫雷任务。中国虽建有扫雷舰艇部队，但缺乏经验，且扫雷工具简陋。在越南海防扫雷时，有时甚至人手一根竹竿，排成一行，齐头并进，边走边用竹竿往泥里戳，凭竹竿撞击水雷的触觉探雷，效率很低且极其危险。

1973 年，美国被迫在越南战争的停战协定上签字，根据协定规定，美国要承担清扫其在越南所布水雷的任务。美国海军为此专门成立了扫雷特混舰队，出动直升机母舰、扫雷舰、导弹驱逐舰、登陆舰等各类舰船四十余艘，直升机四十五架，投入六千五百余人，虽然拥有先进的仪器，又是扫自己所布的水雷，但是却收效甚微，无奈之下，索性采取“饱和炸雷”的方法，即用足够数量和密度的深水炸弹，投放到布雷区，以炸毁和引爆各种水雷。这也从侧面反映出探雷之难。

对于水声探雷设备的设计试制工作，哈军工从1958年就已开始着手。当时，海军工程系以辛业友为组长的声呐专业与相关水声研究所、工厂合作，研制出代号为“03”水声探雷设备的电器及换能器部分方案样机，这是中国第一部自行设计的声呐设备。它可装于潜艇上，以探测航道前方固定的水雷，发现防潜网、防潜栅及沉船等固定水下障碍物。但到20世纪60年代初，终因工厂试制传动装置受阻，整个性能样机的试制工作受阻。70年代，七二一厂再次组织力量攻关，还是带着遗憾下马。

20世纪80年代初，应海军尽快实现探雷技术现代化的要求，哈尔滨船舶工程学院水声工程系以田坦为首的团队，研制了可探测沉底雷的863探雷声呐，但掩埋雷探测问题仍未解决。

杨士莪觉得，虽然自己此前没有参加863探雷声呐的研究过程，但掩埋雷探测的研究，水声工程系具有优势，可以干！

1982年，中国船舶总公司下达包括十三个子课题的“掩埋雷探测”课题，水声专业承担了其中的八个。接下这些课题，除了满足国家的战略需要以外，杨士莪还有自己的考虑：

> 设计和制造大型声呐的课题很难落到高校。专业要发展、教师水平要提高，都应该开展科研工作。这就只能与专门的声呐研究院所展开差异化的竞争。高校在基础研究、应用基础研究和零星非标准设备的研制方面更有其优越性，既然探雷声呐少有人敢问津，那对于我系的师生来说，正是锻炼的好机会，只有敢啃“硬骨头”，才能练出“好牙口”！①

① 2016年1月，杨士莪于哈尔滨寓所接受笔者采访时所说。

20 世纪 80 年代中期，杨士莪进行探雷研究工作。
其间，在中国声学学会上作关于“海底沉物探测”的报告

二、提出探雷声呐目标识别新途径

探雷研究要解决两个关键问题，即对水雷的探测和识别。

海底地形错综复杂，水雷形态各异，有限尺度的水雷被藏在礁石丛中，周围散射信号干扰强烈，想在百米之外探测出来，谈何容易！何况有的水雷被埋入泥沙，更难探到；泥沙中还可能有其他的沉积物，如礁石、铁器等难以区分；甚至某些国家为了提高雷区的抗扫性，会采取模拟假雷的方法，故意布设一些假雷以混淆视听。因而不仅要解决对沉底雷的探测问题，更需要解决雷与非雷的识别问题，这两个问题应该同时考虑。

在杨士莪等着手探雷研究时，国外和国内有的单位利用水雷的声呐回波或声呐照射水雷时在海底形成的声阴影进行探测和识别，即所谓高频阴影法。但探测被泥沙覆盖的“掩埋雷”只可能用较低频率的声波，难以实现物体的成像，必须另寻途径。

为了解决对沉底雷、掩埋雷探测和识别的两大关键问题，杨

士莪提议并组织其他同志，从分析目标反射特性入手，通过实验室模型实验，检验有关理论计算的可信度。提到当时的过程，杨士莪说：

> 对于探测问题，那时候，国外探雷声呐大都是用几百千赫的频率，利用“高频阴影法”，当然我们也有人用阴影法做了探雷器。但是对于埋在泥沙底下的掩埋雷，那么高的频率就不行了。要将声呐频率降低，而基阵尺寸还不能大，因为基阵太大不便于扫雷操作，所以要求探雷声呐必须实现“低频小基阵并具有尖锐方向性”，虽然我提出了这个研究思路，但要实现这一目标，还需要解决若干技术问题。
>
> 至于识别问题，我们利用水雷的“目标散射的频率特性”来解决。国外已经发现弹性壳体的复合共振现象，我们觉得这个现象可以用来解决水雷的识别问题。水雷有雷壳，所以会产生一定的复合共振频率，利用它金属壳体的复合振动频率，可进行“识别”工作。当然，在利用复合共振频率的原理时，不是做个频谱分析就能出来的，需要经过认真的理论计算和实验论证，辨别哪些是共振频率，哪些不是，这并不简单。
>
> 通过对处理方法的逐步完善，海试证明，我们设计的装置能够探测并识别被泥沙掩埋一定深度的水雷。①

从提出原则方法，进行理论上的论证计算，到做出实际的基阵，装上实验设备去海上实验，这是一条很长的路。在这条路上，水声工程系的师生们一走就是十余年。其中，杨士莪在流体界面附近物体声散射特性与分析方法、有限长弹性圆柱壳高频谐振分析、水雷和随机目标衍射特性辨识、基阵近场校准实验方法和虚拟阵元研究等方面取得重要成果，为设计新原理探雷声呐开辟了方向，并奠定了坚实的基础。与此同时，他还参与指导了高分辨力声呐、声图像

① 2016年1月，杨士莪于哈尔滨寓所接受笔者采访时所说。

信息识别、条带多波束测深等高新技术研究项目。

1996 年 1 月，由哈尔滨工程大学和七二一厂联合研制的 082- Ⅱ型猎扫雷艇上的核心设备——H/SJL-863 型猎雷声呐在浙江千岛湖进行湖试。该声呐可用于沉底雷的探测，哈尔滨工程大学水声工程学院田坦、刘国枝为首的课题组承担的是“探测、识别、接收系统”和“显控系统”等关键技术的研制。国防科工委七局、海军装备部、中国船舶总公司军工局、系统工程部、海军论证中心等负责人都来到实验现场。在实雷探测中，人们不仅通过屏幕可以看到湖底的水雷，甚至连吊雷的绳索都能看出来。

试验结果证明，中国在探雷这一领域内冲破了西方的技术封锁，取得了突破性进展，在海军现代化建设之路上又迈出了坚实一步，标志着中国的猎雷技术已经同世界先进国家处于同一水平线上，这具有极其重大的战略意义。

从 2004 年起，杨士莪承担国家安全重大基础研究计划（简称“国防 973”）项目某重大基础研究项目的探索性研究，任专家组组长和首席科学家，并参加了有关项目的历次海试。

第四节　走出国门

一、法国之行

中国改革开放政策迅速打开了国家对外交流的大门。1978 年，为了筹建海军试验基地四场区，杨士莪受海军邀请作为专家赴法国马赛，参谋引进一批重要的水声技术设备。

自 1957 年负笈苏联，因为客观原因时隔近二十年后，杨士莪终于再度走出国门。在这二十多年间，杨士莪只能通过外文科技杂志了解到一些关于国际水声学发展的情况，而无法实地考察国外的新进展。能够借此机会到水声学发展处于国际先进水平的法国考察，杨士莪的心中有种跃跃欲试的期待。

马赛是法国的第二大城市和最大海港，被石灰岩山丘环抱，景色秀丽，气候宜人。这里是法国重要的工业中心，集中了法国40%的石油加工工业和主要的修船工业，修船量占全国的70%。

杨士莪一行来到位于马赛的考麦克柯公司，该公司主要设计水下潜器。杨士莪所参与购买的水声设备属于潜器的配套装置，由其他公司生产。这家工厂的接待人员为了能够赢得客户，不但“大方”地带领杨士莪参观潜器生产工厂，让他们了解产品的生产过程，还带他们到相关配套单位参观。

在参观过程中，杨士莪更加直观地感受到了法国在科技、生产方面的优势。听到接待人员用略显炫耀的口气介绍产品的种种优越性能，杨士莪的心情因为这种高傲的“大方”而越发沉重。杨士莪回忆说：

> “文化大革命”刚结束不久，在这十年中，本来就落后的中国工业、科技水平与世界发达国家相比，差距被拉得更大。那时候，中国工业水平和军事力量整体都比较弱，给我的感觉是，人家就是觉得我们不行，干脆没有作为竞争对手的实力和资格，所以对我们分外“慷慨”，他们可能觉得就是让我们知道一些什么敏感内容，就凭我们远远落后的实力，也不可能给他们造成什么威胁。[①]

人们对于远不及己的弱者往往格外慷慨，这也许是人性的特点之一。可这种慷慨却让杨士莪感到郁郁难平的不服气。他心想：“现在我们不如你，但我们总会有一天要比你们强！”

后来，在一次采访中，谈及当时的心情时，杨士莪说：

① 2016年1月，杨士莪于哈尔滨寓所接受笔者采访时所说。

我是干国防的，不想着比别人强能行吗？就像军人一样，不管对方多么厉害，都要想办法把对方打败，如果军人再不这么想就完蛋了！如果看到对方强大就投降，那就不是军人了！

杨士莪曾看过一篇新闻报道：1960年，大名鼎鼎的英国元帅蒙哥马利访华，到北京军区某部参观射击表演，由北京军区司令员杨勇上将陪同。蒙哥马利提出要到表演的士兵中看一看，于是从一名士兵手中拿过一支半自动步枪，立姿击发，钢板靶应声倒下。随后，杨勇从蒙哥马利手中接过步枪，举枪连续射击，九发子弹，发发中靶。蒙哥马利结束访问三天后，在香港举行的记者招待会上说："我要告诫我的同行，这要成为军事家的一条禁忌：不要和中国军队在地面上交手。"对于杨士莪而言，这是件"很长志气"的事，因而印象非常深刻。在他看来，军人要有战胜对方的勇气和志气，科研人员同样应该如此。

21世纪的今天，与杨士莪首次法国之行时隔近四十年后，虽然中国的材料、工艺从总体而言仍落后于世界先进国家，但对于法国当年制造的水声设备，中国已经能够凭借自己的力量将其造得更好，在水声学某些基础理论研究方面，中国能够居于世界先进水平的行列，有的研究成果甚至填补了国际空白。作为中国水声学整个发展历程的亲历者，杨士莪说：

对于中国科技发展，尤其是水声学的发展，第一不要妄自菲薄，第二不要盲目自大。要承认我们有不足的地方，但是在实干的基础上，还要有个雄心壮志，有点不服输的劲头——我们总归会在什么时候赶过那些先进的国家！①

二、"公开的秘密"

20世纪80年代中期，日本水声学会邀请杨士莪到日本东海大

① 2016年1月，杨士莪于哈尔滨寓所接受笔者采访时所说。

学介绍中国水声学的发展情况，杨士莪欣然应邀。

杨士莪对日本人的看法是爱憎分明的——对于日本军国主义分子，他是毫不掩饰地仇恨，呼啸而过的轰炸机、闪着银光的炸弹和家园腾起的黑烟，成了拜军国主义分子所赐、盘桓在他脑中永不磨灭的童年记忆；而对于日本的普通百姓，凡对中国人抱有友好态度的国际友人，杨士莪则报以同样的亲切友善。他记得，在考察日本东京工业大学之际，正巧该校师生们处于考试答辩的繁忙时期，相关教授们尽量挤出时间接待杨士莪一行；途中遇雨，杨士莪等没带雨伞，素不相识的当地百姓热情地为他们撑伞同行……对于这些日本友人，杨士莪也从不吝惜自己的友善。

杨士莪为日本水声学会会员作过一场《中国水声学发展状况》的报告，主要介绍中国水声学的一些理论研究和民用水声设备的发展。后来，杨士莪授权日本水声学会将这篇报告在日本《水声学》杂志上发表。

1980 年前后，东京工业大学教授来校讲学，杨士莪（前排左五）等哈尔滨船舶工程学院水声工程系师生与东京工业大学来访教授合影。因为地缘之便，日本是中国水声界最早开展国际交流的国家之一

参加报告会的有两位来自日本防卫大学的教授。防卫大学是日本自卫队培养陆、海、空三军初级军官的学校，被称为日本“军官的摇篮”。报告会后，其中一位教授提问道：“请问中国搞不搞声呐的研究？”这是一个非常敏感的问题。因为直接涉及国家军队建设情况，如果如实回答这个问题，不合适；如果避而不答，出于礼貌，也不合适。略一沉吟，杨士莪耍了个“滑头”，用他一贯沉稳的风格，笑着答道：“这是一个公开的秘密。”日本防卫大学的两位教授听后，与杨士莪会心一笑，彼此心照不宣。

1982 年，英国之行的经历同样可以表现出杨士莪沉稳性格中随机应变的机警。当年，杨士莪赴英国伯明翰大学就流体动力噪声及其控制、新型声学材料、信号检测等问题进行为期三周的考察访问。在进行水声定位系统研制的交流时，英国某位教授专门就“在浅海进行远距离水声定位的技巧”向杨士莪请教。对于这个问题，杨士莪利用“声音在非均匀介质中传播距离的测量，可以通过计算从声源到不同接收点传播时间的交汇而得出”的规律，在软件信号处理上，探索出了一个颇具特色、与国外大相径庭的处理方法。

在国际场合，对于这样敏感问题的交流，如果说得太具体了会出问题，但是如果避而不答又有失风范。于是，杨士莪告诉那位英国教授：“对软件处理过程的关键环节，要建立一个比较好的数学模型。”这个“讨巧”的回答似乎什么都说了，却又什么都没有说，但已让双方了然于心。

这件事也从侧面说明了尽管中国总体工业水平、水声设备的硬件落后于世界先进国家，但就水声学的某些理论研究而言，如浅海的内波短周期、声场计算的简单方法、水动力噪声的测量方法等诸多课题，却也对国际水声学的发展有着独辟蹊径的创新贡献。

20世纪80年代，杨士莪走出国门，进行国际交流访问

（第三张照片中，居中者为杨士莪）

三、行政工作经历

1982年9月～1987年6月，中国船舶总公司党组任命杨士莪

为哈尔滨船舶工程学院副院长。在担任副院长的几年中，杨士莪始终觉得行政工作并不是自己的强项，所以一直志不在此。他曾在一份自述材料中这样谈及行政工作的经历：

1982年，我被任命为学院的副院长，并曾分工管理过科研、研究生教育、人事、财务、学位等方面工作。我从思想深处来说，并不愿意从事行政方面的工作，认为行政工作头绪繁杂，牵涉关系广泛，非自身所长；但又认为作为党员教师，也有为单位出公差的义务，所以虽接受任命，但工作干得比较被动，并始终未曾放弃专业领域工作。不过这段行政工作经历，也教育我深刻地认识到识别人、接触人和容忍人的重要性，以及待人接物中需要注意的事项，进一步磨炼了我的性格，提高了我的组织能力。①

1982年3月，杨士莪在学校的校报《船工周报》上发表文章《关于教学工作的一点意见》，这既是他对于教学工作的一贯主张，又可看作是他对所分管的研究生教育等行政工作“施政纲领”的思想基础：

教育的目的在于培养全面发展的人。就智育来说，一是传授给学生一定的知识，二是教给学生治学的方法。就大学教育来说，第二个方面更为重要。俗话说：“师傅领进门，修行在个人。”学生在校期间只能学到必要的基本知识，而在今后长期的工作过程中，面临着根据工作发展和科学技术进步而需不断充实和更新自身知识的长期任务。因此，能否掌握独立治学的方法，就成为关系长远的问题。

治学方法既不是生而知之，也不是只要有一定的知识量就能掌握。治学方法很重要。而这种方法是需要通过学习和锻炼，特别是有指导的锻炼才能逐步掌握。

在通常教学活动中常见到学生听课不会记笔记，不会查阅

① 杨士莪的自述材料“历史与回顾”，2014年。

参考书，对略微灵活一点的题感到无从下手等现象，都属于没有掌握基本治学方法的表现。有的同志为知识老化而苦恼，总埋怨过去学得少，这也是由于对治学方法缺乏足够的锻炼。古往今来，许多大学问家的学历并不甚高，不能简单地仅仅归之于天才。爱因斯坦小时候还被老师认为是比较笨的学生，而三国时的杨修应当算是天赋很高的人，但终无所成就。

要培养和提高学生独立治学的能力，很重要的一点就是对学生在这方面有一定的要求，并给予一定的锻炼。不能凡是不讲的内容一概不做要求，而所有要求的内容又必须一概讲到。其实，这些要求还可以通过课堂指点、课后复习、作业选留、实验安排等多种方式来达到。同样的课程，国外大学的讲授时数、答疑工作量往往比我国少，但其课程内容和学生的学习质量，未必一定比我国差，其原因值得分析。

学问并不是知识的堆砌。真正学通一门课程，最后还需要做到“书越读越薄”。也就是说能掌握课程内容的核心。通过对关键概念的透彻理解和对关键定理的熟练应用，融会贯通该门课程，并善于运用解决有关实际问题。教学的重点正在于引导学生去认识这些关键所在，去透彻掌握关键概念与定理，并善于灵活应用基本规律解决各类不同问题。内容不在课堂上讲，学生不能不通过自学去掌握，去“强迫”学生进行自学能力的培养和训练。讲课的内容和教科书不完全一致，又可以启发学生的思路，促进其分析思考。实践证明，只要真正把关键概念讲透，多数学生对这种教学方法是跟得上的，也不会降低短期内的成绩，从而长远看收益必然是显著的。当然，可能有少数学生感到吃力，但教学的着眼点本来就在于大多数。

1983 年 9 月 1 日，哈尔滨船舶工程学院建院三十周年。作为副院长的杨士莪在校报《船工周报》上发表了一篇秉承他一贯简洁明了文字风格的文章——《祝贺院庆》：

今年是院庆三十周年。三十年对于人生来说是一个不短的时间，出生的婴儿将长成一个成熟的社会主义劳动者。小孩子过生日高兴的是：“我长大了。”成年人过生日则提醒自己：“千万不能蹉跎岁月。”我们在热烈庆贺三十年来建院成就、检阅自身现有力量的同时，还需要注意总结经验、加强学习、规划和开拓今后的工作。

十一届三中全会的东风，带来了各条战线上拨乱反正的重大胜利。在四个现代化建设事业中科学技术的现代化处于关键地位。我院作为全国重点高等院校之一，作为造船工业总公司所属的唯一有硕士和博士学位授予权的学府，有着不可推卸的责任和广阔的发展前景。但我们要清醒地看到自身的不足，认真贯彻执行调整、改革、整顿、提高的方针，为社会主义物质文明与精神文明建设，打下更坚实的基础，迈出更为有力的步伐。

古人说：“三十而立”。在祝贺院庆三十周年之际，让我们全院同志共同开动脑筋，埋头苦干，作好今后这“立”字的文章吧！

20 世纪 80 年代初期，杨士莪被评为黑龙江省优秀共产党员。共产党员对于他而言，不只是一种政治身份，更是对自己更高的人生要求，他说：“正因为是党员，所以有很多事情必须做，很多事情必须不做。”

权力往往是人品的试金石。杨士莪任学院副院长时，分管学校的科研和研究生培养工作，时值长子杨本贤从部队考入山西机械学院毕业后，想报考哈尔滨船舶工程学院的研究生。父亲在那样一个关键的岗位上，杨本贤的学习成绩也不错，上研究生应该是水到渠成的事，但考试成绩终因两分之差未能如愿。杨士莪没有为长子“想办法”，而是安慰孩子“顺其自然”，回海军部队安心工作。

20 世纪 80 年代初期，杨士莪（前排左二）作为哈尔滨船舶工程学院党委委员参加“七一”庆祝大会

20 世纪 80 年代中期，哈尔滨船舶工程学院有照顾华侨子女就业的相关政策。杨士莪的三子杨本昭 1986 年高中毕业时，因为母亲海外关系的缘故，按照相关规定可以入职学院。杨士莪没有为孩子谋个轻巧差使，却让三子报名学校工程队的木工岗位。他认为，孩子年轻不可图安逸，多吃些苦头有好处，何况还有“艺多不压身”的老话。后来，校园中常有杨本昭拿着锛、凿、斧、刨等工具，与师傅一起在校园中忙碌的身影。

严于律己，自力更生，对于杨士莪而言，这不但是对自身的要求，也是一种传承的家风。1960 年，杨士莪的三弟杨士萱从清华大学建筑系毕业后，组织上考虑到杨廷宝年届花甲，子女均不在身边，就想将杨士萱分配到南京工学院建筑系工作，既可照顾父母，又可成为父亲业务上的得力助手。父亲得知此事后，对此严词拒绝，坚决不要组织这种照顾。后来杨士萱留在北京，远离父母的荫庇，只身打拼，终有所成。父亲杨廷宝的远见与要求，形成了严于律己的家风，给杨士莪和家人打上了鲜明的性格烙印。

即便在行政工作异常忙碌、分身乏术时，杨士莪也没有放弃水声科研和教学工作，他始终坚持在系里上课、带研究生、搞科研，并对此持之以恒、久久为功。当时与杨士莪搭班子的另一位副院长黄绍（后任学院党委书记）回忆起当时的杨士莪时说："他的头脑很聪明，是一个发展很全面的人，能够将行政工作和科研工作平衡得很好。"

杨士莪在担任副院长之前的1978年，应日中科技交流协会的邀请，作为学院代表团的随访团员，赴日本早稻田大学、长崎综合科学大学等多所高校进行教育考察。这次考察引发了杨士莪对两国教育制度的深入思考。

在参观过程中，给杨士莪留下深刻印象的是中日两国在办学理念上的差异。杨士莪发现，在这些日本高校中，年级越高人数越多。为什么大四的人数反倒比大一多？杨士莪带着这样的疑问，经过了解得知：原来，部分读到大四的学生因为没修够学分、考试不合格等原因毕不了业，只好继续在校学习，因而大四人数越积越多。形

20世纪80年代中期，哈尔滨船舶工程学院水声工程系获得世界银行贷款用于学科建设，图为杨士莪（右）陪同欧洲水声信号处理专家、英国拉夫堡大学格瑞菲斯教授来校调研并讲学

成鲜明对比的是，在当时中国的高校中，大四学生留级的现象非常少见，学校中还曾流行过一句口号叫“不让一个阶级弟兄掉队”，如果某届学生真有几个淘汰率，难免引出一些风波来。杨士莪思考道：朽木难雕，对于难雕的朽木，即使强求加工出器物，质量也难以保证。一定的、合理的淘汰率是自然存在的。国内这种几乎没有淘汰率的教育制度是否科学？

对于这次考察，杨士莪说：

当然，日本高校有很多和我们不一样的地方，有些地方未必我们要学他们，但是我觉得国内有些教育制度和教育理念很值得商榷。高校可以“严进严出”，也可以“松进严出”——“松进严出”也不一定就错，因为有时学生考试由于某些特殊原因没发挥好，如果差一分半分的去卡这个录取分数线对于人才选拔来说，得不偿失。但是如果进了某所高校，只要是其毕业生，就必须达到这所学校一定的最低标准，这就是“严出”，因为这是学校声誉所在啊，就跟你一所工厂生产的产品一样，如果放松标准，出厂的是次品，那不是砸自己的牌子嘛！①

这些想法对他日后在学院担任副院长开展工作，以及对水声学人才培养质量的高度关注产生了一定影响。

1987年6月，副院长任期满后，中国船舶总公司的领导找到杨士莪谈任职一事。杨士莪说：“我是党员教师，如果上级需要，也可以继续出‘公差’，但我本身志不在此，如有其他合适人选，建议将我免职。”

领导尊重杨士莪的意见，将其免职。杨士莪感到“如释重负”的轻松和愉快——终于可以全身心地投入自己擅长的科研工作中去了。1988年，杨士莪担任中国船舶总公司国防科技应用基础研究技术专业组水声及水声对抗专业组组长。

① 2016年1月，杨士莪于哈尔滨寓所接受笔者采访时所说。

四、穷且益坚

“脑体倒挂”是20世纪80～90年代特有的一个名词和社会现象。大多数脑力劳动者的收入普遍低于同龄的体力劳动者，其中尤以教师的待遇最低。当时民间流行的说法是“造导弹的不如卖茶叶蛋的，拿手术刀的不如拿剃头刀的”，虽然中国科学进入了发展的春天，但是知识分子的待遇却迟迟在低位徘徊。

这一时期，国家的工作重心在于经济建设，对于军队建设投入有限。1984年11月，时任中央军委主席的邓小平在中央军委座谈会上作出世界大战十几年内打不起来的论断，由此说：我们既然看准了这一点，就犯不着花更多的钱用于国防开支，要腾出更多的钱来搞建设，可以下这个决心。他表达的正是中共中央对国际国内政治、经济形势深思熟虑后集体下的决心。既然现在经济建设和国防建设不可能两头兼顾，不如抖起胆子，集中财力物力，先顾经济建设这一头。

在1985年的中央军委扩大会议上，邓小平又一次科学分析了中国国情，在此基础上他认为：

> 国家的安全保障最终取决于一个国家的经济实力。百业待举的当前，国家经济建设是大局，必须硬着头皮把经济搞上去，一切要服从这个大局。我们军队有自己的责任，不能妨碍这个大局，要紧密配合这个大局，而且要在这个大局下行动，积极支援和参加国家建设。军队装备要实现真正现代化，只有国民经济有了比较好的基础才有可能。大局好起来了，国力大大增强了，再搞一点原子弹、氢弹，更新一些装备，空中的也好，海上的也好，陆上的也好，到那个时候就容易了。①

截至1985年，中国人民解放军军费仅占同年美军军费的2%，不及苏联军费的零头。同年中国政府决定，中国人民解放军裁军百万。

① 杨英健，彭建冬：《高端军事决策：共和国重大军事行动实录》，北京：人民出版社，2014年，第398页。

因为国家对包括海军在内的军队建设投入减少，海军装备建设的步子放缓，海军装备虽然也搞点研究，少量地试生产，但因为资金少，并不进行设备换装。与海军息息相关的水声学发展环境更让人不容乐观。

随着国家相继发展“有计划的商品经济”、社会主义市场经济，个体户、万元户层出不穷，而知识分子除了每月领取微薄的工资外，没有任何能够创造财富的机会。杨士莪作为博士生导师，每月工资500多元，已是系里教师中的“高收入者”了。毕业的学生中，只有极少数学生会选择留校工作。系里想留几个优秀的毕业生加入科研团队，有学生坦率地对老师说：“老师，学校的待遇太低了，我们不想像你们一样。”一句话，竟让杨士莪等无言以对。杨士莪后来回忆那段生活时说：

> 不能只讲觉悟，也要讲公正。当时我们面临的情况是，招研究生后继无人，很多很有能力的学生出国、经商，而考研究生的人却很少。一个国家不是只有几个尖子人才就能上去，必须有社会的共同追求、平均的人才质量。我认识的一位海洋局研究所副所长，我问他的日子如何。他说：“我不是在搞现代化，而是在适应落后化。进口的设备很先进，我要想办法改变设备去适应掌握不了先进设备的人，太先进了不会用。”①

杨士莪不是一个只顾埋头关心自己工作的人，他很爱管“闲事”，有着强烈的公共意识。

人各有志，大浪淘沙。在巨大的收入差距和更多样的选择面前，有的人离开大学“下海”，有的人出国深造就再没有回来。杨士莪对自己坚守水声领域的选择，有着更加理性的分析：如果出国，水声学与国防关系紧密，到国外只能寄人篱下，给别人打工，于国家发展无益、于自己成长不利；如果单飞、自奔前程，那么团队一旦散失，重建更加困难，而一旦脱离团队，凭借自己单枪匹马，即便个

① 2016年1月，杨士莪于哈尔滨寓所接受笔者采访时所说。

人能力再强，又能开辟多大天地？

因此，他立足学院发展水声学科的选择从未动摇过，他对妻子说：

虽然待遇比较低，但也饿不死。还没到要饿死了另找活路的程度。等国家有钱了，一定会发展海军和海洋事业，我们一定会有再上场的时候。[①]

20世纪80年代末90年代初，杨士莪居家生活照（住处常闹鼠患，对杨家来说，养猫并非作为宠物，而是生活必需）

杨士莪的三叔杨廷賓在回忆录《八十忆往》中，这样描述20世纪80年代的杨士莪：

士莪五十多岁已秃顶留下胡子，高度近视像个小老头。有次我和他乘公共汽车看到有个位置，他忙说三叔你坐，旁边人都以诧异的眼光看这个老头怎么让一个似乎比他年轻的老头坐。有次我在南京，正好他从哈尔滨出差路过南京探望父母，和我同住一个房间，他说："三叔，晚上我还要熬夜可能影响你睡觉了。"当我睡下以后，他打开一个大箱子铺满一桌子资料，等我夜间醒来

① 2016年1月，杨士莪于哈尔滨寓所接受笔者采访时所说。

他还在默默夜战，我看已深夜三点了。他抽烟又喝酒但都是独饮，完全是为了提神，透支自己的精力。我深深感叹我们老一代科学家在艰苦环境中淡泊名利、默默无闻、无私奉献的品格。[1]

20 世纪 80 年代对杨士莪及哈尔滨船舶工程学院水声工程系的师生来说，是个“穷且益坚”的坚守期。杨士莪先后当选为中国声学学会水声学分会主任委员、中国船舶总公司国防科技应用基础研究技术专业组水声及水声对抗专业组组长；1987 年，哈尔滨船舶工程学院杨士莪等六名教授获准接收相关领域的国内访问学者；同年，哈尔滨船舶工程学院有 22 位海洋及水声科学方面的专家被录入《国际海洋科学家名录补编》，其中水声工程系就包括杨士莪、周福洪、何祚镛、蒋楠祥、惠俊英、姚蓝六人。在 1990 年第二次全国高校科技工作会议上，国家教育委员会和国家科委表彰在科技工作中做出突出贡献的单位，哈尔滨船舶工程学院水声工程系作为全国 69 个获此殊荣的单位之一，被授予“全国科技工作先进集体”称号。

“君子固穷”，是一种坚守，更是一种风范。

杨士莪获得的部分奖状

① 杨廷寘：《八十忆往》，未刊稿，第 160 页。

20世纪80年代末，哈尔滨船舶工程学院水声工程系党员合影庆祝“七一”（前排左五为杨士莪）

第九章 南海升帐

1994年4月，悬挂着五星红旗、承载着近百名科研人员的“勘测三号”和“实验三号”水声科学考察船驶入中国南海。这是中国首次具有战略意义的水声科学综合考察，也是首次由中国科学家独立指挥和实施的大型深海水声考察，堪称中国水声界从浅海迈向深海的“第一步”，是国家战略从“近岸防御”到“近海防御”再到挺进深海的一步跨越。作为考察队队长和首席科学家的杨士莪与中国水声科研人员们为此筹划、奔波、企盼了整整十年。

第一节　两级“台阶”

一、水声战略科学家

杨士莪之于中国水声事业的贡献，远不止水声专业的创建。在制定中国水声发展规划、确定水声科研方向、指导和促进中国重大水声科研和工程项目中，他都起到了重要作用。

国防科委水声领导小组成立于1963年的中国第一次水声规划会议上，同时成立了水声专业组。当时，哈军工海军工程系系主任黄景文派杨士莪参加了这次会议。会议讨论了中国开展水声理论和新技术的研究规划，并就建设研究所、工厂的规模和有关高校水声人才培养等问题提出了相应的建议。杨士莪作为小组列席成员，参与了中国水声事业早期发展的谋划。

“文化大革命”期间，因为客观原因，水声领导小组实际上处于解散状态。1982年，国防科工委恢复成立水声专业组，由国防科工委科技委专职委员刘柏罗任组长，汪德昭、杨士莪任副组长。不久后，水声专业组被划归为第六机械工业部领导，杨士莪被任命为组长。从1983年到20世纪90年代末，这个“组长”，杨士莪一干就是十几年。虽然后来因为年龄原因卸任组长一职，但一直被委以顾问之职，直至现在。

水声专业组作为中国水声领域的最高参谋机构，成员均为中国水声界的技术骨干，组长除了需要具备较强的学术能力以外，还需要具有高远的学术眼光、广阔的学术视野，能够对学科发展进行谋划与布局，对整个学科发展起到高屋建瓴的指导和推动作用。

杨士莪任组长期间，参加了历次中国水声规划的编制工作，他与水声专业组成员根据中国水声技术的发展现状，为水声科研的发展方向把脉，先后预见性地提出了拖线阵声呐研制、南海综合水声考察、综合声呐研制、水下目标识别研究、多基地声呐研制等中国水声学发展方向。1986年，他当选为中国声学学会水声学分会主任委员。

1986年9月，中国声学学会水声学分会成立大会合影

（杨士莪位于前排右十一）

正因身处这个平台，杨士莪对中国水声学的发展具有更加全面而深刻的认识。作为水声事业发展最坚定的引导者和推动者之一，他直接参与中国水声科学发展方向的抉择并规划了水声科学的发展

布局，并在这个平台上逐渐成长为一位水声战略科学家。而水声战略，决定着中国水声事业的未来。

1982年，沉寂了十余年的水声专业组在北京召开了“文化大革命”后的首次工作会议。来自全国科研院所、高校、工厂等多家单位的水声科研人员代表共商一个重要议题：在现有的科研条件下，最能提升中国水声事业发展的“台阶”是什么？

1982年4月，“文化大革命”后的第一届水声专业组会议
（左二为中国科学院院士朱物华、左三为组长刘柏罗、
右二为副组长汪德昭、右一为杨士莪）

这次会议具有为水声技术未来几年发展指明方向的重大意义。经过讨论，杨士莪等水声专业组成员对水声事业未来集中力量发展的方向达成了普遍共识，他们认为，要想加速中国水声事业的发展，必须跨上两级“台阶”——进行水声设备拖线阵声呐的研制和组织中国首次南海水声综合考察。

二、将拖线阵声呐研制提上日程

拖线阵声呐是第二次世界大战后水声技术三大突破性进展之一，

杨士莪也早已敏锐地认识到其巨大的发展潜力。

传统声呐大多依托舰艇平台，在使用时因舰艇空间有限而受到诸多限制。例如，舰艇上声基阵的空间尺度有限，进而制约了传统声呐低频性能的提高；舰艇平台的自噪声是传统声呐工作的重要干扰源等。而拖线阵声呐就像拖在舰艇身后的一条长尾，它扩展声阵孔径，并利用长达千余米的拖缆，避免了因为依托舰艇平台而受到本舰噪声等多种限制，使得拖线阵声呐的探测能力大为提高，在低频段上的性能优势也尤其凸显，可用来对潜艇和水面舰艇进行探测、识别及定位。

作为舰船声呐中工作频段最低、作用距离最远的水声设备，拖线阵声呐虽然起步较晚，但是迅速成为水面舰艇、潜艇等的主要声呐装备之一。20 世纪 60 年代，美国开始进行拖线阵声呐技术的研究。70 年代，苏联、西欧等国家和地区将其作为水声技术中重点发展的一项措施，对其展开了紧锣密鼓的研制。到 80 年代时，美国将水面拖线阵列系统引入声监控系统作为远程被动声警戒，对潜艇和水面舰艇的航行噪声实施探测、识别和定位。而当时的中国水声界，对这一方面的研究仍处于空白阶段。

杨士莪等认为，在 20 世纪 80 年代初，国际上也刚兴起对拖线阵声呐研究的热潮，所以，即便中国对此的研究刚起步，还不至于被拉开过大差距，正好可将对拖线阵声呐的研制作为一个着力点，以点带面，进而带动水声学整体学科的发展。综合考虑诸多因素，要想提升中国水声学的研究水平，对拖线阵声呐的研制首当其冲。

经过这次会议统一思想后，对拖线阵声呐的研制工作在 20 世纪 80 年代后半期逐步落实。在该设备的早期研制阶段，杨士莪所在的哈尔滨船舶工程学院水声工程系曾协助七一五所，在重力式低噪声水洞中进行了相关水动力噪声测量的实验。后来，水声工程系的相关科研团队相继进行了关于拖线阵声呐的总体技术研究、流噪声及其控制研究、阵形测量系统研究、信号处理技术等课题，均曾获得中国船舶总公司科技进步奖，为中国水声事业发展迈上新台阶做出了重要贡献。

三、报批南海水声综合考察

水声专业组工作会议中达成的另一个共识，提升中国水声事业的另一级“台阶”——筹措组织中国首次南海水声综合考察，却因为动用的兵力较大，需要的投资较多，在此次会议后酝酿、筹划了长达十年时间。在此期间，杨士莪及水声专业组成员为促成此事花费了大量精力。

杨士莪在谈到筹措南海水声综合考察的初衷时说：

> 几十年来，海军有了一定发展，这从海军在新中国成立初期的反登陆作战到20世纪80年代近海防御的海军战略变化，就可以看出来。我总认为，海军不能老守在家门口，总归得往外走，一往外走就是深海。而深海到底是什么情况？有些什么规律？这就需要中国水声事业的研究领域从浅海迈向深海。在海军走向深海之前，我们这个学科的发展首先需要做好准备，这犹如军队到达那个地区以前，先要有该地区的地图一样。而南海对我国又具有特殊的战略地位和意义，所以，南海考察无论从水声学发展角度，还是从海军建设、国家战略意义上来说，都势在必行。①

水声综合考察是水声科学发展的必要环节，美国、苏联都有庞大的远洋船队专门从事此项工作。当时，整个中国的工作重心在于经济建设，对于南海水声考察这项花费颇巨的工程来说，很难提到日程上来。杨士莪抱着南海考察关系国家战略的坚定想法，开始了艰难的报批过程。

1984年，杨士莪通过水声专业组兼任秘书、船舶系统工程部主

① 2016年1月，杨士莪于哈尔滨寓所接受笔者采访时所说。

任任克明等，将报告一直打到了时任海军司令员刘华清[①]处，力陈组织南海水声考察的必要性。报告引起了刘华清的重视，当即批示说："水声工作很重要，要认真开展。"

写有刘华清批示的报告随后被送到总装备部，经过反复研究讨论，总装备部终于下定决心，同意水声专业组筹备南海水声考察工作。

第二节　十年酝酿

一、"老领导"刘华清的支持

在中国现代国防科技，尤其是现代海军建设方面，刘华清是位绕不开的重要人物。杨士莪可以说是刘华清的"老部下"了。早在杨士莪初登杏坛、在大连海军学校任教时，刘华清就担任该校副政委；20 世纪 60 年代，杨士莪所在的学院划归第六机械工业部时，刘华清任第六机械工业部副部长，分管科研工作；后来，刘华清又任国防科委副主任，分管造船工业和科研工作、海军装备建设的副参谋长，海军司令员等职。"海军建设"堪称两人终生为之奋斗事业的"交集"。

对杨士莪而言，这位"老领导"不但直接促成了中国首次南海水声综合考察，而且因其对海军装备现代化建设的贡献，直接影响

① 刘华清（1916—2011），中国人民解放军上将，他着眼建设强大海军，强调增强海洋意识、维护海洋权益、经略海洋，提出并确立"近海防御"的海军战略，为中国海军的现代化建设做出了巨大贡献。曾任海军司令员，中共中央政治局常委、中央军委副主席等职。

着中国水声学的发展。

刘华清一贯重视包括水声学在内的、可直接服务于海军装备建设的科学。他始终认为武器装备建设是海军建设物质基础的重要部分，是一个重要的战略问题。他早在1975年的《关于海军装备问题的汇报》中就写道：

> 今后十年是海军建设的关键时刻…… 十年装备建设规划，应该是大大地改变目前海军技术装备的落后面貌，不仅在数量上有较大的增加，而且更主要的应在战斗质量上具有现代化技术水平，确保海军能够实现有效地防御帝国主义来自海上的侵略……能到中远海去作战和较好地执行近海的作战任务，并满足对台作战任务……海军这样复杂的军种，不重视技术建设，是不堪设想的。[①]

刘华清对维护海洋权益一直非常关注，提出了“近海防御”的海军战略。他提出的“近海”概念，系指中国的黄海、东海、南海、南沙群岛和台湾、冲绳岛链内外海域，以及太平洋北部的海域。这一海区，既包括《联合国海洋法公约》确定的归中国管辖的全部海域，也包括南海诸岛等中国固有领土。“近海防御”属于区域防御类型，有利于战时中国组织海上防御作战。

早在20世纪80年代刘华清就任海军司令员时，就对海洋权益和经略海洋具有了深刻认识。他在回忆录中写道：

> （20世纪80年代初）外部世界已经发生很大变化，尤其对于海洋，人类的认识又有了新的飞跃，对于海洋资源的需求日益增长，海洋开发技术的迅猛发展展示了大规模开发海洋资源的广阔前景。这一切都极大地激发了各国将其沿海自然资源置于本国管理之下的热情。第三次世界海洋会议已经结束，这是数百年来人类对海洋的一次新的划分，濒海国家无不对海军建设表现出格外的重视。很遗憾，作为一个海洋大国，中国不仅

① 施昌学：《海军司令刘华清》，北京：长征出版社，2013年，第39-42页。

没有跟上这一步伐，反而忙着“文化大革命”，进一步拉大了与世界的差距。

……

海洋在世界政治、经济、军事斗争中的地位日趋重要，围绕海洋权益的斗争越来越尖锐复杂。根据新的国际海洋法，我国可以划定300万平方公里左右的管辖海域，这些海域和大陆架，构成了我国海洋国土，蕴藏着丰富的海上资源，尤其黄海、东海和南海，更是我国赖以生存和发展的资源宝库和安全屏障。在我国当前海区，由于种种历史原因，在海洋资源开发、专属经济区的划界、大陆架的走向和部分岛屿特别是南海诸岛归属和开发等方面，与周边国家存在很多争端和分歧。①

而杨士莪所力主的南海水声考察结果的最直接应用，就是为海军的作战训练和未来海战的战场适应做准备。

杨士莪去过很多海域，也在诸多海域进行过科研工作。见识越多，他就越发认识到：不同海域各有特点、千差万别，如果不去了解，人们很难做到在短时间内能自然地适应和利用该海域的条件。只有通过水声考察，才能得以真正熟悉属于自己的这片海洋。

出于对海洋权益和海军建设的共同关注，杨士莪的很多想法符合刘华清的观点。所以，当以杨士莪为首的水声专业组将关于南海水声综合考察的报告送至刘华清的案头时，刘华清很快给予了批示，并为该次考察提供了积极的支持和帮助，由海军落实部分经费，派海军军舰“勘测三号”作为水声考察船只，组织海军官兵协助考察等。

二、系统庞杂的考察筹备

对于杨士莪等水声专业组的诸多成员来说，这场历时十年的考察筹备是一个系统庞杂的工程。

① 刘华清：《刘华清回忆录》，北京：解放军出版社，2007年，第415-436页。

在此期间，杨士莪制定了考察方案，奔波于北京、广州、湛江等地进行调研，起草编写了《南海重点海域水声综合考察论证报告》《南海重点海域水声综合考察实验大纲》《南海重点海域水声综合考察实施计划》等重要文件。实验用船和设备落实、参试人员组织、登船出海地点、航次、航路规划、实验项目内容确定等，杨士莪对这项浩大的工程进行了周密而详尽的筹划和安排。

国家为这次考察也进行了大量人力、物力和财力的投入。国防科工委将其作为"八五"重点攻关预研项目，并主持考察计划。中国船舶总公司、海军及中国科学院联合组织实施，投入近百台（套）大型设备，组织了全国十三个单位、上百名水声科研人员共同参加。在这些科研人员中，除了杨士莪以外，哈尔滨工程大学[①]水声工程系杨德森、谭福满、李新民、朴胜春、于铭、赵景义、陈德智七名青年教师也参加了考察。他们在这次考察中得到了很大锻炼，并成长为中国水声事业发展的中坚力量。

1994 年春天，杨士莪被任命为南海水声综合考察队队长和首席科学家，正式开展中国首次独立进行的大型深海水声考察。这一年，杨士莪 63 岁。

第三节　初探南海

一、中国水声界迈向深海的第一步

南海是中国最深、最大的海区，位于太平洋和印度洋之间的航

① 1994 年，哈尔滨船舶工程学院更名为哈尔滨工程大学。

运要冲，是联系中国与世界各地的重要海上通道。海上岛屿星罗棋布，渔业资源异常丰富；海底蕴藏着大量矿藏资源，尤以油气资源著称。南海在经济、国防上的效用不可估量，战略价值日益彰显，尤其是南海诸岛中位置最南、分布范围最广、包括岛礁最多的南沙海域，是中国经由南海与各国往来的交通要冲，也是中国南部安全的重要屏障，战略地位十分重要。

刘华清对南沙一直非常关注。他曾在回忆录中写道：

> 可以说，南沙群岛的主权本无争议，但由于其重要军事和经济价值，早已为一些邻近国家所垂涎。自（20 世纪）70 年代以来，他们不断侵占我国南沙岛礁。我刚到军委工作时，这片美丽富饶的群岛中，除了我们占领的永暑礁、华阳礁和国民党军队驻守的太平岛外，其余露出水面的岛礁几乎均被越南、菲律宾、马来西亚侵占。他们的目的很明显，就是经济利益，特别是想争夺海底的石油资源。①

驻防南沙、经略南海是刘华清海军战略的重大关切与核心命题之一。就南海的战略意义而言，对其进行深入研究迫在眉睫、至关重要。

对于南海，杨士莪并不陌生。早在 1959 年，正当韶华的杨士莪作为中方副队长就参加了中苏联合南海水声考察。那次考察主要依靠苏联的设备，中方人员大多对水声不熟悉，抱着学习的态度参加。时隔 35 年后，中国终于有能力依靠自己的力量开展大型的考察工作了。

此次南海水声考察的主要目的在于弄清南海典型海域的水声传播规律。在这次考察之前，包括 1959 年的中苏联合南海水声考察在内，中国的水声研究工作大多限于浅海。对此，杨士莪说：

> 1959 年的中苏联合考察，对于我们国家来说是属于启蒙式的，就是让当时我国水声科研工作者们知道了水声考察到底是

① 刘华清：《刘华清回忆录》. 北京：解放军出版社，2007 年，第 534 页。

怎么回事，该怎么干。苏方从未在亚热带海区做过相关实验，所以，他们的目的是了解亚热带海区的海洋环境及其对水声的影响，取得亚热带海区的海洋环境参数。而我们国家当时由于水声研究刚起步，想借机向苏方学习水声到底怎么个干法，我们的目的是学习。所以，当时在南海进行浅海的考察，就可以满足双方的需要。那次大部分考察和实验工作是在大陆架做的，最远的一次实验是在大陆坡进行的，还没有到达深海。

而1994年中国独立进行的南海考察，侧重于深海海域，堪称中国水声界向深海迈出的第一步。此行目的在于以南海为样本，考察声波在深海的传播衰减规律，并探明不同海域环境对声波传播的影响。当然，水声研究包含范围甚广，这次考察的内容只是水声工作中的一部分。第一次到达一片新海域，不能全都研究，只能抓点最主要的。在这次考察以前，我们顶多就是看看国外的文献，知道人家做了什么，我们国家从来没有自己做过相关研究。[①]

二、天然实验室

在南海海域，大陆架、大陆坡和中央海盆三个部分呈环状分布。海底地势北高、南低，北部水深2000余米，南部水深4000余米。大陆架和岛弧分别以不同的坡度倾向海盆中。陡峭的大陆坡、海盆上矗立的海山、海丘，构成了海底复杂的地形。正是这样的海域条件，为考察队提供了一座可以实现不同实验目的、多功能的“天然实验室”。

1994年4月和5月，杨士莪带领考察队分别进行了两个航次的考察。根据南海的海域特点，杨士莪等将考察重点放在了研究声波在大陆架陡坡、半声道地区、深海声道三种海域的传播衰减规律，

① 2016年5月，杨士莪于哈尔滨寓所接受笔者采访时所说。

以探明不同海域环境对声波传播的影响。

经过反复斟酌，他在南海选择了位于海南岛东南方向的大陆架陆坡、中沙地区和南沙地区三个典型海域作为考察的研究对象。大陆架陆坡是位于浅海与深海之间的过渡区，声波在这里的传播情况和在水平地区传播时有所不同；中沙以南地区是约 4000 米水深的深海区，可以作为研究深海声道的典型地区；南沙地区是约 3000 米水深的深海区，可以作为研究半声道的典型地区。

深海信息传播，声道至关重要。所谓“声道”，就是指海洋中易于声传播的水层。这一水层是由于海水中温度、盐度随深度的变化及压力作用不同，造成声速随深度的变化而形成的。1946 年，苏联的布列霍夫斯基和美国科学家毛里斯·尤因等分别发现，在大洋深处的深海声道中，声音可以传播到数千千米之外而没有减弱的迹象。例如，1 千克三硝基甲苯（TNT）炸药的爆炸声，能在声道中传播一万千米以上。后来的实验更是表明，在澳大利亚南部海中投下深水炸弹，爆炸产生的声波顺着深海声道，绕过好望角后，折向赤道，又横穿大西洋，历经 3 小时 43 分钟后，竟被北美洲百慕大群岛的测听站收听到。计算起来，这颗炸弹爆炸后的声波在声道中一共“走”了 19 200 千米，在海洋中环绕地球达半圈！

人们利用声道的特性，建立起海洋水声系统，进行水下通信，接收遇险船舶、失事飞机的求救信号，监测水下的地震、火山爆发和海啸等，军事上用于建立海上警戒、反潜、防潜作战系统等重要领域。所以，苏联把“深海声道”看成与原子弹的“真空阀门”一样尖端和重要。

凡事预则立。对于这次来之不易的考察，队员们倍感珍惜。为了取得理想的实验结果，需要确保更好的实验手段，熟练地掌握实验过程，充分分析并利用实验数据。杨士莪作为考察队队长，对实验总体规划的统筹安排，就显得尤为重要。为了实现更好的考察效果，考察队研制了专门的实验设备，如作为声源投放到固定深度爆炸的声弹，用于接收信号的声垂直阵、水平阵等，都由相关单位专门研制。

1994 年 4 月，百余人的考察队分乘两艘考察船，开展了为期二十余天的实验考察。考察船从榆林港出发，到南沙群岛，航迹自北向南，深入中国南海。

在大陆架陡坡上的实验，“勘测三号”位于大陆架陡坡下方发射信号，“实验三号”在大陆架陡坡上方的不同位置接收信号，以测得在不同距离、不同方位所接收信号的变化，让实验结果与声波传播规律的理论计算结果相互印证。

在中沙地区的深海声道实验中，杨士莪带领考察队，进行了长达 500 多千米、直至越南边境的深海声道实验，重点研究了声波的“汇聚效应”，进一步证实了声波在汇聚区更强，作用距离更远。

1994 年，南海考察期间，杨士莪（中）与参试人员合影

在南沙海域的半声道实验中，主要考察声波在半声道地区的传播现象、规律及其特点。实验结果表明，在半声道地区，声波没有明显的“汇聚效应”，水下探测需主要依靠海底反射声的作用。

浩瀚的大海，向科研人员展示了大量内涵丰富、等待深入研究的课题。杨士莪回忆说：

我们很幸运的是，在海上的二十几天，碰到的海况都很好。不同的海域，我们得到的结果大不一样——在大陆架上的实验，很远的信号都能接收；在深海声道的情况下，甚至可以接收到好几百公里外的信号；但是到了南沙，那里地形更复杂，深又不深，浅又不浅，传播条件就不像之前的两种情况，而是声音衰减得很快，我们本来预计能做得挺远，实际上却做不到那么远……由于海区水文条件不一样，会观察到没有接触过的现象。第一次到一个新的地区，不能全都研究，抓点主要的。对这个海域增加了很多了解，无论从军事上还是保护贸易通道上都有很大作用。[①]

三、上下千条线，中间一根针

万顷碧波、星罗棋布的珊瑚礁、穿梭飞行的白鲣鸟……在平常人眼中浪漫多情的海洋，在与杨士莪等研究它的科研人员打交道时，却时常乖戾莫测、难以捉摸。

在深海区域作业时，赤道附近的太阳几乎垂直高悬于头顶，甲板温度达到七十余摄氏度，烫得没处落脚，科研人员顶着烈日，抱着一百多斤的线轴在电缆里钻来钻去，一干就是十几个小时，有的实验项目甚至需要连续工作三昼夜以上。年过花甲的杨士莪身先士卒，和大家一起忍受着高温酷热、缺少淡水、没有蔬菜的艰难时刻。长时间的海上实验，使得淡水告罄，杨士莪和同志们把压载水舱漂着油污的水烧开了喝。有一次出海，还没等实验结束就几乎断粮了，菜、肉早已吃完，仅剩下一点宝贵的米和一桶盐，在潮热难耐的气候条件下，大家就白天做实验，晚上打鱼，以盐水煮鱼为食，一直坚持到实验结束。

身处茫茫大海的考察船，渺小得犹如一叶扁舟。无边无际的汪洋对造访的来客不分年龄、一视同仁，让他们饱尝孤寂颠簸之苦。

① 2016年5月，杨士莪于哈尔滨寓所接受笔者采访时所说。

杨士莪与大家同吃同住同工作，并将多年积累的海试经验分享给队员，关照、嘱咐年轻的科研工作者各种注意事项。当考察队员劳累一天已经酣然入梦时，杨士莪却常要在确保所有人员、实验设备安全无虞后，考虑接下来的考察内容安排或者根据实际海况变化是否需要调整实验方案等。

花甲之年的他与年轻人相比，在年龄和体能上本就毫无优势可言，可在高强度的考察工作中，人们却从未见他流露过半点疲态或慌乱失措的神色，他总是指挥若定，行事沉着果断。事实上，与在考察工作中独当一面的很多青年人相比，作为总指挥的杨士莪要独当多面、把握全面，“上下千条线，中间一根针”，他既要对上与领导机关打交道，又要对下统筹所有科研人员，其体力与精力的付出都要几倍于旁人。此外，他还要承担更大的精神压力，他深知自己肩负的重担——中国水声界三十五年的等待、十年的筹备、国家数千万元的投入……此行务必全胜而归，不能有丝毫差池。他心无旁骛地投入考察实验中，此前充分的准备和顺势达观的性格使他将心态调整得很好，也因此给年轻的科研工作者们留下了对他指挥考察时“举重若轻”的印象，就像清代赵翼品苏东坡的诗时所说：“读之似不甚用力，而力已透十分。”

再好的海况，海上也是无风三尺浪。尤其是在无边无际的远海，晕船几乎成了考察队员们在实验中无时无刻都要对付的“敌人”。杨士莪因为常年海试，早已习惯了海上风浪的颠簸，他虽不晕船，但是也深知晕船之苦。他告诉年轻的科研工作者们，越在晕船时，越要喝水或者吃些东西，这时喝水吃饭不只是为了解渴充饥，更是为了胃里有东西可吐，吃了吐，吐了再吃，胃里有东西可吐，才不会严重地伤害身体。

考察队中有个负责接收信号的队员，因为晕船晕得最厉害，被大伙儿评为“晕船委员会主任”。在海上实验时，该队员右手边放着一个暖水瓶，左手边放着一个水桶 ，一边读实验数据，一边“哇”

地一口吐出胃中涌涨的酸水，随即喝些热水，接着再吐出来，如此往复，却自始至终坚守岗位。杨士莪对这样的科研工作者充满爱护和赞赏之情。直到二十多年后，有记者采访他关于哈尔滨工程大学“三海一核”办学特色发展历程时，杨士莪仍对当时的情景历历在目，饱含深情地提到那些科研工作者，他说：“学校的特色、水声学的发展，就是在一大批这样可爱、可敬的科研工作者的坚守中，一点一点积累、形成和发展的。”

1994 年 5 月，在考察即将结束时，杨士莪带领考察队登上了位于南沙群岛中部的永暑礁。

永暑礁是一个环形珊瑚礁，地理位置优越，战略价值很高，当时是中国在南沙行使主权的管辖中心。礁上除了有中国海军驻守南沙修建的房屋外，还建有海洋观测站，这是中国政府与中国海军维护南沙群岛领土主权与海洋权益的标志性工程。听着守岛战士介绍他们在岛礁上的生活和工作，远眺早就架设到中国领海的某些国家的石油钻井平台，面对海洋主权被侵占、海洋资源遭掠夺的现实，杨士莪更加深刻地认识到：“保卫、开发海疆，仅仅依靠外交声明是

1994 年，南海考察即将结束时，杨士莪登上了永暑礁

维护不住的，必须要建一支强大的海军来保卫，而我们的使命就是加速这个过程。”

在这次南海考察中担任“指挥助理”、后来当选为中国工程院院士的杨德森，对老师杨士莪的话感同身受。他在接受记者采访时曾多次感慨和呼吁：“我们还有300万平方公里的管辖海域不能忘。南海资源太丰富了，这么大的海疆应该更加好好关心和充分利用。”

关于这次南海考察对中国水声学发展的意义，杨士莪认为：

> 这次考察是我国第一次自己组织的大规模水声综合考察，我们认真研究了大陆架陡坡地区的水声传播规律，第一次认真地做了声波在深海环境中的传播特点，在南海岛链地区、复杂地形条件下的声波传播规律，获取了大量宝贵的实验数据和对一些现象的初步认识。①

这次由杨士莪带领的南海综合水声考察，是中国首次有战略意义的大型深海水声综合考察，也是中国水声科研工作者首次独立的出航考察。考察获得了近千亿字节丰富、可信的实验数据，积累了

1994年南海考察远航归来，考察队员与前来迎接的同志们合影
（左四为杨士莪，左二为杨德森，左六为张仁和）

① 2016年5月，杨士莪于哈尔滨寓所接受笔者采访时所说。

大量宝贵的第一手资料，掌握了南海典型海域的水声环境特点及主要参数规律，提高了海洋水声条件预测和重点海区建模能力，并为中国水声事业锻炼了一大批新生力量，使中国水声事业首次从浅海迈向深海。1998年，这次考察成果荣获中国船舶总公司科技进步奖一等奖。

四、水声事业的“汇聚区效应”

1959年中苏联合南海水声考察，主要依靠苏联的设备，以水声物理为主，是对中国水声学发展的启蒙，杨士莪和一批水声科研工作者通过考察实践和苏联专家的讲学，开始成长为中国水声的专业骨干，揭开了中国水声事业全面发展的序幕；1994年中国首次独立开展南海综合考察，使中国水声界对深海形成初步认识；二十余年后的今天，中国水声研究和海军走出南海，走向更广阔的深海大洋……包括亲历这整个过程的杨士莪在内的一代代水声科研工作者，将研究的足迹踏上了以前难以想象的海域。对此，杨士莪说：“我的一个比较明显的感受是，我们的水声研究现在有能力依靠自己走向更广阔的海域，是以国家的整体实力作为后盾的。”在这个过程中，他和一大批执着坚守的水声科研工作者们，功不可没。

中国的国土面积有多大？绝大多数国人可能会不假思索地回答：“960万平方公里。”从小学、中学到大学的地理教科书上，沿袭着“960万平方公里”的国土概念，而对38万平方公里的领海、300万平方公里的管辖海域却提及甚少。中国的国土由陆地国土和海洋国土组成。数十年来，通过哈尔滨工程大学这个国内最大的水声专业人才培养和科学研究基地的平台，杨士莪将海洋情结传递给了更多学生，使更多学生认识到利用海洋、保卫海疆的重要性。刘华清曾说过：“海洋战略是国家战略的重要组成部分。”杨士莪对此一直念念不忘。杨士莪始终认为：“只有当海洋观念升华为国家观念和战略思想，经略海洋才能转化为民族的整体意志和国家行为。我们拥有广泛的海洋权利和海洋利益，炎黄子孙都应该增强海洋意识，承担维护国家海洋权益的责任和保护海洋的义务。”

近年，国家提出建设“蓝水海军”，意即能将海上力量扩展到远洋及深海地区，这离不开海洋科技的支撑。这是时代带给杨士莪和水声学发展的又一次历史机遇。南海综合水声考察二十余年后，中国海军的发展路径与杨士莪组织开展深海考察所做的预研与积累形成了“汇聚区”，正像声波在汇聚区更强、作用距离更远一样，这种“汇聚区效应”无疑会使杨士莪终生为之奋斗的水声事业步入发展的快车道。

2012 年，党的十八大报告提出“建设海洋强国”，这一重大战略部署是中国进入新的历史发展时期的必由之路。除了它的政治意义与战略意义以外，让杨士莪倍感振奋与欣慰的是，经过数十年的坚守后，他终于迎来了自己的事业与国家战略最大化地同频共振的时代；他在耄耋之年，终于看到数十年积聚的国家实力和能量使中国有能力进行“海洋强国”的建设，可以有实力在国际舞台上扮演重要角色……

南海综合水声考察对于中国水声学和中国海洋科技的意义，使杨士莪等水声科学工作者的名字被载入了中国海洋科技发展史册。

荀子在《劝学》中说：“无冥冥之志者，无昭昭之明；无惛惛之事者，无赫赫之功。”在实现强国理想的道路和自己的科研之路上，杨士莪步步坚实有力，不敢稍懈。而命运对于这样专心致志、执着得“一根筋”一样的人物，似乎也格外眷顾，悄然为杨士莪准备了一件后来被他自己戏称为“帽子”的礼物——一枚院士勋章。

第十章

薪火相传

第一节 院士勋章

1995年7月的一天，杨士莪当选为中国工程院院士后，有记者前来采访当选感受。杨士莪平静地说："赞誉本非一人所有，是众缘相合，实在不必沾沾自喜；诋毁亦非天大事，己错则改，人错不咎，你就是你，并不因毁誉而变作他人。实实在在做事，本本分分做人。"[①]这种从容与豁达的"平常心"，是杨士莪对待所有外界评价的基本态度。

一、当选为中国工程院院士

1994年6月，几乎与杨士莪在南海水声综合考察同时，中国工程院在北京成立。这是中国工程技术界最高的荣誉性、咨询性学术机构。中国工程院院士是国家设立的工程技术方面的最高学术称号，从已在工程科学技术领域中做出重大的、创造性成就和贡献的优秀工程科技专家中选举产生，为终身荣誉。

鉴于杨士莪在中国水声科学方面的重大贡献，作为中国水声界的代表人物之一，1994年11月，中国造船工程学会将其提名为中国工程院"机械与运载工程学部"院士候选人。

在杨士莪"候选人提名书"上的"工程科技方面的主要成就和贡献"一栏里，主要列举了他三个方面的贡献：

一、他为我国水声事业培养第一批专业骨干；创建第一个理工结合的水声工程专业；三十多年来为我国水声学科建设、

① 王晨：《领受功与德 笔墨抒高怀——专访著名水声工程专家杨士莪院士》，载于《科学中国人》，2009年第10期，第52-59页。

决策作出突出贡献。

二、二十多年来，作为我国“水声定位”理论提出者和技术决策者，主持研制我国洲际导弹海上靶场水声测量系统和一批具有国际先进水平的水声定位系统，为我国水声导航定位技术的发展奠定了基础。

三、主持建设我国第一个低噪声水洞，倡导开展水雷目标识别等国际前沿研究课题，取得了一系列具有国际先进水平的基础和应用研究成果，是我国水声界公认的学术领导人之一。

中国造船工程学会在“提名单位意见”中写道：

杨士莪教授是我国水声工程专业创建人之一，著名水声专家。现任国务院学位委员会学科评议组成员，船舶与海洋工程学科召集人；中国声学学会副理事长及水声分科学会主任委员；中国船舶总公司国防科技应用基础研究技术专业组水声及水声对抗专业组组长等多项学术职务。

他倡导水声物理、换能与设备的结合，并在军事工程学院创建了我国第一个理工结合、完整配套的水声工程专业。该专业现已成为全国重点学科和博士后科研流动站，并批准建立国防科技国家重点水声技术实验室。

他首先开展国内水声定位系统研制。在他领导下，哈船院水声研究所相继研制完成洲际导弹落点水声定位系统、船载鱼雷轨迹三维测量系统等一系列具有国际先进水平，用于不同目的的长基线、短基线和超短基线水声定位系统。

他 1959 年参加中苏联合南海水声综合考察，任中方副队长。“八五”期间积极推动和进行了我国首次独立大型深海水声综合考察，任技术组组长，考察队队长兼首席科学家。获取了大批宝贵资料，培养锻炼了青年水声科技工作者。

他是我国最早水动力噪声研究的开拓者之一，解决了国际上悬而未决的水洞降噪和测量方法问题；领导了探雷声呐技术的基础研究，提出了目标识别的新途径。是我国水声界公认的学术带头人之一。

他热爱社会主义祖国，热爱中国共产党，拥护党的十一届三中全会以来的路线、方针和政策，治学严谨，学风正派，把自己的全部精力都贡献给我国的国防科技和教育事业。

我学会认为杨士莪教授具备工程院院士的条件，提名作为中国工程院院士候选人。

1995 年，杨士莪当选为中国工程院院士

历经半年多的评选，1995 年 6 月 18 日，杨士莪等 186 位专家当选为中国工程院院士，并经国务院批准发布。

数十年来，杨士莪扎根水声工程学科，将毕生精力倾力投注于此，不懈追求满足国家重大战略需求的水声事业，他培养并见证了从水声专业走出的人才占据了中国水声科研的大半壁江山，见证了院系立足特色、谋海济国，服务国家重大需求的发展步伐，这枚沉甸甸的院士勋章，饱含对这种忠诚、执着与服务国家能力的肯定和赞赏。

中国船舶总公司随即发布该公司包括杨士莪在内的六位科学家当选为院士的消息。随后，哈尔滨工程大学校报《工学周报》在头版头条刊发了《杨士莪当选中国工程院院士》的消息。当月再出专刊，对其当选表示热烈祝贺。评论员刊发社论文章称：

杨士莪教授大学毕业四十五年，在教学、科研第一线拼搏奋斗了四十五年，在高级人才培养和水声科技研究领域为国家做出了重要贡献，取得了学界瞩目的成绩。国家授予他这一学界最高荣誉和地位，就是对他为国家做出的成绩和贡献的明确肯定。中国的水声事业发展到今天，中国的水声定位技术跻身世界先进行列，杨士莪功不可没。工程院院士这一头衔的获得，说明他的国内水声界学术领导人地位已经得到学界和国家的一致认可。拥有这样一位杰出的科学家是哈尔滨工程大学的荣幸与骄傲。

一时之间，各种祝贺与赞誉纷至沓来。

面对诸多赞誉，杨士莪很平静，甚至略显淡漠。在他看来，自己不过是换了一顶“帽子”。

后来，他这样谈起当选院士的感受：

> 就像最开始由助教，到讲师，到副教授，再到教授一样，这些称谓就像一顶顶帽子，院士无非是另一顶帽子，戴帽子的人并不会因为换了一顶帽子而发生什么本质变化。院士是整个科研团队的代表，而不能成为某个个人的荣誉，就像造飞机、军舰的总师，一个人能把飞机、军舰造出来吗？做不到的。任何个人，实际上都是一个团队的代表。院士作为这个团队的带头人，是把优秀的团队比较和谐地组织在一块儿，并使这个团队迸发出最大的战斗力，去攻克难题。况且，当不当选院士，其中也有一定的机遇因素，我只是很幸运地赶上了这个机遇。[①]

因而，在得知自己当选为中国工程院院士的消息时，杨士莪的心情平静得一如往常，甚至连晚饭也没加个小菜以示庆祝。倒是远在南京、已 84 岁高龄的母亲陈法青得知这个消息后，异常欣喜、倍感欣慰。1955 年，老伴儿杨廷宝当选为中国科学院学部委员（院士）时，长子杨士莪刚刚年过弱冠。时隔四十年后，时空交错中，年过花甲的长子取得了不啻父辈的成就，父子两代人的人生轨迹竟因为国家给予科研人员的最高荣誉而有了奇妙的重合。四十年间，

① 2016 年 5 月，杨士莪于哈尔滨寓所接受笔者采访时所说。

长子已历练成为出类拔萃、水声领域的领军人物之一，子虽未承父业，但能见用于国家，老伴儿若能泉下有知，也定感快慰。陈法青兴奋之余，将这个好消息告诉了亲朋好友们，相较于这个消息本身，她更乐于分享的是作为一位母亲的骄傲与自豪。

二、“帽子”的比喻

将各种荣誉和头衔比作“帽子”，是杨士莪常打的比喻。近半个世纪中，杨士莪换了助教、讲师、副教授、教授、院士等多顶“帽子”，但他始终保持谦虚严谨的教学、科研态度，始终一步一个脚印，一步一级台阶，不敢稍懈。他知道，在水声领域，还有太多问题亟待解决，中国的水声科研水平与世界发达国家之间还有较大差距，作为中国水声学界的领军人物之一，他当仁不让、责无旁贷。因此，他以只争朝夕的赶超心态，全身心地投入水声科研中。

科学有险阻，苦战能过关。对于杨士莪而言，他仿佛在爬一座高山，虽然每到一定高度，会有一顶“帽子”作为奖赏，但杨士莪的目的却在于山顶那令人难以企及的高度，而不在于攀登过程中到达某个高度的奖赏。无心插柳柳成荫，在杨士莪心无旁骛、勇攀高峰的过程中，荣誉和头衔却也水到渠成地成为他这一路走来的额外收获。杨士莪对这些包括院士在内的“帽子”却不甚在意，他始终认为，在水声领域，他要到达的山顶还远着呢，哪有闲暇去欣赏顶顶耀眼的“帽子”！

中国工程院院士的职责在于对国家开展的重要工程科技问题与研究提供决策咨询，对工程科技的发展与应用提出报告和建议等。当选为院士给杨士莪带来的最大变化，除了更多的会议与事务外，就是使他更加谨言慎行。杨士莪性格随性，在日常生活中是个不拘小节的人。他深知在院士的头衔下，说话的权重自然不同，也许自己在不经意间说出的话，会对别人起到导向性的作用或者重大影响，在这个位置上，说出的话都要经过仔细考虑和认真推敲，绝不能有

"无心之失"，也因此，杨士莪尤其慎言。也许在旁人看来，院士勋章是杨士莪学术成长之路上水到渠成的人生奖赏，但对杨士莪自身而言，却意味着更大的使命与责任。

1995年6月，杨士莪到北京参加院士大会。通过与同行的交流，他更加认为：

目前来看，我国的大多数工作还是在借鉴、模仿，适当改进和修正。拥有真正属于我们自己的开创性的成果，是我们的努力方向。现在我国也更强调一些基础性、理论性的研究，但真正实践力度不够，有些急功近利。我们应该利用我国社会制度的优越性，集中组织力量进行攻关，推动相关科研工作更快进步和完善。

没有因为院士这顶"帽子"做丝毫的停留，杨士莪已全身心地投入自己醉心的教学和科研事业中去了。

第二节　壮心不已

一、精神愈用而愈出

20世纪末，有媒体采访杨士莪时问道："成为院士后，您最想做的事是什么？今后还有什么计划？"杨士莪笑答道："今人百岁，已非古稀，七十尚属春秋，打拼水声事业，仍正当其时。生命不止，壮心不已！"

曾国藩说："精神愈用而愈出，智慧愈苦而愈明。"这句话尤其适用于当时年近古稀但依然壮心不已的杨士莪。

他仍然担任国务院学位委员会学科评议组船舶与海洋工程学科

召集人、中国船舶总公司国防科技应用基础研究技术专业组水声及水声对抗专业组组长、中国声学学会副理事长及水声学分会主任委员、《声学学报》编委、哈尔滨工程大学学位评定委员会副主任、哈尔滨工程大学水声研究所所长等职务。作为博士生导师，他承担多门课程的教学任务，除了为博士生、硕士生授课以外，他还为本科生讲授水声学的入门课——振动和声学基础绪论；他仍然参加一些重大国防科技预研课题的研究工作，担任数个大型科研任务的项目负责人。此外，他还著书立说，于1994年完成了十万字的水声领域前沿论著——《水声传播原理》；他带领哈尔滨工程大学水声工程系师生，打造了一支“敢啃硬骨头”的水声科研“国家队”。1995年，水声工程系被中国船舶总公司授予“八五”国防科技预研先进集体光荣称号。1996年，水声技术国防科技重点实验室成立，由杨士莪任该实验室学术委员会主任。2001年，杨士莪被西北工业大学聘为教授和博士生导师。

繁杂的事务将杨士莪的时间密度压缩得很大。2004年4月，杨士莪、谢爱梅夫妇邀三叔杨廷寘于西安相聚。杨廷寘在《八十忆往》中，这样记述此行和杨士莪的日常生活：

> 他在哈尔滨工程大学和西北工业大学两地任教，整日东奔西跑很难落屋。在我们去（西安）的第二天，（杨士莪）就到北京开会去了。当我们离开西安时他还未回，但每晚都来电话安排儿子、子媳陪我们去咸阳兵马俑等地参观游览，爱梅任以残病之躯仍陪我们到了革命圣地延安，她已瘫痪多年整日在轮椅上度日，士莪每次回来不顾劳累对爱梅问寒问暖，为小孙女人杰调理饮食，小狗楠楠跳上跳下绕着他撒欢，这也许已是他调节思想生活的方法了……
>
> 这次相聚士莪已届古稀，虽然更加苍老，但精神矍铄、坦然自得，每当下班回家还料理家务、照顾病残的妻子，似乎仍是那么轻松。岂不知他每天肩负着培养众多博士生的重任，面

对面、手把手地将他的技艺无私地传授给他们，恨不能撒豆成兵壮大我国的水声学队伍。[①]

二、引进矢量传感器

汪德昭曾说：“好的科学家就应该像老鹰扑兔一样，老鹰在觅食时，总是先飞得高高的，在高空盘旋，用它敏锐的目光搜寻猎物，一旦发现目标，就会迅猛地扑下去，紧紧抓住兔子不放。”这样的特质在杨士莪身上体现得尤其明显。无论是学术上还是思想上，其敏锐性、洞察力和驾驭力，都非常令人叹服。

1997年，俄罗斯学者、水声专家弗拉基米尔·休罗夫到中国进行学术交流。他把中国之行的首站选在国际上公认的中国最好的水声科研基地之一——哈尔滨工程大学。杨士莪在同休罗夫交流期间，得知休罗夫及莫斯科大学的几名教授正在进行矢量传感器的相关研究。“矢量传感器”几个字像针一样，触动了杨士莪敏感的科研神经，不禁让他打了个激灵，眼前一亮。

杨士莪负笈苏联时期的恩师布列霍夫斯基于20世纪70年代著有《海洋声学》一书，该书代表了现代海洋物理声学的水准，一定程度上代表了以测量“标量声压”为基础的近代水声学的发展水平。后来，戈尔季年科等一批俄罗斯水声学者在开阔深海区和近岸海域观测到与声场的“矢量”特性有关的现象，根据声场的矢量特性，提出了有别于经典“标量法”的新的研究方法和方向——“矢量－相位法”，并以此理论为基础，研制出了用于水声研究的矢量传感器。休罗夫是海洋环境噪声矢量遥测手段的创立者之一，他在海试中多次使用该设备，发现其具有明显而独特的优越性。他后来于2002年出版的《海洋矢量声学》，以深海水域及近岸海域内的海洋环境噪声和信号为研究对象，对海洋声强矢量场特性进行研究，介绍了矢量传感器的特性及使用，是其代表作。

① 杨廷寘：《八十忆往》，未刊稿，第156页，第161页。

在与休罗夫会面之前，杨士莪就已关注到一些国际上对矢量传感器的研究动态。1991 年，美国声学杂志连续刊出美俄两国学者九篇有关声矢量传感器研究方面的论文，这种情况较为罕见。杨士莪敏锐地预感到矢量研究在发展海洋物理声学中的巨大前景及对水声研究的重要意义。1995 年，美国海军研究局资助美国声学学会举行声矢量传感器专题研讨会，并出版了《声质点振速传感器设计、性能和应用》论文集，反映了当时美国海军的科研兴趣点和美国声矢量传感器的研究动态。这进一步证实了杨士莪对于未来国际水声学发展方向的预判，也使他对矢量传感器的研究兴趣日益浓厚和迫切，而当时国内水声界对这一方向的研究一片空白。

会面当天，休罗夫介绍的内容对杨士莪而言，不啻福音。天赐良机，时不我待。第二天天一亮，杨士莪就迫不及待地坐上赴京列车，专程向领导机关汇报此事，力陈引进这一技术的重大意义和发展前景，建议领导机关给予经费支持。杨士莪的建议得到了上级支持——划拨专项经费引进矢量传感器技术，并建立实验室对其开展基础和应用技术研究。

声场具有矢量特性，在连续介质中，任意一点附近的运动状态可用压强及介质运动速度来表达。声场中地点和时间不同，这些物理量也相应具有不同数值，具有空变性和时变性。因而，描述声场的声学量——声压、质点振速都是时间和空间的函数。在理想流体中，声压为标量，质点振速为矢量，声场所含的丰富信息中，既有标量参数，又有矢量参数。声波能量流密度的大小叫作声强。声强是矢量，所以在声场测量过程中，标量测量会造成实际声场与声强矢量本性有关的很大一部分信息缺失。只有同时测量标量信息和矢量信息，即声压和质点振速，才能获得完整的声场信息，有助于信号处理系统获得更有价值的信息，进而作出正确判断。这就是在声场测量中使用矢量研究法的意义。

实际上，早在 20 世纪 40 年代，矢量测量法和在此理论基础上研制出的矢量传感器，就已在空气声学中有所应用。但是对于环境复杂得多的水声领域，因为设计工艺、材料等方面的诸多困难，国际水声学界直到20世纪70年代才开始成功地进行水声矢量传感器及技术的研究。

水声传感器也称水声换能器，它将水下的声信号转换成电信号（接收换能器）或将电信号转换成水下的声信号（发射换能器），主要用于感知水下目标对声波的反射或其自身辐射的噪声，借以对目标进行探测、定位及识别，相当于舰船和水下航行器的“眼睛”，它是声呐系统最基本的核心构件之一，直接关系到声呐性能的优劣。其中，接收换能器主要包括传统的标量水声传感器，即水听器和后来的矢量传感器。

在声场测量中，传统的水听器受技术限制，只能测量声场中声压的大小，不能准确地分辨出对方的方向，只有靠增加设备的复杂度才能解决这些问题。在茫茫大海中，当海洋的背景噪声远大于水下航行器的噪声，信号与噪声相比很弱时，如何让声呐达到高分辨能力和准确性，不但能测出目标发出声音的大小，还能分辨方向？能同时给出声场中某点处声压和质点振速的矢量传感器的优势凸显，它的应用有助于获得声场的矢量信息，对声呐设备的功能扩展具有极为关键的意义。

2016年3月，杨士莪在介绍矢量传感器的工作原理时，曾言简意赅地说：

> 声波在介质中传播有两个重要指标，一个是声压的高低；一个是它引起质点振动的大小和方向。声压是1个量，质点振动因为是3个方向X、Y、Z，所以是3个量，用传统的水听器本来只能得到1个信息，但在使用矢量传感器后，我们可以得到4个信息。而我们能够得到的信息越多，后处理的本事就会越大。实际上，在水中，水听器接收到的噪声要比矢量传感器接收到的噪声大得多，由于矢量传感器的“8”字形方向性，不

但能使我们判断对方的方向，还可实现远场多目标的识别等。[①]

从原理上讲，虽然矢量传感器与传统的水听器相比，在信息量的获取等方面具有后者难以企及的优势，但其中国化道路却异常坎坷曲折。从20世纪末到21世纪初，中国水声界对杨士莪及其科研团队在国内开辟的这个水声科研新领域的质疑声音，一直不绝于耳。有人甚至列出了矢量传感器存在的百余个问题，历数其种种劣势，以示其不堪大用。一时间，对于矢量传感器及其应用前景的怀疑态度在国内掀起了阵阵争论的波澜。

20世纪末的一天，杨士莪应邀到中国科学院声学研究所举行一场专门针对矢量传感器的报告，以回应国内水声界的质疑声。该所的研究人员齐聚声学研究所报告厅内，只听杨士莪说道：

> 众所周知，矢量传感器并不是多么玄妙的新事物，它早在20世纪40年代就已在空气声学中使用，但因为设计工艺、材料等方面的原因，国际上直到20世纪70年代才应用于水声领域。这种新型的水下声传感器，可以同步共点地获得声场的标量和矢量信息，增加信息种类和数量，也可以拓展后期信号处理空间，改善水声系统的性能，同时又具有良好的低频指向性、抑制各向同性噪声等诸多优点，为解决水声工程中的诸多问题提供了新的思路和方法。
>
> 当然，它在水声领域的应用，也还有一些特殊和困难之处。但在使用过程中出现的种种问题，并不是因为其本身不好，而是因为我们对其还不够了解，还没有完全摸透它的脾气、掌握其优越性能，为我所用。这也许是21世纪水声技术领域最具有发展前景的方向之一，各位同行如果能投身于此，相信可以在未来的水声研究领域大展拳脚……

杨士莪的报告还吸引了马大猷亲临现场。原来，已是耄耋之年的马大猷也密切关注着矢量传感器的研究，得知杨士莪此行前来对

① 2016年3月，杨士莪于哈尔滨寓所接受笔者采访时所说。

其作以专门介绍，非常感兴趣。听罢报告，马大猷赞赏地对杨士莪说："你们学校的这个研究好，非常有前景！"声学前辈的肯定对杨士莪是莫大的鼓励，也更加坚定了他的科研信心。

这次报告减少了人们的一些疑虑，一些单位也开始对这个新事物进行研究，矢量传感器逐渐得到了一些应用。但这终究是个完全崭新的事物，本身正处于发展阶段，很多相关研究有待完善。例如，人们对传统的标量水听器较熟悉，能够较熟练地对其进行信号处理等操作，而如果对于矢量传感器成阵技术等诸多问题，也仅用同样的信号处理方法，则难以充分发挥其应有的优势。

在对矢量传感器的质疑和非议中，杨士莪及其团队一直不为所动，坚定地加紧研究步伐。这是基于他们对科学规律认识的信心。放眼未来，水声技术的发展及隐身技术的应用使目标信号不断减弱，声呐的低频工作性能显得日益重要，矢量传感器的应用符合水声技术发展的历史要求。杨士莪认为：

> 要想充分利用矢量传感器的优势，不能简单地照搬照抄原水听器的信号处理方法，而要摆脱原有经验的束缚，按照物理规律，结合声场的矢量特性，去构建新的处理模型。[①]

钱学森曾说：

> 从事技术科学的科学家要根据自然科学与工程的现状和发展趋势，有远见地选定超前的研究课题，不断开拓新的领域……能把工程技术中的实际问题提高到自然科学规律的水平上来研究……技术科学研究的对象是工程环境下的复杂系统，它追求的是虽不十分精确且带有一定经验性的实用规律，但必须是最大限度上建立在自然科学和数学基础上的。一个好的技术科学家应当有能力从复杂的实际问题中捕捉住主要矛盾，提炼出清晰的物理机制，建立数学模型，通过计算，得出与观测或实验相一致的结果，并可以据此得到工程上有用的定量预测。

① 2016年3月，杨士莪于哈尔滨寓所接受笔者采访时所说。

对于一个复杂的问题，这个过程往往不是一蹴而就的，必须充分掌握所有有关这个问题的事实，运用自然科学的规律作精密细致的思考，经多次反复才能完成。物理机制、数学模型都是主观的东西，要使主观与客观相一致，必须做出艰苦的努力，没有别的途径。[①]

杨士莪的工作方法和思维方式非常符合钱学森对于“好的技术科学家”的描述。不迷信、不盲从、解放思想、实事求是，是杨士莪最有效的科研法宝。这些法宝早在20世纪60年代就让杨士莪等经历了“中国水声行业的第一次突破”——不能照搬雷达的做法，而必须考虑到水声自身的特点进行研究。水声科学有自身的特点和规律，要结合学科特点摸索其自身的科学规律，走自主创新的道路。数十年中，这些法宝在杨士莪的科研生命中一次次发挥重要作用。到了20世纪末，又是这些法宝揭开了矢量传感器及其应用技术在中国的研究序幕。

三、矢量传感技术的自主创新

与杨士莪一样对矢量传感器技术的应用前景满怀信心的，还有他的学生杨德森。作为杨士莪最得力的助手之一，杨德森也是矢量传感器技术最积极的研究者和最执着的推进者之一。在这个新开辟的水声技术领域里，他们一扎根就是近二十年。

杨德森等哈尔滨工程大学的科研人员通过与俄罗斯专家合作，采取引进技术和自主创新相结合的方式开展了矢量传感器及其应用技术的研究。他们按照先仿制，后改进，再自行设计、自主创新的“三步走”方针，自1998年成功仿制出第一代样机后，相继研制出第二代改进版，以及此后若干代具有自主知识产权的升级版。几代设备之间，从灵敏度、自噪声、尺寸、悬挂方式等方面，都有了巨大进化。这些研究成果先后获得四项国家专利，并成功应用于多种

① 奚启新：《钱学森传》，北京：人民出版社，2014年，第289-290页。

水声监测系统，建立起相应的信号处理模型和方法，开展了一系列工程应用研究，包括各种水下兵器的自导和引信，各种特殊用途声呐、安静型目标噪声测量等方面，使中国成为掌握这项技术的少数几个国家之一。国外文献公开报道称：中国是继俄罗斯、美国之后，世界上第三个拥有矢量传感器技术的国家。

中国掌握了矢量传感器技术后，给世界带来了极大的震惊与不安。据“美国之音”报道：获悉这一消息后，美国向俄罗斯表示抗议，认为中国掌握此项技术后，将可能对其太平洋中的水下航行体构成威胁。

在将矢量传感器技术引进中国并研制出第一代样机后，哈尔滨工程大学涉足这一项目的科研人员兵分两路，一路由杨德森率领，继续立足矢量传感器及其应用技术进行“降噪”研究；另一路则在杨士莪指导下，由陈洪娟教授率领，基于矢量传感器技术，进行平面基阵小型化的定向与目标探测及识别研究。

1999 年大连海试，因为取得声压水听器等传统的标量水听器所未取得的良好效果，杨德森被邀请到北京专门汇报。2002 年，杨德森率团队和另一家水声研究单位共同承接某项目。对方制作的样机重达四吨，还没开始试验就卡了壳——舰船上没有四吨的塔吊，根本无法吊起设备，无奈只好在原地进行测试；而杨德森团队的矢量传感器登场时，只见两名工作人员扛着仪器，将它“扑通”一声扔进水里，结果，测试的性能指标明显优于对方，在场人员无不震惊。

经过自主创新后研制的矢量传感器设备集体积小、精度高、重量轻、耗电少的众多优点于一身，使声呐的探测水平得到跨越式提高。负责水声技术的国防科工委原某司长兴奋地说：“矢量传感器是水声技术最重要的创新之一，使用前景广阔！”

2004 年，为了解决低噪声目标辐射噪声测量的难题，在杨士莪的支持与指导下，杨德森等科研人员经过两年多研究，研制成功了以矢量传感器技术为基础的“机动式低噪声目标辐射声测量系统”。该系统功耗小、设备简单、使用方便，取得了多项自主知识产权，获得国家科学技术进步奖二等奖。2009 年，杨德森、洪连进出版《矢量水听器原理及应用引论》一书，这是中国第一部关于矢量水听器技术及工程应用方面的图书。

后来，俄罗斯矢量传感器研究的发源地——莫斯科大学水声研究领域的教授专程来到哈尔滨工程大学，就矢量传感器等课题进行交流。俄罗斯教授看过中国的相关研究后，赞赏地说：“你们目前对矢量传感器的研究工作，已经超过了我们的水平，我们为中国同行们在这一领域取得的快速进展和重大突破感到高兴，这些成果也很令我们佩服。”

2013 年，“矢量水听器技术及其应用”项目获得了 2012 年度国家科学技术进步奖二等奖。哈尔滨工程大学的水声工程科技创新团队也成功跻身 2012 年度教育部“创新团队发展计划”。2016 年，由杨德森、杨士莪领军的水声科技团队获得了国防科技创新团队奖，全国仅有五个团队获此殊荣。

2013 年 3 月 28 日，《科技日报》头版的“最新发现与创新”栏目刊发文章《哈工程声呐新技术为水下航行器装上“眼睛”》，报道中称：

> 哈尔滨工程大学“水下结构振动噪声测试与声源识别创新团队”研发的“矢量水听器技术及其应用”项目，实现了声呐技术新突破，增加了水下目标探测的信息和种类，提高了水下目标的探测距离，为我国舰船和水下航行器安装上了一双“锐眼”。
>
> 该项目突破了矢量传感器设计、制作、性能校准及相关的数学物理模型和信号处理方法等一系列关键技术，建立了涵盖矢量传感器基本理论、设计制作、测试校准、矢量信号处理以及基于矢量传感器的水下探测系统集成与应用体系。

多年来，哈工程“水下结构振动噪声测试与声源识别”创新团队，围绕船舶声频特征测试、控制与探测研究，依托水声技术国家级重点实验室，以船舶声频特征测试与控制为研究目标，开展了大量研究，在船舶振动噪声测试与分析、船舶噪声源测试与识别、水声环境信息获取、矢量传感器技术及其应用等方面取得了一系列原创性的标志性成果，多项研究成果达到国内领先、国际先进的水平。

四、开展矢量传感器平面基阵小型化的定向与识别研究

1998年，中国成功引进矢量传感器技术，并通过仿制、改进，实现了国产化后，对矢量传感器成阵技术的研究引起了杨士莪的兴趣。他将科研目光投向了新的发展方向——矢量传感器平面基阵小型化的定向与识别研究。

科技未来发展方向之一——自主式水下机器人（AUV）具有活动范围大、机动性好、智能化等优点，是未来完成海底考察、数据收集、援潜救生、探测等各种水下任务的重要工具。要想达到较远的探测距离，如果声呐用传统声压水听器组阵，不但对低频探测鞭长莫及，而且孔径需达数十米甚至数百米，使用起来非常不便；如果按照传统的波束形成方式使用矢量传感器组阵，固然可实现一定范围的低频段探测，但孔径依然很大，不利于工程实施。未来科技的发展对声呐提出了低频探测并且基阵小型化的要求。

这个问题在杨士莪的头脑中盘桓了近十年，他也为此进行了十年的不懈研究。从理论推导、仿真建模到外场试验，八十多岁的杨士莪始终一丝不苟，亲力亲为。

2012年5月，国际声学会议在中国香港举行。这是中国声学学会和美国声学学会之间的首次联合会议，来自四十一个国家的一千五百余名声学领域学者参会。作为应邀作大会报告的四位学者之一，杨士莪在会上作了《矢量传感器阵列方向图》报告，提出了

应用矢量差分波束形成原理的“多极子矢量阵技术”，为解决矢量传感器平面基阵小型化问题，开拓了一条新路径。而这一理论的提出，堪称矢量传感器使用的“二次革命”。

此后，杨士莪带领陈洪娟等哈尔滨工程大学的科研人员，以不满足于眼前成果而甘为长远的耐心和耐力，在这一方向上孜孜以求。无论是在赞誉和表彰中，还是在质疑与非议中，杨士莪和他的团队都一如既往——在逆境中勇敢启程，在顺境中保持清醒。这样的信心来源于杨士莪对基础科学规律的认识分析和对行业发展走向的宏观把握。

五、开拓“地声”研究科研新路

无论是同行、同事还是学生，接触过杨士莪的人往往会对他留下这样的印象：他对学科发展方向、研究方向的敏锐和把握令人叹服，他提出的一些具有开拓性的研究方向，最初都是很冷清、少有人关注的，但总是在若干年后，人们才看出其分量。21 世纪初，哈尔滨工程大学水声科研团队着手“地声”研究，即是其中一例。对此，杨士莪笑道：“到了我这把年纪，只能当个‘口力劳动者’，动动嘴，帮助年轻人建议一下研究方向，其实我也只是提个头儿而已，活都是人家干的。”

原来，2003 年，杨士莪率团队到俄罗斯科学院远东分院太平洋海洋研究所进行学术考察，该研究所为杨士莪一行展示了涉及海洋生物制药、海洋地理、海洋气象、海底采矿等诸多方面的研究成果，林林总总，令人眼花缭乱。其中有一个实验项目，利用岸上“地声”测量装置去接收海洋中的潮汐等低频信号。惊鸿一瞥间，杨士莪眼前一亮，他马上意识到如果将这种基于“激光干涉仪测量”技术的“地声”研究应用于水声中的水下警戒、远程勘测等研究中，将会成为水声科学中另辟蹊径的一条科研新路。

2003 年 10 月，杨士莪（右）与俄罗斯科学院远东分院太平洋海洋研究所所长签署合作协议

2016 年 1 月，在杨士莪哈尔滨的寓所，他向笔者这样形象地描述“地声”的概念：

各种航行体产生的噪声在海水中传播时，由于海水的某些特性，低频声波在水较浅时会有点传不动，就好像管子太细水更不容易流出一样。但是，这些声波不仅在水中传播，也会经由海底的地层传播过来，我们将这部分不受水深限制、经由地层传播的声音叫作“地声”，我们利用岸上的测量装置去测量海洋中这样的低频声波，可以测量海洋中地壳震动、板块移动、潮汐、水中有无目标及目标的性质等。水中声源通过海底地层传到岸上时，陆上的岩石会发生微小的震动，而使用激光干涉仪的测量技术，可以测量地球上固体颗粒的震动。我们通过置于岸上的传感器测得这个微小的震动，就可以获取水中声波的一些信息。所以，我们可以将激光干涉仪的测量技术和水声科学相结合，进而产生出有利于海洋声学研究的方法。

海洋环境要比陆地环境更为复杂、恶劣、多变。在海洋环境下作业将遇到盐雾、海水、高压、台风、大浪等恶劣环境的干扰，长时间工作的水下仪器设备还要受到海洋附着生物的损坏、渔民误损等，另外，海洋环境的多变性，也增加了海洋技术发展的难度。而使用地声手段进行海上目标探测的优势之一就是，所有的设备均位于陆上，不但易于维护保养，而且不会因渔船的拖网或抛锚活动而遭到破坏。

杨士莪回到国内后，随即带领朴胜春等教师组成的科研团队对此展开研究，从图书馆查阅文献资料开始，通过与俄罗斯专家进行学术交流、联合实验等方式，从基础研究到探索预研，在国内首开“地声勘测”的研究先河。

在随后的十余年间，杨士莪率团队在这一领域扎根深耕，锲而不舍地在具体研究中另辟蹊径，走出了一条自主创新的科研新路。这一新的领域包含激光干涉仪测量、声学理论建模等多个交叉学科。杨士莪利用哈尔滨工程大学的学科优势，组织光学、水声学等多个科研团队协同创新，开展相应的理论和设备研究，终于研制出以激光干涉测量为原理的“地声测量装置”，并对不同海底介质“地声”传播理论建模，取得结合“地声”信号传播的物理模型特性进行信号处理等颇多创新研究成果。杨士莪亲自参加多次海试，验证了该项技术在近岸海域的适用性，为中国水声学在浅海地区实现对水下目标的低频远程被动探测开拓了新途径。

21 世纪初，杨士莪曾在一次受访中提及自己最大的心愿，是尽可能丰富各方面的知识。对知识、科学的追求和对新事物的敏感和好奇，是他一生前进的不竭动力，伴随着他矢志向东、不舍昼夜的脚步。他在向年轻人介绍自己的学习、工作体会时，曾说：

> 注意始终保持对广泛科技领域知识的兴趣和对新生事物的敏感性，是保证自己思想活跃和启发创造性思维的重要措施；许多新研究途径和新研究成果，实际上不过是将这一研究领域的知识和方法，应用到另一研究领域所获得的成果。

2012年12月，杨士莪荣获第五届“全国优秀科技工作者”称号。这一称号饱含着人们对这位年逾八旬仍然活跃在教学科研第一线的老人的赞赏和敬佩，也饱含着国家对老骥伏枥、依旧壮心不已的科技工作者的肯定和褒奖。对此，杨士莪却语气淡泊地说：“那是同行客气。”他一生获得荣誉甚多，但大多数的领奖活动却与海上实验、参加学术会议等时间冲突，每当这时他总是舍弃领奖而选择工作，时常是一名缺席的获奖者。杨士莪曾淡淡地说：“与其站在领奖台上不如让我站在讲台上，我更愿意给学生们上课。”

杨士莪学问的积累，靠的是不懈的努力和他在知识的求索之路上一直保持着的进取心和好奇心。他从不认为年龄是继续学习和成长的障碍——70岁时，他学会了拼音，解决了计算机打字输入问题，此后他在计算机上写东西时不必假手于人；2009年，他用英文撰写完成了《声传播理论》一书，包括理论、公式推导在内，他自己一点点地敲进计算机；2016年，他还亲自编写程序，验证新提出的算法……杨士莪的身上有着一股绵延不绝的干劲，有着与时俱进的年轻心态。作为一名“85后”，他时常不厌其烦地推演着几页纸的科学公式；时常不听劝阻亲临海上实验现场；时常在别人休息的时候抓紧时间看书……

第三节　上善若水

杨士莪与水打了一辈子交道，而水的品质与精神也在他身上打下了深刻的烙印。水具有中国文化的美丽精神，老子为水立千载名：上善若水。《孔子集语》中有——子曰：夫水者，启子比德焉。遍予而无私，似德；所及者生，似仁；其流卑下，句倨皆循其理，似义；浅者流行，深者不测，似智；其赴百仞之谷不疑，似勇；绵弱而微达，似察；受恶不让，似包；蒙不清以入，鲜洁以出，似善化；至量必平，似正；盈不求概，似度；其万折必东，似意。

中国文化的美丽精神在杨士莪身上打下的这种烙印，内化为杨士莪人格构成中不可或缺的性格积淀，而这种文化精神也在杨士莪的待人接物中，被潜移默化地传递给了更多人。

一、“我心目中的好导师”

2011 年 5 月，哈尔滨工程大学举办首届“我心目中的好导师”活动，杨士莪成为十位获此称号的教师之一。与诸多国家级的荣誉不同，这个完全由学生投票选举产生的荣誉对于杨士莪而言，别有意味。因为在这个称号背后，是流淌于他与学生之间最朴素与浓郁的情谊。

对于杨士莪的众多弟子来说，他不仅是自己学业上的导师，也是人生的导师。他曾对在读博士们说：“你们是 80 后，我也是 80 后，因为我已经过 80 岁了。所以我们之间没有什么代沟，都需要与时俱进啊！”获评“好导师”这一年，这位“80 后”导师除了指导 12 位在读博士，还要给本科生和研究生上课。时至今日，这位“85 后”导师依然担任着从本科、硕士到博士的课程教学工作，而且每学期的课时都不少。

在哈尔滨工程大学水声工程学院，由杨士莪给学生们讲第一门专业课“振动与声学基础绪论”已经成了传统。他讲课时底气十足，声如洪钟，语速较慢，思路清晰，而且是“一站到底”。学生们心疼他，常常在上课之前，为他搬把椅子放在讲台上。但每次他都把椅子挪开，微笑着说：“从我开始做教员起，就习惯站着讲课了。”他就这样站着讲一个下午，整整齐齐地写板书，一下午的课要写好几黑板。

85 岁的杨士莪给学生上课时的情景

骑着自行车，车筐里放着一个老式的公文包，这是杨士莪来给学生上课的情景。有一次，天气很热，杨士莪还是骑着自行车来上课，一位老师问他："您怎么回去啊？"他打趣地说："我骑'风火轮'回去。"可真是风火轮——自行车的脚踏板被晒得烫脚。

外场实验、各种学术会议、顾问咨询活动等将杨士莪的日程表塞得满满当当，但他从未因为工作忙、出差频繁而耽误教学工作。即使有时不可避免地给研究生调整上课时间，但他只要一回到哈尔滨，第一件事就是找学生确定上课时间，安排研究生把被耽误的课程补上。因为往往要占用他们的周末时间，杨士莪常常因此跟研究生们道歉，还自嘲为"不可靠分子"。他把学生看得很重，即便再忙，对待教学、对待学生，从不敷衍应付，毫不含糊，学生请他审阅修改论文，通常只隔一两天就会得到反馈。

现为哈尔滨工程大学水声工程学院教授的朴胜春 1991 年开始跟着杨士莪学习，相继获得了硕士、博士学位，后留校任教，一路

“追随”杨士莪二十年，在做人做事做学问上都颇为受教。提起杨士莪的课程，他的言语间充满了敬意：

> 杨教授上课的认真劲儿让人很感动。我读研一时上“水声传播原理”的课程，是杨教授的主要研究领域，由于该研究方向的研究生很少，所以上课的就只有我自己一个人，但是每堂课杨教授都是工工整整地将板书写满整个黑板，从头到尾、几十学时的课程下来一直这样认真。那是我上的最累的课，一点儿不敢偷懒，因为每堂课杨教授都会提前赶到教室，在那里等着我去上课。

他的学生有个共同的体会，向杨士莪请教问题时，绝不会有面对学问大家时的拘谨和战战兢兢，而完全是一种精神享受。他知识渊博、思维敏捷、视野宽阔、解决问题之道常常独辟蹊径。杨士莪的学生、哈尔滨工程大学水声工程学院教授陈洪娟说：

> 杨教授解题时从不跟着别人的方法走，而是从物理模型和事物的根本去找新方法，让我们认识到抓住物理规律对于解题的重要性。这让我们十分钦佩和受益。他特别善于聆听，即便我们错了，他也从不急于否定，而是找到值得肯定的内容加以鼓励，再分析出现错误的原因，往往使我们豁然开朗，在这个过程中，我们成长很快，而且体会到学习的快乐。

对于一项科研任务，杨士莪从不会催促年轻人，而是要求他们按部就班、脚踏实地地一步步来，因为做科研需要心态平和而不是追求外在耀眼的东西，杨士莪为年轻人打造了一片最适宜做科研工作的土壤。他带年轻人时常说“没有压力不成材”，而他给年轻人的压力是循序渐进的，从不急于求成。

杨士莪对学生的学业、年轻教师的科研教学尽心尽力地指导，对他们的职业生涯、未来发展也是全心全意地考虑。哈尔滨工程大学2010届博士毕业生马树青师从杨士莪。在他毕业时，适逢国内某著名高校的水声专业招聘教师，马树青前往应聘，无奈却因为对方“应聘者须毕业于国内‘985工程’高校”的要求被拒之门外。杨士莪闻讯后，提笔为其写了一封推荐信，他在信中说：

> 哈尔滨工程大学首批进入国家“211工程”建设高校行列，虽不是“985”高校，却是中国首个水声重点学科、首个水声博士点所在地，作为国内最高层次的水声专业人才培养基地，致力于培养最好的水声专业人才。博士生马树青在敝校求学近十载，主攻水声专业，贵校水声专业建设若需优秀人才助力，请予酌情考虑。

不久后，马树青成功入职该校，仅历数年，即成为该校水声专业骨干，任职水声专业副主任。

“八十载春秋未老，百万里桃李同芳。”这副对联是在2010年8月杨士莪八秩寿辰时，已成长为中国水声领域中坚力量的上百名弟子送给他的特别礼物。作为中国第一批博士生导师、首批国务院政府特殊津贴获得者、中国声学学会名誉理事长，杨士莪为中国水声行业培养造就了一大批专业人才。截至目前，他培养了硕士研究生四十名，博士研究生四十四名，受教弟子达数千人。他的弟子多数已经成长为国内外相关领域的科研及学术骨干，为中国水声事业的发展做出了重要贡献。

从1950年初登杏坛时的血气方刚，到1990年国家教育委员会向从教40年的他颁发荣誉证书，再到1993年被授予“全国优秀教师”荣誉称号，直到2016年从教66年后的从心所欲，杨士莪堪称桃李满天下，他以极强的责任心对待自己的事业和学生，在他开拓的一片学术天空下，很多人在这里放飞理想，找到人生的坐标和价值。

杨士莪培养的部分本科生、硕士研究生和博士研究生

2015 年教师节，杨士莪（第二排左三）、魏少芬（第二排左二）夫妇与学生在家中合影

二、始终战斗在水声科研第一线

杨士莪笑称自己“生命不止，壮心不已”，因为他始终战斗在水

声科研的第一线。水声这门学科的特点，决定了在研究它时，即便是水平最高的科学家，也不可能“运筹帷幄之中，决胜千里之外”，所以杨士莪尤其重视实际的海上实验和测量。中国声学学会理事长田静在一篇祝贺杨士莪八秩寿辰的文章中写道：

> 先生作为我国水声技术和水声工程学科教育和科学研究的开创者和奠基者之一……作为我国现代声学界第二代学者中的杰出代表，年逾七旬以后仍然活跃在科研教学的第一线，并担任着中国声学学会常务理事和学术委员会主任，以“70后”的心态，身先士卒，一丝不苟，尽职尽责，参加了学会几乎每一次重要的活动，并积极建言献策，亲自主持组织学术会议的论文评审、评议和评奖，使学会的每一位同志都深刻感受到了先生的人格魅力和青春活力。先生的奉献精神、坚强斗志和崇高道德，为我国声学界的同仁们树立了一个永远值得学习的榜样。①

2016年8月，85岁高龄的他仍然身体力行，亲自参加相关科研项目的海试。对此，他说：

> 水声和海洋，从本质上来讲，是一门实验学科，这门科学不是在实验室里靠推导、仿真、模拟就能真正掌握的。好多海上的事情往往情况复杂，但终究还是有其规律的，这些规律只能通过实际测量和试验才能掌握，随后是了解它，之后再想办法对其加以克服和利用，所以，水声科研工作者应该极为重视海上考察实验、有关数据的采集分析以及对规律性的研究。②

杨士莪常叮嘱年轻教师：“从学科来说，对实践要给予极大的关注。既然对付的是海洋，就要对海洋有相当的熟悉和了解，这就要求多参加海上实验。那些用定理、公式解决的问题都是理想条件下的，我们要面对的是非理想的，往往实际环境会复杂得多。”

① 田静：《学问似海 威望如山——贺杨士莪先生八秩华诞》，载于《哈尔滨工程大学学报》，2010年第7期，第3页。

② 2016年3月，杨士莪于哈尔滨寓所接受笔者采访时所说。

在哈尔滨的六十余年中，他出差在外的时间合计起来将近三十年，每年他都有大半时间在全国各地度过——海上实验、课题论证、决策咨询……“我是一个四海为家的人”。杨士莪语出幽默，却是大半生的真实写照。

只要是他牵头或主持的科研项目，他就几乎参加了历次海试，细致到海试前的实验设备准备及装配情况、海试日程安排、现场基阵布阵位置、海洋水文条件监测、海试后的数据分析等，在庞杂烦琐的海试工作中，杨士莪定会亲临第一线，事无巨细地亲自过问、现场解决。用团队成员的话来说：“杨教授不是‘指导’，而是全程参与海试的各项工作。”

杨士莪对此说：

> 如果不去海试现场，我就没有第一手的现场体会，有些现象我不知道，等以后处理时就不知道是什么情况。我就没有发言权，想出的办法就可能解决不了问题。做海试绝不是简单地一去一回，而要考虑以后信号怎样处理、可能会出现什么问题，尤其是我们的课题是学术前沿，并无现成的经验可供借鉴，所以更需对实验现场亲自了解。[①]

2002 年 4 月，杨士莪在海试现场

① 2016 年 3 月，杨士莪于哈尔滨寓所接受笔者采访时所说。

2011年11月的一次海试，海况恶劣，船舶颠簸剧烈，海军某部特意给杨士莪派了一名勤务兵，专门照看杨士莪，这却让勤务兵犯了难。原来，杨士莪在实验时，亲自到船上的每个实验站位去看，在摇摇晃晃的船上，连勤务兵都跟不上他，勤务兵时常跟着跟着，一会就把人跟丢了，“哎，院士又到哪去了？”

在一次次海试中，他将多年积累的丰富经验向年轻人倾囊相授，因而，每次海试都成了年轻科研人员鲜活而深刻的实践课。这些课程对于青年人的成长是至关重要的。杨士莪说：“高校的任务中，培养人才是首要的，通过给任务提要求，才能在长期实践中培养出优秀的科技人才。”

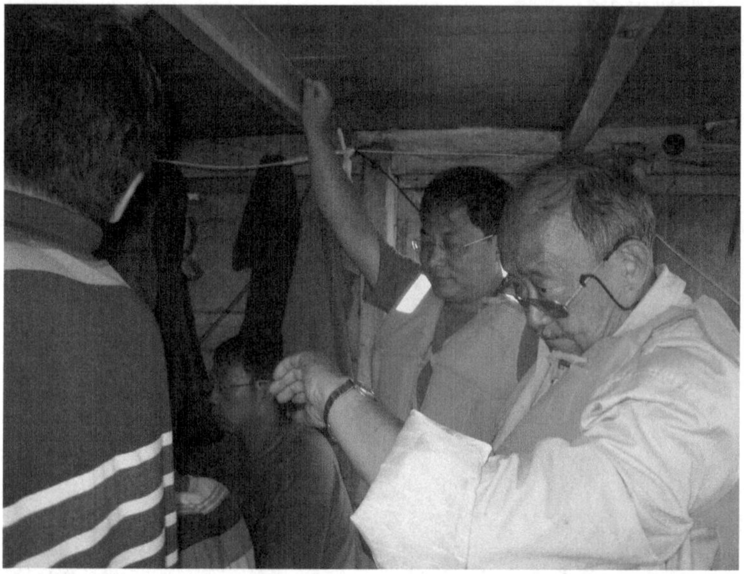

大连海试中的杨士莪（右一）

在水声领域中，摸爬滚打了六十余年的杨士莪常用自己的人生经验告诉年轻教师和学生们：

> 搞科研成长起来的人都知道，在科研上头玩不了花招，你糊弄它，它就糊弄你。只有你老老实实、规规矩矩，干成的东西才能是实实在在的。严谨，是一名科研工作者应有的态度。

杨士莪要求团队成员在海试时尽量将前期工作做足功课，在校内将各项工作做完善，在海上的试验现场和后期的数据处理工作都会因此事半功倍，这样的海试就是到海上拿数据，节省人力物力，效率也奇高。在他的严格要求下，他的团队在海试时几乎从未出现过因为设备故障等前期准备工作不足造成的维修、等待等问题。

2008 年，杨士莪（左二）在海试中与研究生们在一起

2002 年 5 月，杨士莪（左）指挥南海联合海上实验

2015年，水声工程学院的科研团队到大连海试时，需要在海底布设声呐基阵。参试人员到杨士莪家汇报相关工作后，杨士莪爬上梯子，从高高的书架上取下一本《海洋水文手册》，翻到即将进行海试区域的经纬度，告诉参试人员说："此处海底情况为黏泥底，整个实验设计时间不宜过长，否则布阵易被淤泥掩盖。"原来，针对不同的实验目的，海底是沙石、淤泥等不同情况会对海试结果产生很大影响，因而对海底情况必须了解，这直接影响着海试的日程设计和效果。杨士莪就是这样通过海试等实际工作，告诉年轻人"细节决定成败"如何"具体而微"地体现在一名水声科研人员的工作中。

杨士莪尤其着意于对年轻人非专业技术知识的培养和锻炼，教年轻人监测海洋水文条件——一级海况时，海面上的涟漪什么样，三级海况时，海面腾起什么样的小白浪花，海流对布放声呐基阵有何作用，海洋上的"午后效应"会对信号接收有何影响……跟他一起工作过的年轻人说：与杨士莪教授工作的过程，就是将以前从书本上学到但往往容易被忽略的内容，在实践当中具体化了，是真正的学以致用。如今，他指导过的青年教师大都已成长起来，具备独立筹划组织海试的能力。

三、威望如山

很多人赞誉杨士莪"开辟鸿蒙，功不可没"，中国水声界至今都奉他为"引路人"，推举他为中国声学学会名誉理事长。作为资深院士，杨士莪在水声学方面的建树与贡献，人们有目共睹、服膺备至。对此，杨士莪总是淡淡地说："那是同行客气。"杨士莪的心态如水淡泊，他尤其喜欢"淡泊以明志，宁静以致远"这句话。

杨士莪的第一个博士毕业生、哈尔滨工程大学水声工程学院教授李琪说：

> 杨院士并不看重论文、获奖，对于名利的追求十分淡泊。他在担任研究所所长时，岗位津贴只给一半，他提出自己拿一

半的一半。每次讨论奖金、评奖时他都把青年教师和教学一线的同志向前推。许多科研项目他从头至尾参加，但在向上报奖时，他根本不报自己。

分析自身，杨士莪认为自己的长处是肯动脑筋，勇于承认错误和无知。因而他特别注意通过向别人学习来弥补自己的短处。他常常对学生们说：做人要谦和一点，满瓶不响、半瓶晃荡。任何事情都有你会的，也有你不会的，实在没有必要张扬。

杨士莪职务众多，但有一个“小官”，他干得很起劲儿，那就是党小组组长。他有很强的组织纪律观念，每每出差前，会因为不能参加组织活动而认真请假；有时出差刚到家，恰逢政治学习或党日活动，他都打电话询问内容，有时还匆忙赶去参加。支部分工他抓学习，每次组织学习时，为了组织好学习和讨论，他往往认真思考，并带着问题引导大家思考，确保收到实效。

哈尔滨工程大学水声工程学院现任党委书记于兴武谈及对杨士莪的印象时，说道：

> 教授讲党性、有原则，始终以一名老党员、老教师的标准严格要求自己，即便年事已高仍积极参加所在党支部的各项活动，并始终旗帜鲜明，有立场、有表态，给我们以支持和力量。

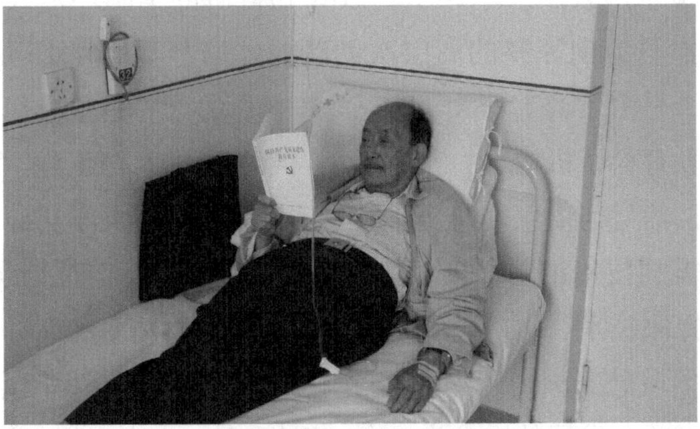

2005年，杨士莪因病住院期间仍在学习《保持共产党员先进性教育读本》

与杨士莪的学生、同事聊起他，就像在聊一位非常亲近、平常的朋友，他淡泊谦和的性格特质，使他散发出自信而平和的人格魅力。

2011年，在杨士莪八十寿辰之际，哈尔滨工程大学师生、杨士莪的历届学生、学界专家学者想送给他一份特殊的礼物——成立以他的名字命名的“杨士莪水声教育基金”，以彰其功。该基金旨在为水声事业发展培养精英人才，奖励在读的优秀学生，进一步推动水声学科人才培养与科学研究事业发展。杨士莪获悉后，非常赞成成立教育基金，但对以自己的名字命名却坚辞不受。他说：“水声工程学院能有今天的局面，我只是起了个头儿，工作都是大伙儿干的，我杨士莪不敢贪功。可将此基金命名为‘水声教育基金’，扶植水声人才成长，是件实事，也是件好事。”

2014年，“蛟龙号”首次使用由哈尔滨工程大学科研团队自主研发的国产高精度“超短基线定位系统”，打破了国外技术垄断格局；2015年，“水声工程实验教学中心”成功跻身国家级实验教学示范中心，为全国高等学校实验教学的改革与发展发挥了示范引领作用；2016年，国际上首个具有全双工通信能力和组网能力的水声通信机诞生……如今的哈尔滨工程大学水声工程学院依然是中国唯一专门从事水声技术、水声工程教育和科研的学院，是人才培养层次齐全、学科方向完整的高层次创新人才培养基地和水声技术科技创新基地，是哈尔滨工程大学“三海一核”办学特色最具代表性的学科方向和教育科研机构之一。杨士莪当年创立的水声工程学科已经衍生出声学、信号与信息处理、通信与信息系统等相关学科，解决了大量国家急需的技术难题，在水声传感器技术、水下定位与导航技术、水下目标探测技术、水声通信技术、多波束探测技术和高分辨图像声呐技术等领域处于国内领先和国际先进地位，多次获得国家级奖励。这里以水声装备发展的需求为导向，以探索性、创新性和重大关键技术的基础与应用基础研究为重点，是中国水声行业的主要技术支持单位之一，引领中国水声技术发展，在某些方面达到了国际先进水平。哈尔滨工程大学远离海洋，但是这里的人却将一项关于海洋强国的事业做得风生水起。为此，杨士莪投入了毕生精力。

作为中国最大的水声人才培养基地和专家库，从这里走出的人才占据水声科研界的大半壁江山。中国工程院水声领域的全部院士、水声行业70%以上的高级专家、60%以上的专业技术人员都出自这里，学院还为海军“卓越工程师教育培养计划”输送大量人才。水声工程学院毕业生的培养质量，在行业内是块响当当的招牌。2017年3月，为进一步提高人才培养质量，学院专门出台“导师奖惩办法”，以引导和激励教师倾心人才培养。对此，学院现任院长殷敬伟说：“杨士莪院士曾对我们说，学生质量是学校的招牌，不重视人才培养，我们就是砸自己的饭碗。将学生质量作为自身发展的生命线，是我们一脉相承的‘家风’。”

2016年12月，全国海洋科技创新大会在北京召开。国家海洋局为杨士莪等29位资深院士颁发“终身奉献海洋”奖章，以弘扬老一辈科学家在推动海洋科技创新方面的突出贡献，彰显精神，激励来者。

四、莫道桑榆晚，为霞尚满天

1998年12月，杨士莪与孙女在家中合影

眼光平静睿智，态度平和可亲，语气平缓淡然；个子不高，眼镜用链子挂在脖子上，留着鲁迅版的胡子；衣着简朴，泛白的夹克衫抑或是泛旧的羽绒服，夏天偶尔在校园里骑着破旧自行车；按照医生的

指标每天只抽五支烟；一日三餐除了不喜辣外，从不挑剔口味，但是无肉不欢……其实，生活中的杨士莪就是这样一位普通的老者，意态安详，平易近人。

杨士莪三子均在不同城市安家，不在父母身边。夫人谢爱梅在行动不便、缠绵病榻 14 年后病逝，相伴 55 年的夫人去世后，杨士莪辞去了钟点工，开始了独居生活。对于仍然整日忙于科研工作的八十多岁老人来说，生活的忙碌与孤独，有着不足为外人道的冷暖自知。

2011 年，经朋友介绍，65 岁的中学退休语文教师魏少芬走进了杨士莪的生活。同年 10 月，两人喜结连理，成为彼此的晚年伴侣。

魏少芬生长于知识分子家庭，其父早年于哈尔滨工业大学土木建筑专业毕业后，从事该领域工作；其母知书达理、待人热情。魏少芬是哈尔滨市第七十三中学的高级语文教师，一直担任班主任工作，还曾兼任学校工会副主席。她为人热心、性格直爽，而且择偶有则，即对方一定要让她敬重。她说："杨老师心里总为别人着想，对患病的老伴儿照顾了近二十年，这样的男同志让人信得过，也让人敬重，有敬才有爱嘛！"两人相敬相爱，互相搀扶陪伴。杨士莪在一份自述材料里这样描述自己的晚年家庭生活："双方家庭环境相近、年龄合适、性格相投、伉俪和谐，生活温馨愉快。"

家里锤子、凿子、扳手等各类工具齐全，哪里坏了都是杨士莪自己修理，就是换灯管、洗窗帘，他也会自己爬梯子，尽量少麻烦别人，总是亲力亲为。杨士莪的学生们说："杨教授从来不把个人的事让我们去帮他解决，哪怕出差时的行李都是自己去拎。那么大年纪，也从不会让我们去接送站，在生活中非常自立，做人做事做学问，杨教授这三件事都做得非常好，是我们一辈子学习的楷模。"杨士莪对此笑称："我这个人的习惯是什么事都喜欢自己干。因为我觉得人老了，凡是能干的事尽可能自己干。这样还能多活动活动，活得年轻一点。否则越不动弹老得越快。”

2011 年，杨士莪与魏少芬结婚照

年轻的教师们与杨氏夫妇非常亲近，常到杨家谈论诸如子女教育之类的生活琐事。杨士莪用自己的人生经验告诉年轻人：

家长就负责督促孩子好好学习，但学习本身还是得靠自己。就像我对我的三个儿子，我只能教给他们应该重视学习，在力所能及的条件下给他们提供学习的条件，最后还得靠他们自己。现在年纪大了，见得多了，慢慢体会到，对孩子要管但还不能管得太多，要把握好“度”。

杨士莪一直是学校宝贵的“公共资源”，做管理工作的、做教学工作或科研工作的，都把他当成了高参，遇到事情去商量，遇到难题去请教，而他总能在静静听完之后用很简单的话让人茅塞顿开。上级部门在重大项目论证时曾派人专门坐飞机来学校听取他的意见。

杨士莪能将忙碌的生活和工作有条不紊、事无巨细地安排好，除了他有极强的时间管理能力外，也离不开魏少芬这位贤内助忙前忙后地全力支持。她的善解人意体现在生活的细节中。

无论是外场实验还是各种会议，年过古稀的魏少芬不离左右地细心安排，将二人的生活打点得妥帖稳当。两位老人都有着乐观、坚韧的性格基因，他们热爱生活，喜欢养花，在阳台上摆放着不少盆栽，翠绿的蟹爪兰、茂盛的吊兰……但因为常常在外出差，家中盆栽时常顾不上照看，杨士莪笑道："我家的花常常是只长叶子不开花。"

杨氏夫妇生活简朴，杨士莪更是不修边幅，一件旧皮夹克、旧羽绒服一穿就是多年。家人旅游时照了一张全家福，杨士莪将照片背附一张白纸板，再用透明胶带固定四周，照片上部系上一根细绳，就做成了一个简易相框，居然就将这"寒酸"的相框挂到了客厅的墙上。杨士莪说："简朴的生活是我家的传统，对生活的要求不高，只要能吃饱穿暖就行，没有其他的要求了。南京的冬天很冷，我父亲一直穿着老式的棉衣棉裤。母亲开玩笑说：堂堂教授，穿成这样，让人笑话。父亲说：自己穿暖就行了，随人家怎么说。"

闲暇时，夫妇两人也会携手逛逛早市，在衣摊前挑选一件布料舒服的衣裤；散散步，在住所附近的极乐寺前看看人来人往；玩玩微信、翻翻小说、练练歌……杨士莪热爱探索科学规律，也热爱享受生活的点滴乐趣。"自己对别人能够有所帮助"，这是杨士莪最朴素的心愿和价值观。人生到了这个阶段，他对生命价值和意义的认识更能听从内心的声音，能够以更加本真的心对待生活和早已与他的生活融为一体的科学事业。不为喧嚣所动的宁静，不为浮躁驱使的潇洒，从不矫饰的朴拙，毫无遮掩的袒露，这种平和的心态和本真的活法，滋养出杨士莪特有的从容和恬淡气质。走近杨士莪，会让人真切领略到一种大家气象，让人体会到，真正的大家，绝对不只是在学术上有令人仰止的成就，人生的风景，说到最后，是心灵的风景。

八十六岁的杨士莪，世事洞明，有着智叟的通透彻悟。理想的色彩在他身上从未黯淡过，他还有着像六十多年前投身爱国理想和

2007 年，杨士莪（中）等中国工程院院士在酒泉卫星发射中心留影

强国事业的那种义无反顾，他仍然以超乎常人的奋勇，践行着一名战略科学家的职业操守。他把自己深深嵌入国家成长的年轮，对这个国家的爱永恒而卓远，朴素而有力量……他回望来路，此生没有虚度，无悔；此生献给水声事业，无怨；此生属于祖国，无憾！

附录|一|

杨士莪大事年表

1931年 8月9日，生于天津市英租界马场道五官胡同。父亲杨廷宝，母亲陈法青，杨氏夫妇育有五个子女，杨士莪为长子。

1933年 因父工作重心转移，举家迁居北平，租住在东城区干面胡同的四合院内。

1936年 秋，就读北平崇文门内明明小学一年级。

1937年 “七七事变”爆发后，杨士莪与姐弟五人在母亲陈法青的带领下，一路颠簸、舟车劳顿，辗转回到老家河南南阳避难。

1938年 6月，开封沦入敌手，日军轰炸南阳。杨士莪随全家被迫迁往大山深处的内乡县马山口镇秦家寨赁屋而居。逃难途中，书不离身；母亲陈法青亲任启蒙老师，将子女分为不同年级，教授小学科目。

1940年 杨家为追随杨廷宝事业脚步及利于子女求学，举家又迁往重庆，居住在歌乐山简易房；是年秋，插班入歌乐山下高店镇中心小学五年级学习。

1941年 秋，以同等学力考入重庆南开中学初中部实验班。五年的初、高中学习经历，为其未来发展奠定了良好的知识基础和自学能力。

1946年 夏，结束重庆南开中学的学习，护送大姐杨士英赴南京参加大学联考；秋，插班国立中央大学附属中学高三二班学习。

1947年 秋，考入清华大学物理系。

1950年 11月，清华大学肄业，报名大连海军学校一分校任教员，成为海军军官，担任物理组教学工作。

1952年 12月，由大连海军学校奉调参加中国人民解放军军事工程学院的筹建工作。

1953年 先后承担哈军工预科物理、本科普通物理等教学工作。

1954年　年初，调入哈军工海军工程系，进入海道测量专科大地测量教研室，讲授球面天文学、测量天文学等课程。

1956年　3月，加入中国共产党；5月，在哈军工首次教衔评审中，由助教晋升为讲师；10月，国家制定《1956—1967年全国科学技术发展远景规划》，将“水声学”提上发展日程，哈军工海军工程系决定派杨士莪赴苏学习水声；12月14日，与谢爱梅举行婚礼。

1957年　4月，到沈阳科学院干部学校进修俄语；10月，赴苏联科学院声学研究所进修；长子杨本贤出生。

1958年　初夏，为赴苏联科学院声学研究所考察的中国水声考察团担任翻译，并陪同考察团前往苏呼米水声实验站考察。

1959年　5月，陪同苏联科学院声学研究所水声研究室主任苏哈列夫斯基、副所长马捷波夫来华，了解中苏联合南海水声考察的筹备工作；11月，结束苏联进修，回国准备中苏联合南海水声考察工作。

1960年　1月，任中苏联合南海水声考察中方副队长，在榆林海区展开历时85天的水声科学考察。考察获得了中国第一批水声学研究报告，是中国水声科研人员取得的第一项科研成果，指出了中国南海海域若干特殊的水声环境特点。是年夏，返回哈军工海军工程系，讲授水声学理论基础，并倡导建立全国首个理工结合、覆盖全面的水声专业，于当年招生，开创水声专业教育的新格局。

1961年　哈军工海军工程系正式成立水声专业教研室，下设水声物理组、水声换能组和水声设备组三个学科组。杨士莪担任水声物理组组长。

1962年　晋升为副教授。4月，次子杨本坚出生。

1963年　著有《声学原理》(上、下册)(其中上册与王鸿樟合著)、《水声原理》。这些是新中国最早的声学理论著作，为中国现代声学和水声理论发展做出了开拓性贡献。

1964年　由北京军事工业出版社出版《水下噪声学》，是国际上最早集中论述水下噪声机理的专著。

1966年　4月，哈军工退出军队序列，全院军人集体转业，杨士莪结束军人生涯，成为一名普通百姓。

1968年　4月，三子杨本昭出生。5月，以“苏修特务”的罪名被关进“牛棚”隔离批斗。

1969年　参加黑龙江省革命委员会“赴边疆毛泽东思想宣传队”，到位于黑龙江省东北部的富锦县宣传毛泽东思想，帮助基层整党建党并参加农业生产劳动。

1970年　作为718工程27分系统的总体组组长、技术负责人，为“东风五号”洲际弹道导弹全程飞行实验研制“海上落点水声定位系统”。

1978年　2月，以原海军工程系为基础建立起来的哈尔滨船舶工程学院被确定为全国重点高校。杨士莪成为水声工程系首个研究生导师。6月，赴法国马赛，参谋引进水声技术设备，这是杨士莪自负笈苏联后，时隔近二十年后，首次走出国门。

1979年　晋升为教授。10月，被任命为哈尔滨船舶工程学院水声工程系系主任。

1980年　5月18日，“东风五号”洲际弹道导弹全程飞行实验获得成功。实验证明，“海上落点水声定位系统”准确测量导弹落点，填补了中国深海水声传播研究和深海水声设备的空白。11月，哈尔滨船舶工程学院水声工程专业获准成为中国唯一水声工程博士点，杨士莪成为中国首批博士研究生导师。

1982年　承担“掩埋雷探测”课题。3月，被任命为哈尔滨船舶工程学院学位评定委员会主席。9月，被任命为哈尔滨船舶工程学院副院长。国防科工委恢复成立水声专业组，杨士莪任副组长。不久后，水声专业组被划归为第六机械工业部，杨士莪任组长。

1984年　设计建造中国首个重力式低噪声水洞。

1986年　9月，在中国声学学会水声学分会成立暨首届学术报告会上，杨士莪被推选为中国水声学会主任委员。

1987 年　6 月，卸任哈尔滨船舶工程学院副院长。作为水声科学专家被录入《国际海洋科学家名录补编》。

1988 年　担任中国船舶总公司国防科技应用基础研究技术专业组水声及水声对抗专业组组长。

1990 年　第二次全国高校科技工作会议上，哈尔滨船舶工程学院水声工程系被国家教育委员会和国家科委授予“全国科技工作先进集体”称号。

1993 年　被授予“全国优秀教师”荣誉称号。

1994 年　4 ～ 5 月，作为南海水声综合考察队队长和首席科学家，组织开展中国首次独立进行的大型深海水声考察。完成水声领域前沿论著《水声传播原理》。

1995 年　6 月 18 日，当选为中国工程院院士。水声工程系被中国船舶总公司授予“‘八五’国防科技预研先进集体”光荣称号。

1996 年　水声技术国防科技重点实验室成立，杨士莪任该重点实验室学术委员会主任。

1997 年　主持引进矢量传感器技术，指导科研团队采取引进技术和自主创新相结合的方式开展对矢量传感器及其应用技术的研究。

1998 年　开拓“矢量传感器平面基阵小型化的定向与识别”这一新科研方向。

2000 年　受聘西北工业大学兼职教授，承担研究生教学及若干科研工作。从此每年定期往返于哈尔滨、西安两地。

2003 年　率团队开展“地声勘测”研究，首开国内该领域研究先河。

2004 年　承担国防“973”项目某重大基础研究项目的探测技术研究，任专家组组长及首席科学家。

2009 年　用英文撰写《声传播理论》一书。

2010 年　12 月，在中国声学学会理事会上当选为名誉理事长。

2011年　2月，原配夫人谢爱梅过世。10月，与中学退休教师魏少芬再婚。

2012年　在国际声学会议上，作题为《矢量传感器阵列方向图》的报告，提出应用矢量差分波束形成原理的“多极子矢量阵技术”，为解决矢量传感器平面基阵小型化的关键问题，开拓研究新路。12月，荣获第五届“全国优秀科技工作者”称号。

2014年　年底，接受深圳金信诺公司任务，承担为出口型岸防系统配套的被动式探潜声呐。

2015年　出版专著《声学原理概要》。

2016年　12月，荣获国家海洋局颁发的“终身奉献海洋”奖章。

附录｜二｜

杨士莪主要著述目录

（一）专著

1. 王鸿樟，杨士莪．声学原理（上）．北京：军事工业出版社，1963.

2. 杨士莪．声学原理（下）．北京：军事工业出版社，1963.

3. 杨士莪．水下噪声学．北京：军事工业出版社，1964.

4. 杨士莪．水声传播原理．哈尔滨：哈尔滨工程大学出版社，1994.

5. 杨士莪．Theory of Underwater Sound Propagation. 哈尔滨：哈尔滨工程大学出版社，2009.

6. 杨士莪．声学原理概要．哈尔滨：哈尔滨工程大学出版社，2015.

（二）论文

1. 杨士莪．声波在随机界面上的反射．第一届全国声学学术会议，1964.

2. 杨士莪．海底基阵三度空间相对位置测定的一种方法．水声通讯，1977,（4）.

3. 杨士莪．海底混响场的分析．哈尔滨船舶工程学院学报，1980,（2）.

4. 杨士莪．海底混响的空间相关特性．全国声学学术会议，1982.

5. 杨士莪．关于水下工作系统的若干问题．海洋开发工程技术论文集，1987.

6. 杨士莪．我国的水声学研究．全国声学学术会议，1988.

7. 杨士莪．中国における水中音响分野の活動について．海洋音响学会志（日文），1991，18（1）.

8. 杨士莪．水洞噪声测量方法的改进．中国造船，1992，

(118).

9. Yang Shi’e. High frequency approximation of sound scattering on elastic sphere，lying near the interface of fluids. Proc. 14th ICA，1992.

10. 杨士莪. 声起伏对声定位系统检测性能的影响. 哈尔滨船舶工程学院学报，1992，13(3).

11. 杨士莪. 条带测深仪接收信号分析. 哈尔滨工程大学学报，1995，16(1).

12. 杨士莪. 高频声散射近似. 中国科学期刊文摘，1995,(2).

13. 杨士莪. 弹性体目标散射特性. 物理学进展，1996，16(3、4合刊).

14. 杨士莪. 准分层介质声场的近似算法. 哈尔滨工程大学学报，1997，18(1).

15. 杨士莪. 我国声隐身技术的发展现状及其几点建议. 隐身技术，1998.

16. 杨士莪. 高频声散射的准平面波近似算法. 1998年全国声学学术会议，1998.

17. 杨士莪. 船舶水下辐射噪声的机动检测. 中国造船，1998(12).

18. 杨士莪. 水声技术及在我国的发展. 科技进步与学科发展——“科学技术面向新世纪”学术年会论文集，1998.

19. 杨士莪. 水下目标特性研究. 声学技术，1999，18(增刊).

20. 杨士莪. 水声工程与海上战争. 总装备部科学技术委员会论文集，2000.

21. 杨士莪. 水声与网络. 总装备部科学技术委员会论文集，2001.

22. 杨士莪. 单矢量传感器多目标分辨的一种方法. 哈尔滨工程大学学报，2003，(12).

23. 杨士莪．关于水声学的若干问题．全国声学学术会议论文集，2008.

24. 杨士莪．研究海洋 开发海洋——海洋环境及海洋资源调查、监测技术概述．舰船科学技术，2008，（10）.

25. 杨士莪． Distant bottom reverberation in shallow water. Journal of Marine Science and Application，2010，9（1）.

26. 杨士莪．声在随机介质波导中的传播．哈尔滨工程大学学报 2012，（5）.

27. Yang Shi'e. Directional pattern of a cross vector sensor array. Acoustics 2012 Hong Kong，2012.

28. 杨士莪．开发海洋 保卫海疆．科技导报，2013-03-28.

（三）联合署名论文

1. 刘佳，杨士莪，朴胜春．基于 EEMD 的地声信号单通道盲源分离算法．哈尔滨工程大学学报，2011，32（2）.

2. 刘佳，杨士莪，朴胜春．多途环境下的单通道水声信号盲源分离．振动与冲击，2012，31（6）.

3. 刘佳，杨士莪，朴胜春，黄益旺．单观测通道船舶辐射噪声盲源分离．声学学报，2011（3）.

4. 张维，杨士莪，黄益旺，唐俊峰，宋扬．基于爆炸声传播时间的声速剖面反演．振动与冲击，2012，31（23）.

5. 高博，杨士莪，朴胜春．基于信道传播理论的多基地远程海底混响研究．物理学报，2012，61（5）.

6. 胡鹏，杨士莪，杨益新．基于最小二乘估计的虚拟阵元波束形成仿真．计算机仿真，2007，24（1）.

7. 高博，杨士莪，朴胜春，张海刚，莫亚枭．界面混响的耦合简正波理论研究．声学学报，2013（5）.

8. 高博，杨士莪，朴胜春，黄益旺．浅海远程海底混响的耦合简正波模型. 中国科学：物理学 力学 天文学，2010（12）.

9. 宋扬，杨士莪，黄益旺. 中高频段下的粘弹性材料声学参数测量. 材料科学与工艺，2007，15（1）.

10. 张维，杨士莪，汤云峰，黄益旺. 不平整海底环境下的浅海本征声线求解方法. 哈尔滨工程大学学报，2011，32（12）.

11. 吕钱浩，杨士莪，张锦中，朴胜春. 矢量传感器阵列高分辨率方位估计技术研究. 哈尔滨工程大学学报（英文版），2004，25（4）.

12. 于铭，杨士莪. 拖曳式水平鱼探仪海上试验研究. 应用声学，2009，28（4）.

13. 李秀坤，杨士莪. 水下目标特征提取方法研究. 哈尔滨工程大学学报，2001，22（1）.

14. 于铭，杨士莪，牟冬英. 被动式渔探仪的信号检测与方位估计. 哈尔滨工业大学学报，2008，40（1）.

15. 唐俊峰，杨士莪. 由传播时间反演海水中的声速剖面. 哈尔滨工程大学学报，2006，27（5）.

16. 孙超，杨士莪，杨益新. 矢量水听器阵列虚拟阵元波束形成. 声学技术，2010，29（6）.

17. 张维，杨士莪，黄勇. 声速剖面反演对基阵倾斜失配的敏感性研究. 声学学报，2015（5）.

18. 黄益旺，杨士莪. 界面噪声声压与质点振速的时空相干特性. 哈尔滨工程大学学报，2010，31（2）.

19. 陈丽洁，杨士莪. 压阻式新型矢量水听器设计. 应用声学，2006，25（5）.

20. 陈洪娟，杨士莪，王智元，洪连进. 同振式矢量传感器设计方法的研究. 声学技术，2005，24（2）.

21. 孟庆昕，杨士莪，于盛齐. 基于波形结构特征和支持向量机的水面目标识别. 电子与信息学报，2015，37（9）.

22. 张维，杨士莪，黄益旺，宋扬. 基于微扰法的快速声速剖面反演. 上海交通大学学报，2013，47（8）.

23. 陈洪娟，杨士莪，王智元，洪连进. 中频小型矢量水听器设计研究. 应用声学，2006，25（6）.

24. 黄益旺，杨士莪. 海洋环境噪声的一般模型及声压空间相关系数. 声学技术，2007，26（5）.

25. 李琪，杨士莪. 水筒噪声测量方法的改进. 中国造船，1992（3）.

26. 马树青，杨士莪，朴胜春，李婷婷. 浅海孤立子内波对海洋声传播损失与声源定位的影响研究. 振动与冲击，2009（11）.

27. 于铭，杨士莪. 被动式渔探仪开发设计与试验研究. 应用声学，2007，26（4）.

28. 张海刚，杨士莪，朴胜春，任群言，马树青. 声矢量场计算方法. 哈尔滨工程大学学报，2010，31（4）.

29. 黄益旺，杨士莪，朴胜春. 体积噪声矢量场空间相关特性研究的一种方法. 哈尔滨工程大学学报，2009，30（11）.

30. 于铭，杨士莪，陈楚. 基于渔探仪的目标双谱特征提取. 山东农业大学学报（自然科学版），2005，36（3）.

31. 曹宇，杨士莪. 变入射角度和频率时的声障板的优化设计方法. 振动工程学报，2010，23（1）.

32. 宋扬，杨士莪，朴胜春，黄益旺. 利用水下散射场测量橡胶弹性模量的方法研究. 噪声与振动控制，2008，28（1）.

33. 曹宇，杨士莪. 利用优化算法分析分层结构障板的声学性能. 应用声学，2010，29（2）.

34. 宋扬，杨士莪. 自由场材料声学参数测量误差校正方法. 声学技术，2007，26（2）.

35. 孟庆昕，杨士莪，朴胜春，邵宝辉. 水面目标信号预测与识别方法. 哈尔滨工程大学学报，2016（1）.

36. 程彬彬，杨士莪．基于二维压差式矢量水听器源估计误差分析．西北工业大学学报，2006，24（6）．

37. 孟春霞，杨士莪，李桂娟．船舶近场声辐射特性初探．海军工程大学学报，2008，20（1）．

38. 唐俊峰，杨士莪，朴胜春．一种非分层海洋中的声线计算方法．振动与冲击，2015，34（4）．

39. 黄益旺，杨士莪，朴胜春．实验数据的多途提取研究．哈尔滨工程大学学报（英文版），2002，23（6）．

40. 孟春霞，杨士莪，李桂娟．船舶辐射噪声远场空间指向性．哈尔滨工业大学学报，2010，42（5）．

41. 孟春霞，杨士莪，李桂娟．一种简化的船舶辐射噪声源模型．振动与冲击，2008，27（10）．

42. 葛骑岐，杨士莪，楼强华，李勤博，朱皓．圆柱阵声透明性研究．哈尔滨工程大学学报，2013，34（4）．

43. 陈丽洁，杨士莪．矢量水听器测试模型及拾振条件探讨．应用声学，2006，25（6）．

44. 周来江，杨士莪．平面波与层状多孔介质海底的反射和透射．声学技术，2010，29（6）．

45. 程彬彬，杨士莪．压差式矢量水听器方位估计中的干扰抵消．应用声学，2006，25（4）．

46. 孟春霞，杨士莪，张亮，李桂娟．船舶辐射噪声源模型的试验验证．振动与冲击，2009，28（11）．

47. 程彬彬，杨士莪．基于压差式矢量水听器的多目标分辨　测控技术，2006，25（11）．

48. 孟春霞，杨士莪，李桂娟．一种获取船舶主要噪声源参数的方法．大连海事大学学报，2007，33（4）．

49. 孟春霞，杨士莪，李桂娟．水声信道中组合声源参数反演．辽宁工程技术大学学报（自然科学版），2010，29（1）．

50. 郭俊媛，杨士莪，朴胜春，莫亚枭．基于超指向性多极子矢量阵的水下低频声源方位估计方法研究．物理学报，2016，65（13）．

51. 王向红，杨士莪，徐新盛．多波束条带测深仪海底三维地形图图像增强初探．仪器仪表学报，2006，27（S3）．

52. 卢苇，杨士莪，蓝宇．溢流式宽带圆管换能器的有限元分析．年全国水声学学术交流暨水声学分会换届改选会议论文集，2009.

53. 胡鹏，杨士莪．虚拟阵元的恒定束宽波束形成方法研究．中国声学学会 2005 年青年学术会议论文集，2005.

54. 蓝宇，杨士莪，王智元，王文芝．开缝稀土Ⅳ型弯张换能器．2005 年全国水声学学术会议论文集，2005.

55. 孙超，杨士莪，杨益新．矢量水听器阵列声压场的 Taylor 级数估算及分析．2008 年全国声学学术会议论文集，2008.

56. 宋扬，杨士莪，黄益旺，朴胜春．材料声学参数高频测量方法研究．中国声学学会 2005 年青年学术会议论文集，2005.

57. 吕钱浩，杨士莪，朴胜春，张锦中．矢量传感器线列阵波束域 MUSIC 方位估计．全国水声学学术会议论文集，2004.

58. 吕丹丹，杨士莪．水声多载波通信系统帧同步技术实验研究中国西部声学学术交流会论文集（Ⅰ），2012.

59. 程彬彬，杨士莪．单矢量水听器目标方位估计．全国水声学学术会议论文集，2004.

60. 黄益旺，杨士莪，朴胜春．远距离声源被动定位新方法研究．全国水声学学术会议论文集，2004.

61. 李秀坤，杨士莪．水下目标特性研究．中国声学学会青年学术会议论文集．1999.

62. 黄益旺，杨士莪，朴胜春，宋扬．基于声线传播时间匹配场处理的失配研究．全国水声学学术会议论文集．2005.

63. 吕钱浩，杨士莪，朴胜春，李秀坤．基于最小均方误差的宽带波束形成技术研究．中国声学学会 2003 年青年学术会议论文集，

2003.

64. 黄益旺，杨士莪，吕钱浩．基于时延的匹配场声源定位．中国声学学会 2002 年全国声学学术会议论文集，2002.

65. 黄益旺，杨士莪．海洋环境噪声的一般模型及声压空间相关系数．中国声学学会 2007 年青年学术会议论文集（上），2007.

66. 吕钱浩，杨士莪．目标散射强度的近场特性测量修正．2001 年全国水声学学术会议论文集，2001.

67. 周来江，杨士莪，朴胜春．声波与 Buckingham 沉积层模型的反射和折射．2008 年全国声学学术会议论文集，2008-10-01.

68. 朴胜春，杨士莪．一种基于微扰法的声线传播时间计算方法．2001 年全国水声学学术会议论文集，2001-10-01.

69. 朴胜春，杨士莪，郭红伟．二维抛物方程方法中海底边界条件的改进．中国声学学会 1999 年青年学术会议论文集，1999.

70. 姜冠亭，杨士莪．声波在过渡区海域传播的几个重要特性．中国声学学会 1999 年青年学术会议论文集，1999.

71. Yang S E，Gao B，Piao S C. Horizontal correlation of long range bottom reverberation in shallow water with inclined sea floor. Acoustic 2012 Hong Kong.

72. Zhang H G，Yang S E，Piao S C，Li L. Research on shallow water infrasound propagation. ISAET，2010.

参 考 文 献

杨廷賓．八十忆往．未刊稿．

杨鹤汀．杨鹤汀先生诗文稿．未刊稿．

秦俊．为国争光的一代建筑宗师杨廷宝 // 杨廷賓．八十忆往．未刊稿．

陈法青．1986. 忆廷宝 // 刘向东，吴友松．广厦魂．南京：江苏科学技术出版社．

杨永生，刘叙杰，林洙．2005. 建筑五宗师．天津：百花文艺出版社．

梁吉生．1994. 张伯苓教育思想研究．沈阳：辽宁教育出版社．

梁吉生．2003. 允公允能 日新月异：南开大学校长张伯苓．济南：山东教育出版社．

刘鹤守．2003. 沙坪岁月——重庆南开校园回忆录．北京：中国文联出版社．

杨士莪．2013. 忆 // 田祥平．重庆南开中学院士校友录．重庆：重庆出版社．

杨士莪．2007. 我经历的母校教育 // 南京师范大学附属中学．南京师范大学附属中学．南京：南京师范大学出版社．

清华大学校史研究室．1991. 清华大学史料选编・第一卷．北京：清华大学出版社．

何兆武．2008. 上学记．北京：生活・读书・新知三联书店．

清华大学校史研究室．1994. 清华大学史料选编・第四卷．北京：清华大学出版社．

杨敬东．2009. 三湘院士科学人生自述集．长沙：湖南科学技术出版社．

杨士莪．2013. 难忘的哈军工生活 // 王克曼，徐南铁．百家访谈哈军工（下）．

哈尔滨：哈尔滨工程大学出版社 .
杨士莪 . 2003. 缅怀黄景文主任 // 丛书编写组 . 难忘的哈军工 . 哈尔滨：哈尔滨工程大学出版社 .
聂荣臻 . 1984. 聂荣臻回忆录 . 北京：解放军出版社 .
布列霍夫斯基，1956. 苏联的声学研究工作 . 何荦，关定华，译 . 科学通报，1（5）.
马大猷 . 1990. 马大猷科学论文选集 . 北京：中国科学院声学研究所 .
马捷波夫 . 中苏联合水声考察回忆录 . 未刊稿 .
何祚镛 . 2003. 忆我国第一个声呐专业的创建 // 丛书编写组 . 难忘的哈军工 . 哈尔滨：哈尔滨工程大学出版社 .
王鹍燕 . 2013. 在水声研究领域不断求索——我校水声工程学院惠俊英教授专访 . 工学周报 .
杨士莪 . 2015. 声学原理概要 . 哈尔滨：哈尔滨工程大学出版社 .
邓小平 . 2001. 邓小平文选（第三卷）. 北京：人民出版社 .
蒋辉 . 2006. 声波在大洋下纵横——杨士莪院士访谈 . 舰船知识，（1）.
奚启新 . 2014. 钱学森传 . 北京：人民出版社 .
杨英健，彭建冬 . 2014. 高端军事决策：共和国重大军事行动实录 . 北京：人民出版社 .
施昌学 . 2013. 海军司令刘华清 . 北京：长征出版社 .
刘华清 . 2007. 刘华清回忆录 . 北京：解放军出版社 .
王晨 . 2009. 领受功与德　笔墨抒高怀——专访著名水声工程专家杨士莪院士 . 科学中国人，（10）.
田静 . 2010. 学问似海 威望如山——贺杨士莪先生八秩华诞 . 哈尔滨工程大学学报，31（7）.

后　记

一个人和一个国家

一个人的命运，在历史和现实的宏大叙事面前，固然微亮如豆，却能烛照一个时代、一个国家的命运。

传记的意义在于在对历史的回望中，明白历史的选择，进而影响人们对现实的选择，不忘昨天的来处，知道明天的去向。这是本书的立足点。

从懵懂无知的孩童成长为水声战略科学家，杨士莪院士崇文重教，自然成长，一心向学，顺应时代，服从需要，终成学界泰斗。他的人生经历，展现了百余年来国家命运的风云激荡、中国水声科学发展之路的曲折前行和以他为代表的哈尔滨工程大学师生等一批人“谋海济国”的使命担当和执着坚守。“倾听大海的声音”，既是倾听杨士莪“汇小流以成江海”的成长足音，又是对他所从事的水声事业的形象描述，还是倾听包括哈尔滨工程大学师生在内的千万科技工作者为强国梦想奏响的磅礴的时代强音。

杨士莪在回顾一生时，多次提及自己的“幸运”：“我就是个普通人，不过是遇到了一些机遇，就像一颗种子，落到了比较肥沃的土壤里，生长在比较好的家庭环境，又遇到一些好老师、好同学、好领导，赶上天时又正，就长成了一棵树。”

人们生活中的每一步都充满了选择，也蕴含着机遇。在茬苒的时光中，从一名普通的科研工作者到中国科技事业的一块坚强基石，需要内外因相互激发的化学反应。个人克服重重困难，完成能力与悟性、责任心、使命感的“三级跳”时，方才具备服务国家需要之能的“内因”；而当其所从事的领域与国家需要同频共振时，方能激发更大潜力，将自身价值最大化，国家与社会的需要构成了科研工作者成长的“外因”。“内因”靠自身定力，“外因”靠时代机遇。

作为中国水声事业发展的亲历者和见证者，杨士莪处在一个中国海洋事业、海军建设急需发展的年代，这是一位科学家成长、进步最好的机遇。他将一生的选择和国家需要相连，把自己毕生精力投入水声事业中，抓住时代机遇努力作为，终有所成。

杨士莪在战乱中求学，在战斗中成长，恰逢中国巨变且亲身参与其中，自然地把追求国家富强作为自己的理想，把发展科学事业当成自己的目标，把民族的整体崛起看作是个人幸福的基础。我常想，杨士莪院士的成就也许就在于他把对这个国家“生于斯长于斯”的深刻情感和强国渴望，在不自觉中转化为他巨大的动力源泉。就像希腊神话中的巨人安泰，在同人角力时，只要一接触到自己的母亲大地，即可获得不可战胜的力量。人们的动力源泉和出发点，在某种程度上决定了人生的意义和价值。杨士莪的经历证明：个人理想，只有融入强国之梦，才能获得方向的指引；爱国之志，只有转化为勤勉工作的实际行动，才能获得不竭的动力。

在我看来，杨士莪院士人生最大的“幸运”在于，他助推了国家发展，而国家也成就了他，这是“一个人”与“一个国家”理想的和谐状态，这种彼此成全来自两种伟大力量的交织——我们深深地爱着我们的祖国，而我们的祖国也深深地爱着我们。

一个人和一所大学

英国哲学家荷尔丹说：“一所大学，往往是一面折射国家命运和民族精神的镜子。”哈尔滨工程大学应国家需要在战火中诞生，其建设发展之路始终与国家振兴息息相关、与民族复兴紧密相连。杨士莪亲历这所大学的成长轨迹，为学校建设和水声事业的发展贡献了毕生精力，是学校广受推崇、德高望重的人物，也是这所大学的杰出代表。

从这所大学的前身“哈军工”诞生开始，强国梦想就如同一面旗帜，引领这所大学投身到中国奋力追赶世界的时代，让世人看到中国的集体主义、爱国精神、自强意志，能达到怎样的高度、能创造怎样的奇迹，这成为一个时代的集体记忆和价值标签。今天，这所大学秉承“以祖国需要为第一需要，以国防需求为第一使命，以人民满意为第一标准”的大学精神，永葆求真求善的精气神儿，不忘初心、与时俱进，凝练出船舶工业、海军装备、海洋开发、核能应用的“三海一核”特色，服务国家战略需求、引领行业发展，这也是在新的历史背景下，哈尔滨工程大学人在建设“海洋强国”的航程上敢立潮头、奋勇向前的底气和力量所在。

写作本书不但是对杨士莪个人成长经历和学校发展历程的回顾，也是学校特色文化建设的成果和大学应当承担的文化传承的社会责任。所以，学校党委领导对撰写工作高度重视并全力支持；中国工程院院士杨德森、学校党委副书记杨冶对稿件进行了多次细致审阅，并提出了宝贵的修改意见；党委宣传部领导及同仁们为我的写作提供了良好环境和有力支持；学校老领导、水声工程学院及学校十余个处级单位负责人对稿件进行把关；“中国工程院院士传记”编审委员会葛能全秘书长和吴晓东主任对稿件修改给予指导。集体智慧的群策群力旨在使本书尽量完善。

一个人和一种传承

2015 年 3 月，我受命撰写传记，于我而言，这个经历的意义并不是一项工作或任务，而是一种责任和使命。

糟粕所存非粹美，丹青难写是精神。尤其是用我三十多年的人生阅历和眼界层次，去描摹八十多年丰富的人生风景，很多时候力所不逮。本着严谨求实的态度，从完成初稿到最终定稿，稿件大幅增删十余次、数易其稿，杨士莪院士逐字审读不下十遍，小到标点符号，大到事件详略、结构调整，进行了严谨细致的核实与修改，文章也因此留下了他一贯简洁明了的语言风格。

能为这样一位老科学家描摹一幅人生的肖像，对我而言是幸运的"偏得"。在对他的采访中，我感受到他有一种"外圆内方"的性格特质——谦和内敛、豁达乐天的"外"与执着坚毅、开拓进取的"内"在他身上统一起来。这样的性格特质让他的人生之路走得更加顺畅，成长更快，即使在特殊历史条件下，他也借此风雨兼程，少走了很多弯路，并使他在科研之路上常行不休、不断创新。

采访中诸多细节对我的影响是润物无声而又极其深刻的。在撰写传记过程中，我共采访院士十余次，他因海试、参会及教学等各种工作安排，在哈尔滨的时间有限，采访都要根据他的时间空档提前预约。每次访谈一聊就是整个下午，都是轻松的漫谈聊天，他暂放下手头的工作，下午的阳光照进客厅，暖意融融，他有时会点上一根香烟，在余烟袅袅中娓娓道来，或为我这个"外行"认真地科普水声知识，或神情严肃地表达对某种现象的忧虑，或兴之所至孩子般爽朗地大笑……不知不觉中飘来饭菜的清香，那是魏老师在厨房忙碌的"成果"。他曾戏说："我也没有什么本事，就是能做些教学科研，那就老老实实地做好吧！"他告诉我：敬业的美好境界是乐业，乐在其中，水到渠成。每次在意犹未尽中起身告辞，老两口儿都会站在客厅，谦和而笑意盈盈地目送我出门。

鲁迅先生曾说："我们自古以来，就有埋头苦干的人、有拼命硬干的人、有为民请命的人、有舍身求法的人……这就是中国的脊梁。"一个国家不能没有先锋，一个民族不能没有英雄。对于家国而言，更不能没有传承。那些最闪亮的价值观，应该被一次又一次地提起。

2015 年 3 月，我的孩子刚满三岁。在他生命之初好奇地探索这个世界时，我因重任在肩，极少陪伴在他身边。我将清晨走出家门的背影和夜晚写稿时的灯光编织成了书中的一笔一画。两年后，我将这本杨士莪爷爷的故事，作为送给他的人生礼物。我想告诉他：他的幸福，是因为站在了这个国家的先锋和英雄们的肩头，所以，自己的梦想应该在祖国的梦想里头，自己的幸福永远在人民的幸福里头。

唐晓伟

2017 年 3 月于哈尔滨

作 者 简 介

唐晓伟，1982年5月生于吉林省吉林市。2001～2008年，黄河之滨、萃英山下，于兰州大学历史文化学院求学七载，“山色横侵遮不住，明月千里好读书”；2008～2010年，北国江城、雾凇之都，在《演讲与口才》杂志社任编辑两年，“初入职场窥门径，转益多师是我师”；2010年至今，白山黑水、松花江畔，于哈尔滨工程大学宣传部就职，愿“著华章当好记者，出妙手做好编辑”。

多年来，在《人民日报》《光明日报》《中国教育报》《科技日报》《中国科学报》《演讲与口才》等各级各类刊物发表作品上百篇，数十万字。新闻作品多次荣获“中国产业经济新闻奖”“中国高校校报好新闻”“黑龙江省高校校报好新闻”等奖项。